岡田純也著作選集

三

絵本、童謡、幼児教育

著作選集編集について

二十代はじめ頃から六十代半ばの現在までに、折りにつけ記した文章の中から、私の研究室の大学院生やそのＯＧたちが整理してくれた著作選集全五巻です。

学部の卒業論文であった宮沢賢治研究が、運よく清水書院の人と作品叢書の一巻として出版されて以来、調査、報告、研究、評論、随筆等を執筆し続けてきたわけですが、ふり返ってみると、文体や考え方に大きな変化のあることがわかります。若い時代の、筆者自身を僕なり私なりと記したもの。そして、その後の変化というわけです。

恥ずかしい限りの表現や論理展開が多いのですが、それぞれの文章が、その時代の筆者自身の文章であってみれば、訂正などすることは、いわば冒瀆といえるでしょう。それぞれの初出時のまま収載することにしています。文中に登場する作家、詩人、研究者等に敬称を付したもの。

それだけに完全版の全集出版前に書いたものであったり、新資料や新しい報告・研究の出る以前の発表であったりというわけで未熟を露わにしています。いわば、晒し物としての覚悟の下での選集であります。

とまれ、著作選集を編集し、出版にこぎつけていただいた諸姉、諸先輩に深い敬意と謝意を表したく存じます。

岡田純也著作選集三　絵本、童謡、幼児教育　目次

第一部　絵本、幼児教育

第二部　唱歌、童謡、少年少女詩

第一部　絵本、幼児教育

生命と子どもの文化

行政による犬・猫の殺処分数

猫			犬		
子猫	譲渡	800頭	子犬	譲渡	7000頭
	殺処分	245,000頭		殺処分	310,000頭
成猫	殺処分	65,000頭	成犬	殺処分	130,000頭
	動物実験	13,000頭		動物実験	70,000頭
殺処分合計		310,000頭	殺処分合計		440,000頭

〈理化学研究所アンケート 1988・総理府統計 1987　参照〉

ここにある統計は、人間のエゴイズムや繁栄の上に犠牲となった生命の数である。私たちがペットとして愛する犬や猫の、もうひとつの悲しい姿を示している。

かわいい動物の生命にかかわることだけに、このような数字を目の当りにすると、どうしようもない悲しみと怒りに心がふさがれてしまう。

『アンジュール』（G・Vincent／ブックローン出版）という絵本がある。走る自動車の窓から犬を投げ捨てるという、残忍なシーンで始まる物語である。また、『やさしいたんぽぽ』（安房直子　作・南塚直子　絵／小峰書店）も、子猫を野原に捨てるところから始まる。

これらのように、幼児対象の絵本の世界にさえ、生きものを題材にした作品が多く見られるようになった。人間の生命と同じく、動物の生命の重みが問われている現在、私たちが追求してきた文明についても、あらためて振り返る時が来たのではないかと考える。

「児童文化学」という新興のささやかな学問は、素朴ではあるけれども、このような最も考えなければならない点から出発するのである。

次ページの表は、「一九九一年生まれの名前ベスト一〇〇」の一部である。

人の名前は、愛する子どもへの最初の贈り物である。それぞれの名前に両親や周囲の人々の熱い願いが込められている。生命への限りない愛しさが象徴的に表されているものといえるであろう。親にとっては、子どもたちへの透明な愛の表現である。

ところが、その純粋なはずの愛を、知らぬ間に、私たちは子どもたちに押しつけてしまうことがある。そして、時として、子ども自身の思いと衝突して、「親の心子知らず」等と嘆いたりもする。しかしこれは、自らの中にある意識しない理由によって生じるものである、といえるかもしれない。

1991年生まれの名前

男		女	
順位	名前	順位	名前
1	翔 太	1	美 咲
2	拓 也	2	愛
3	健 太	3	美 穂
4	翔	4	彩
5	大 樹	5	麻 衣
6	翔 平	6	彩 香
7	大 輔	7	舞
8	直 樹	8	愛 美
9	達 也	9	早 紀
10	雄 太	10	千 尋

〈1991年生まれの名前ベスト100／明治生命　参照〉

2004年生まれの名前

男		女	
順位	名前	順位	名前
1	蓮	1	さくら
2	颯 太	1	美 咲
3	翔 太	3	凛
3	拓 海	4	陽 菜
5	大 翔	5	七 海
6	颯	5	未 来
7	翔	7	花 音
7	優 斗	8	葵
7	陸	9	結 衣
10	翼	10	百花・ひなた

〈2004年生まれの名前ベスト100／明治生命　参照〉

「こども」「子ども」「子供」

あなたは「子ども」派ですか。あるいは「子供」派ですか。

テレビ局のディレクター氏の持ってきた「夏休みの読書」の台本を見つつ、ある一行が気になった。「子供のための……」という一行であった。そこでディレクター氏に、「これは説明用のパネルに書かれる文字だから、平易にされた方が」と言うと、「うっかりしていました。急ぐと、つい漢字で『子供』と書いてしまうんです」と、ディレクター氏はすかさず訂正された。

決して間違いではないが、「子供」の「供」は、「力ある者の家来」といった意味もあり、充実した人格の持ち主を児童に対して用いるには爽《さわ》やかとはいえないだろう。このディレクター氏も、そのあたりを十分に知りながら、慌てて書いたために、いわば昔の癖が出てしまったわけである。

現在、新聞・雑誌等の出版物から、この「子供」はかなり消えている、といえる。子どものものや、子どもにかかわる問題を叙述するのに、平仮名表記のほうが妥当という意識が一般化してきたからである。

しかし、ちょっと注意を向けてみると、まだまだ、ハッとするような所に「子供」表記のあることに気づくものだ。ちなみに、ディレクター氏と出会ったその日の新聞に目配りしただけで、「子供の権利を考える」等という家庭欄の見出しを発見してしまう。記事は実に厳粛な内容でありながら、この見出しの後では、何となくちぐはぐな印象を持ってしまうものである。

加えて、そばにあったその月のある月刊誌の、子どもに関する問題を特集した編集後記にも、「子供のころの気持に帰って……」とあったのである。過去の時代の家長支配の家族主義を皮肉って書いたとは、どうしても深読みできるものではなかった。おそらく、いわば「うっかりと」書いてしまったのであろう。

実をいうと、児童学科に所属している私は、毎年、新入生に「アナタハ、コドモヲ、ドノヨウニ、ヒョウキシマスカ。『子ども』派ですか。あるいは『子供』派ですか。」と質問することにしている。そして、過半数が漢字表記「子供」というのが例年の結果である。漢字使用は、知的水準の高さをも示しているのであろうが、私はここから講義をスタートさせる。平仮名表記のやさしさは、児童に対する心のやさしさに通じている。これからは「子ども」と書くようにと、少々気障《きざ》に始めるのである。

学業や運動能力の評価にしても、生活面での種々の規則や拘束に対する姿勢の評価にしても、「子ども」という発想で考えることを勧めるのだ。つまり、おとなの小型なり、力のない者を上から眺めるなりといった意味を含む「子供」の発想ではなく、一人ひとりを注意深く見つめる態度に近づき得ると考えるからだ。たとえていうならば、校則などを守るからよい、守らないから悪いというだけの、「二値的価値」の押しつけに含まれる理不尽に気づいたりするものだ。守ると守らないの間には、子どもの数だけの多様なゆらめきが隠されているはずである。そして、そのゆらめきをとらえる目には、子ども一人ひとりの人間性の輝きに触れる機会が生ずるというわけである。

「多値的価値」を押し売りするつもりはないが、まずは、ゆらめきに共感しようとする繊細で熱い思いを持ちたいものである。そこにこそ、子どもと共に生きている者としての自然さがあるように思えるのだ。

（読売新聞「論点」　平2・8・25）

Ⅰ　子どもの生活と文化

児童観の展開

貝原益軒（一六三〇—一七一四）の著した「和俗童子訓」（一七一〇）は、日本の教育書としては最も早い時期の一巻といわれている。女子への教育を含めて、教育を大衆化するに至ったこの書は、近代的な児童観の萌芽を内包していたといえる。益軒は、儒学者であり、また医学者でもあった。それだけにこの教育書も、児童の発達を根拠として述べた、客観性を持った著作であった。

また、益軒は、「随年教法」をモチーフに、発達に則した教材の選択、指導法の変化等を記している。もちろん、「男女七歳にして席を同じくせず」とか、「女性は家では父に、婚家では夫に、子どもが成長すれば子どもに仕える」と書くあたりには、封建時代を支える論理があったこともうかがい知ることはできる。

日本で、児童固有の人格が発見されるのは、明治二〇年前後のことである。近代的な教育観や宗教観が欧米から移植されるにつれて、日本での児童観も新たな展開を迎えることになる。益軒の論理は、その一世紀半ほど前に当たるが、近代の学校制度との共通性を感ずるほど新鮮なものである。益軒に通ずる進歩性は、ほかの随筆・俳句・和歌等の文芸作品にも幾ばくかは存在していた。

児童の存在に深く着目し、自然主義教育を主張したルソー（Jean Jacques Rousseau 一七一二―一七七八）は、児童観に最も早く近代性を持ち込んだ思想家である。その名著「エミール」（一七六二）は、エミールという主人公の子どもを設定し、その成長と指導とを物語ったものである。その一節を引用する。


わたしたちにはどうしても書物が必要だというなら、わたしの考えでは、自然教育のもっともよくできた概説を提供する一巻の書物が存在するのだ。この本はわたしのエミールが読むはじめての本になるだろう。（中略）わたしたちの趣味がそこなわれないかぎり、それを読むことはいつもわたしたちを楽しませるだろう。いったい、そのすばらしい本とはどんな本なのか。アリストテレスか、プリニウスかビュフォンか、いや、ロビンソン・クルーソーだ。


デフォー（Daniel Defoe 一六六〇―一七三一）の「ロビンソン・クルーソー」（一九一七）をたたえる、本来の児童性を尊重する見事な論旨であった。

ともあれ、日本においての児童観で「近代」といえるのは、やはり明治二〇年頃からである。

植木枝盛（一八五七―一八九二）は、「親子論」や「育幼論」を著し、当時の家族制度を批判し、家長の従属物ではない、子ども自身の独立した人格と権利を主張した。自由民権運動にもかかわりを持っていた植木は、社会的視野から「家」の持つ封建的性格からの脱却を図ろうとしたのである。

また、同時期の若松賤子（一八六四―一八九六）は、「小公子」（F・H・Burnett 一八四九―一九二四）の翻訳で著名だが、その序文や、当時の婦人雑誌である「女学雑誌」での諸論考を通じて、キリスト教の立場から、児童を固有の人格を持つ存在として、世の女性たちに訴えた。児童は生まれながらにして天賦の尊厳を持つという訴えであった。

このような、児童の人格の発見によって、児童性に深く着目する目が開かれ、児童にふさわしい教育のプログラムや、教材、娯楽が検討され始めるのである。児童読み物の近代的誕生は、その画期的な現れであった。つまり、児童独自の文化という認識による具体化である。児童の投書雑誌や、『こがね丸』（巌谷小波一八九一）、『少年之玉』（三輪弘忠　一八九〇）の登場である。

この児童性の発見の後、明治時代も後期に入ると、また新たな動きが生ずる。「乳房なき児童」（「平民新聞」　一九〇七）を書いた田添鉄二の活動は、その顕著なものであった。

自然の乳房を掠奪したる社会は、自ら手を下して、其生める子女の身体に、救治すべからざる病毒を注射しつつあるのである。

「乳房なき児童」にこのように記した田添は、貧しい階層の児童の救済には社会変革が必要であるとアピールした。彼は、貧しい階層の児童にとってこそ、児童の人格の発見は緊急の課題であると考えたのである。このような社会的視野を持つ児童観は、次の時代には、さらに緻密なものとなっていく。西山哲次は、その著『子供の権利』（一九一八）において、児童の権利を次のように分析している。

子供には三つの天与の権利がある。第一には善良に産んで貰う権利である。第二には善良に養育して貰う権利である。第三にはよく教育して貰う権利である。

このように、児童の持つ権利が論理的に主張される時代へと向かうのである。スウェーデンのエレン・ケイ（E・key　一八四九―一九二六）の『児童の世紀』（一九〇〇）等の主張が反映されるのは、明治末から大正期にかけてである。このケイの影響を真正面から受けたのは、何といっても平塚らいてう（一八八六―一九七一）である。

らいてうは、ケイと同じように、女性解放論者として、「青鞜」を通じて女性の権利を主張していくが、この女性の権利が子どもの誕生によって抑制を受けると考えたのである。子どもも、女性と同じく、生まれながらにして「誕生」「養育」「教育」の権利を持っているわけで、その豊かさを傷つけることは、たとえ母親であってもできないと考えたのである。

大正時代も中期に入ると、児童の持つ権利はさらに細やかにとらえられ、具体的展開がなされる。児童の持つ、望むように豊かに教育を受ける権利が、大正デモクラシーの波に乗って、一人ひとりの個性の尊重にまで及ぶのである。

成城小学校は、この新しい息吹のもとに創設された。沢柳政太郎（一八六五―一九二七）の指導のもとに書かれた、一九一七年四月四日の「創設趣意」には、「個性尊重の教育」「自然と親しむ教育」「心情の教「科学的研究を基とする教育」がうたわれていた。

鈴木三重吉（一八八二―一九三六）の「赤い鳥」による童話童謡の運動、片上伸の文芸教育論、山本鼎（一八八二―一九四六）の自由画教育の方向等、みな個性尊重の時代の産物でもあった。ただし、児童性を高く評価するところに、現実の児童を超えて観念的になってしまうという、いわゆる童心主義の功罪も現れてくるのである。

そしてこの観念性が、社会主義的変革を企図する槇本楠郎（一八九八―一九五六）等のプロレタリア児童文学運動の担い手たちに批判されることになる。彼らは、社会的存在として児童をとらえ、社会の一員としての児童に多くの期待を寄せようとする、より現実的な児童観を持っていた。

この鋭い視点を持った活動も、当時の軍国主義化した体制の前に挫折していく。しかし、矛盾に満ちた時代であっただけに、明日へ向かって生きる児童に対する期待は大きかった。社会的存在としての児童というリアルな認識に立ちつつ、どんな時代にも確かな目で周辺を見つめる生き方を児童に求めたのであった。

いわゆる生活綴り方の運動がそれである。ここでは「社会的変革」というような語は消えたが、しっかりと自らの生活を見、その中にある不正や歪みや偏見から目をそらさない姿勢を培うことを願ったのである。小砂丘忠義（一八九七―一九二七）が、その活動の支柱であった。

このリアリスティックな児童観は、大戦後、そして現在にかけても意味を失ってはいない。

児童文化の意味と範囲

「文化（Culture）」とは、「Cultivate（耕す）」を語源としており、人類の英知による新たな鍬入れを意味している。有史以来、人類は、理想に思いをめぐらしつつ、鍬入れを繰り返してきた。

そして、「児童文化（Child Culture）」とは、その文化をベースに、児童を対象とする、あるいは結果としてそうなる文化の総体を意味しており、文化と同じく、広大な範囲に目配りをするということになる。

最近、「ちびくろさんぼ」（H・Bannerman『Little Black Sambo』）論争が繰り返され、結論として、その時代の終焉を迎えることになった。

作者バンナーマンは、イギリス軍人の妻として植民地インドに渡り、そこで見聞した興味ある事柄をもとに、子ども宛の手紙としてこの絵本の原型を創作した。一八九七年に出版されたこの絵本は、一気に世界中を駆け巡るほどに人気を得て、世界中の幼児たちの楽しむところとなった。

ところがアメリカで、「ちびくろさんぼ」にある、おもしろおかしさを誇張した部分が、人種への偏見であると批判される的となり、その後、各州の児童図書館から追放すらされてしまうのである。

日本では、「岩波の子どもの本」シリーズの出版された一九五三年から問題化するまで、「ちびくろさんぼ」は、楽しい欧米絵本のモデルとして評価され、幼児たちに推薦されたものであった。

しかし、人種に対する歪んだ感覚が問われ始めた一九八〇年代末、岩波書店をはじめ、関係した各出版社は、アメリカの批判を反映しつつ、日本の児童にとって「ちびくろさんぼ」の必然性はないとし、絶版する意思を示したのである。

真摯に楽しく黒人の子どもたちを描き続ける絵本作家、キーツ（E・J・Keats　一九一六―一九八三）の存在があっただけに、「ちびくろさんぼ」の絶版は、さほど難しいことではなかったようである。

幼児に与えるのに最も適切で楽しい絵本であると、高く評価されていたものが、時を経て否定されるというようなことは、実に悲しいことである。しかし、児童文化という視野で考える時、児童の豊かな未来を見つめようとする時、このような転変は常に起こり得るものと考えなければならない。

児童文化を考察する角度には、この「ちびくろさんぼ」論争にあるように、理想主義を骨格とする思想がある。この感覚こそが、児童文化を支える思想のベースである。

理想主義を根底に据える児童文化は、児童文学、児童映画、児童演劇、児童図書、玩具等の児童文化財と、それを生み出すプロセス、児童文化の理想へと向かう試みである児童文化活動、活動の場である児童文化施設、そして、それらすべてを支える関係法規や制度も含めて、その範囲とする。

子どもの生活と文化

「子どものための世界サミット」が、ニューヨーク国連本部で一五九か国の政府代表を迎えて開催されたのは、一九九〇年九月三〇日のことである。その席上、一九九〇年から二〇〇〇年までの人類の全般的目標、そして、女児と女性の保護・栄養・健康・教育の分野についての指標が採決された。

その中の全般的目標と、教育についての目標を次に掲げる。

〈全般的目標〉

・五歳未満児死亡率を現在の三分の二か、出生一〇〇〇人当り七〇以下のどちらか低い方まで下げる。
・妊産婦死亡率を半分に減らす。
・五歳未満児の中・重度の栄養不良を半分に減らす。
・すべての家族に安全な水と衛生施設を提供する。
・すべての子どもが基礎教育を受けられるようにし、少なくとも八〇%が初等教育を修了できるようにする。
・成人非識字率を半減し教育の機会の男女差をなくす。
・特に困難な状況の下にある子どもを保護し、すべての国が「児童の権利に関する条約」を批准し、施行する。一九九〇年代には、戦時下にある国の子どもに、特別の保護を与える。

〈教育に関する目標〉
・初等学校教育および同等の学校外教育の普及に加えて、幅広く利用できるようになっている情報伝達の手段を活用して、家族の健康、幼児の育成、食糧の生産、労働負担の軽減、環境保護など、生きていくうえでの不可欠の知識と生活技術をすべての家族が手に入れられるようにする。

（「二〇〇〇年の目標」『世界子供白書一九九二』／日本ユニセフ協会刊　参照）

これらは、子どもの権利や家族生活に最低限必要なものを保障していこうとするものであり、同時に、前に国連で採択された「児童の権利に関する条約」（Convention on the Rights of the Child 一九八九・十一）の未締約国に対し、早期批准を求める論旨でもある。

日本で生活する者にとって、ここに述べられていることは、あまり切迫した問題ではないかもしれない。欲望の対象となる物がほとんど努力なしに入手できる環境にあって、楽天的な意識が培われたといえるかもしれない。

しかし、少しばかり視野を広くしてみるべきであろう。地球スケールで考えるべき時代にあるといったほうがよいであろうか。現代は、外国の情報も瞬時に伝達されてくるわけで、それを現実感を持ってとらえ、可能ならば、それを自らの生活に取り込む勇気も必要であろう。

「子どものための世界サミット」の主テーマは、「子どもの生存、保護および発達に関する世界宣言」であった。

世界の子どもは、無垢で、脆弱で、他者に依存している。子どもは、また、好奇心が強く、活動的で、希望に満ちている。子どもは喜びに満ちた平和な時間を過ごしながら、遊び、学び、成長することができなければならない。子どもの未来は、調和と協力のうちに形成しなければならない。子どもは視野を広げ、新たな新鮮な経験をしつつ成長しなければならない。しかし、多くの子どもにとって、現実の生活はまったく違ったものである。

子どもの存在の本質的把握に立脚した、実に見事な冒頭である。

子どもの福祉には最高レベルの政治行動が必要である。我々は断固としてこの行動を取る決意である。我々は子どもの権利、生存、保護、発達に高い優先順位を与える厳粛な決意をここに表明する。

（『世界子供白書一九九二』／日本ユニセフ協会刊　参照）

何とも荘重な宣言である。この宣言は、日本の首相をはじめ、七〇か国以上の首相・大統領、そして九〇か国あまりの各国の代表者が集まっての、共通した見解と行動への約束であった。

そして、「この約束を実行するために、国内計画の優先順位の一環として、必要な資源を供する用意がある」とし、さらに、「我々の世代のためだけでなく、将来のすべての世代のために以上のことを行うものである。すべての子どもによりよい未来を保障することよりも崇高な任務は他にはない」と、具体的行動を約束し、結論としている。

子どもと子どもの将来を思う時、このように燃えるような理想主義を見失うべきではない。このサミットの宣言は、二十一世紀へ向けて、私たちが実行する理想への最初のステップといわなければならない。

左の表は、乳幼児の実態や就学率についての国連の調査である。

この地球上の真実をしっかりと見極めなければならない。その上で、世界の子どもたちが生き長らえてくれることを考えなければならない。そして、できるならば、二十一世紀へ向けての着実な展望を開きたいものである。日本は、一九九四年五月に条約を批准したが、その実現に向けて最高の智恵と行動力を発揮したいものである。

児童文化学は、児童を中心に据えて人類の理想を考える学問である。現実的な運動であるとさえいえるであろう。

基本統計

5歳未満児死亡率の順位	5歳未満児死亡率		乳児死亡率（1歳未満）		総人口（100人）	年間出生数（1000人）	5歳未満児の年間死亡数（1000人）	1人当たりのGNP（米ドル）	出生時の平均余命（年）	成人の総識字率（%）	小学校総就学率（%）	世帯当たりの所得の分布（%）1990-97*	
	1960	1999	1960	1999	1999	1999	1999	1999	1999	1995-99*	1995-99*	最下位40%	最上位20%
1 シエラレオネ	390	316	220	182	4717	214	68	130	39	32	50x	3x	63x
2 アンゴラ	345	295	208	172	12479	595	176	220	48	45x	88x	—	—
3 ニジュール	354	275	211	162	10400	497	137	190	49	13	32	10	53
4 アフガニスタン	360	257	215	165	21923	1139	293	250x	46	32	29	—	—
5 リベリア	288	235	190	157	2930	129	30	490x	50	25	56	—	—
5 マリ	517	235	293	143	10960	507	119	240	54	29	50	13	56
7 ソマリア	294	211	175	125	9672	500	106	120x	48	24x	14x	—	—
7 マウライ	361	211	205	132	10640	497	105	190	40	42	135	—	—
9 コンゴ民主共和国	302	207	175	128	50335	2293	475	110x	52	67	61	—	—
10モザンビーク	313	203	180	127	19286	826	168	230	42	38	76	—	—
11サンビア	213	202	126	112	8976	377	76	320	41	68	101	12	55
12ギニアビサウ	336	200	200	128	1187	49	10	160	45	32	69	9	59
13ブルキナファソ	315	199	181	106	11616	530	105	240	45	19	41	14	55
14チャド	325	198	195	118	7458	323	64	200	48	33	65	—	—
15ナイジェリア	207	187	123	112	108945	4176	781	310	50	57	70	13	49
16モーリタニア	310	183	180	120	2598	104	19	380	54	46	86	17	46
17ギニア	380	181	215	115	7360	312	56	510	47	35	54	17	47
18ルワンダ	210	180	124	110	7235	295	53	250	41	53	88	23x	39x
19ブルンジ	255	176	151	106	6565	273	48	120	43	37	62	—	—
19エチオピア	269	176	180	118	61095	2699	475	100	44	33	42	18	48
21中央アフリカ	327	172	187	113	3550	132	23	290	45	40	61	—	—
22コートジボワール	290	171	195	102	14526	540	92	710	47	50	71	18x	44x
23赤道ギニア	316	160	188	105	442	18	3	1170	51	78	128	—	—
24ベニン	300	156	176	99	5937	242	38	380	54	30	76	—	—
24マダガスカル	364	156	219	95	15497	604	94	250	58	47	104	15	52
26カメルーン	255	154	151	95	14693	573	88	580	54	63	82	—	—
27ジブチ	289	149	186	104	629	23	3	790	51	57	39	—	—
28ガボン	287	143	171	85	1197	44	6	3350	52	63	132	—	—
28トーゴ	267	143	158	80	4512	185	26	320	49	52	103	—	—
30タンザニア	240	141	142	90	32793	1332	188	240	48	84	76	18	46
31レソト	203	134	137	93	2108	73	10	550	54	81	94	9x	60x
32ウガンダ	224	131	133	83	21143	1081	142	320	42	62	122	18	46
33ハイチ	253	129	169	83	8087	255	33	460	54	44	126	—	—
34イラク	171	128	117	104	22450	804	103	2170x	65	58	107	—	—
35カンボジア	—	122	—	86	10945	360	44	260	54	68	90	—	—
⋮	⋮	⋮	⋮	⋮	⋮	⋮	⋮	⋮	⋮	⋮	⋮	⋮	⋮
175アイスランド	22	5	17	5	279	4	0	29280	79	—	98	—	—
175オーストラリア	24	5	20	5	18705	245	1	20050	78	—	101	19x	41x
175オーストリア	43	5	37	4	8177	81	0	25970	77	—	103	25x	33x
175オランダ	22	5	18	5	15735	176	1	24320	78	—	103	21	40
175韓国	127	5	90	5	46480	681	3	8490	73	99	98	20x	42x
175チェコ	25	5	22	5	10262	88	0	5060	74	—	104	24	37
175デンマーク	25	5	22	4	5282	63	0	32030	76	—	101	25	35
175ドイツ	40	5	34	5	82178	736	4	25350	77	—	104	23x	37x
175フィンランド	28	5	22	4	5165	57	0	23780	77	—	99	24	36
175フランス	34	5	29	5	58886	711	4	23480	78	—	105	20x	40x
175モナコ	—	5	—	5	33	0	0	d	—	—	—	—	—
175ルクセンブルク	41	5	33	5	426	5	0	44640	77	—	99x	—	—
187スウェーデン	20	4	16	3	8892	86	0	25040	79	—	103	24	35
187スイス	27	4	22	3	7344	79	0	38350	79	81x	107x	19x	44x
187日本	40	4	31	4	126505	1271	5	32230	80	—	102	22x	38x
187ノルウェー	23	4	19	4	4442	57	0	32880	78	—	100	24	35

（注）ーはデータなし　〈「世界子ども白書」2000／日本ユニセフ協会　参照〉

あそびの意味

「あそび」についての学問的追求は、古くは心理学者、新しくはホイジンガ（Johan Huizinga　一八七二―一九四五）をはじめとする文化人類学者の論考にめざましいものがある。

一九三三年にオランダのライデン大学総長に就任したホイジンガは、就任の演説で「文化におけるあそびと真面目さとの限界」を語り、数年後に、「ホモ・ルーデンス（Homo Ludens）」（『ホモ・ルーデンス―人類文化と遊戯』一九三八〔高橋英夫訳／中央公論社　一九六三〕）として出版している。

> すべての遊戯はまず第一に、また何にもまして、一つの自由な行動である。命令されてする遊戯、そんなものはもう遊戯ではない。

「ホモ・ルーデンス（あそぶ人間）」の著者は、このように、何ものからも解き放たれたあそびに重い価値を見出している。

どちらかというと勤勉で、生まじめに生産的な仕事や学習に打ち込むことを得意とする日本人は、過去の時代においては、あそびを罪悪視す

小学生・中学生・高校生のけいこごと（スポーツは除く）に通っている比率（平成10年度）

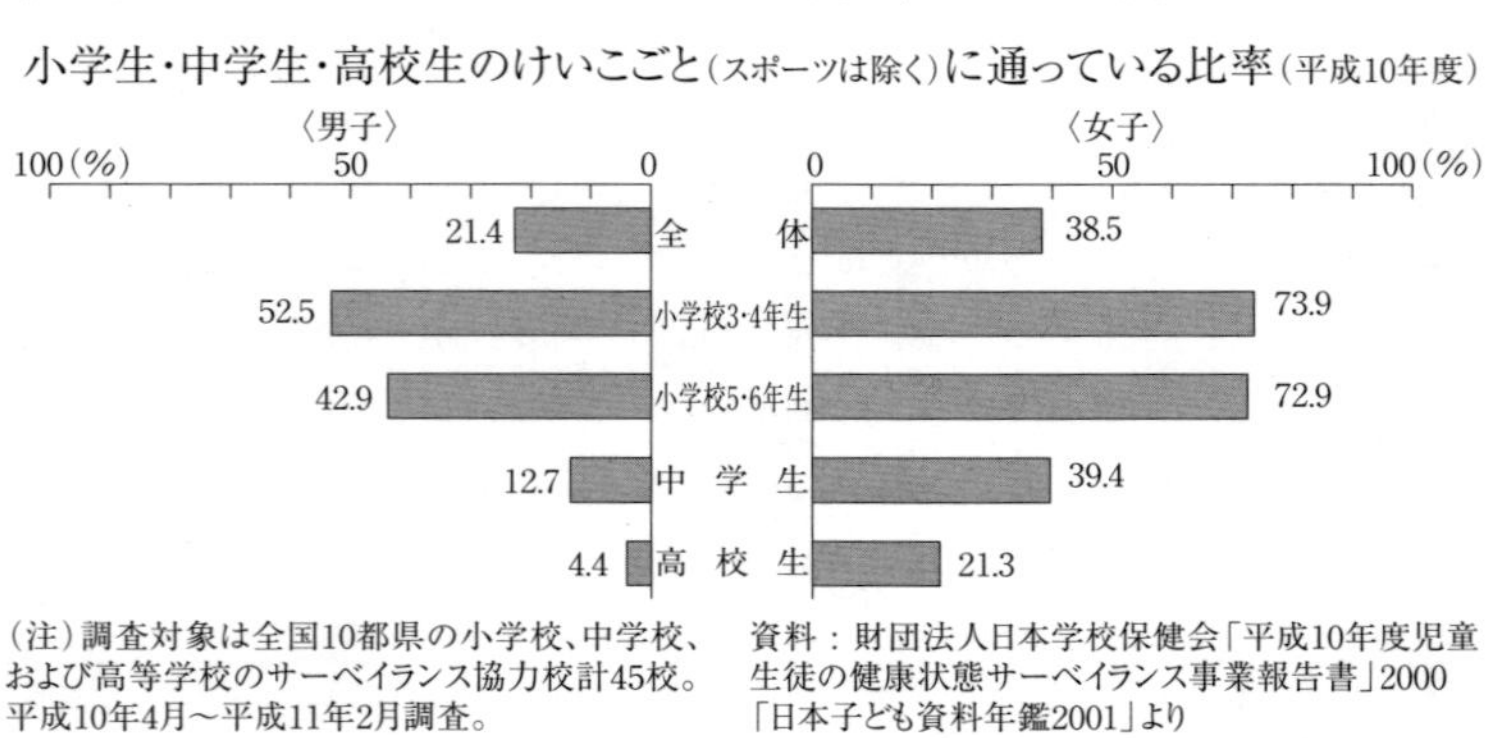

（注）調査対象は全国10都県の小学校、中学校、および高等学校のサーベイランス協力校計45校。平成10年4月～平成11年2月調査。

資料：財団法人日本学校保健会「平成10年度児童生徒の健康状態サーベイランス事業報告書」2000
「日本子ども資料年鑑2001」より

る傾向があった。現代になってから、少しずつあそびへの関心と理解が深まってきたわけであるが、これにはホイジンガをはじめ、あそびを論じる思想家の影響によるところが大である。

このホイジンガの理論を受け継ぎ、さらに積極的にあそびを評価したのが、フランスの思想家ロジェ・カイヨワ（A・R・Cailloris　一九一三―一九七八）であった。カイヨワは、著書『遊びと人間』（一九五八）の中で、ホイジンガの論理を整理しつつ、次のような見解を述べている。

遊びが、制度的な存在と私が呼ぶものを獲得する時から、遊びとルールとは不可分のものになる。この瞬間から、ルールは遊びの本性の一部分になる。遊びを、文化の豊かで決定的な道具に変えるものは、ルールである。しかしながら、遊びの源泉には、依然として根本的理由がある。すなわち解放の欲求があり、それと並んで、気晴しと気侭の欲求がある。この自由こそ、遊びにとって不可欠の動因であり、いかに複雑で厳密な構造の遊びであっても、その源には、この自由がある。…………文明推進の力を持つと言っても過言ではないような、さまざまの遊びを生みだしている。事実、遊びは、一つの文化の道徳的および知的な価値を表わす。

（『遊びと人間』清水幾太郎他　訳／岩波書店　一九七〇）

小学生（5･6年生）の1週間の通塾日数（1995）

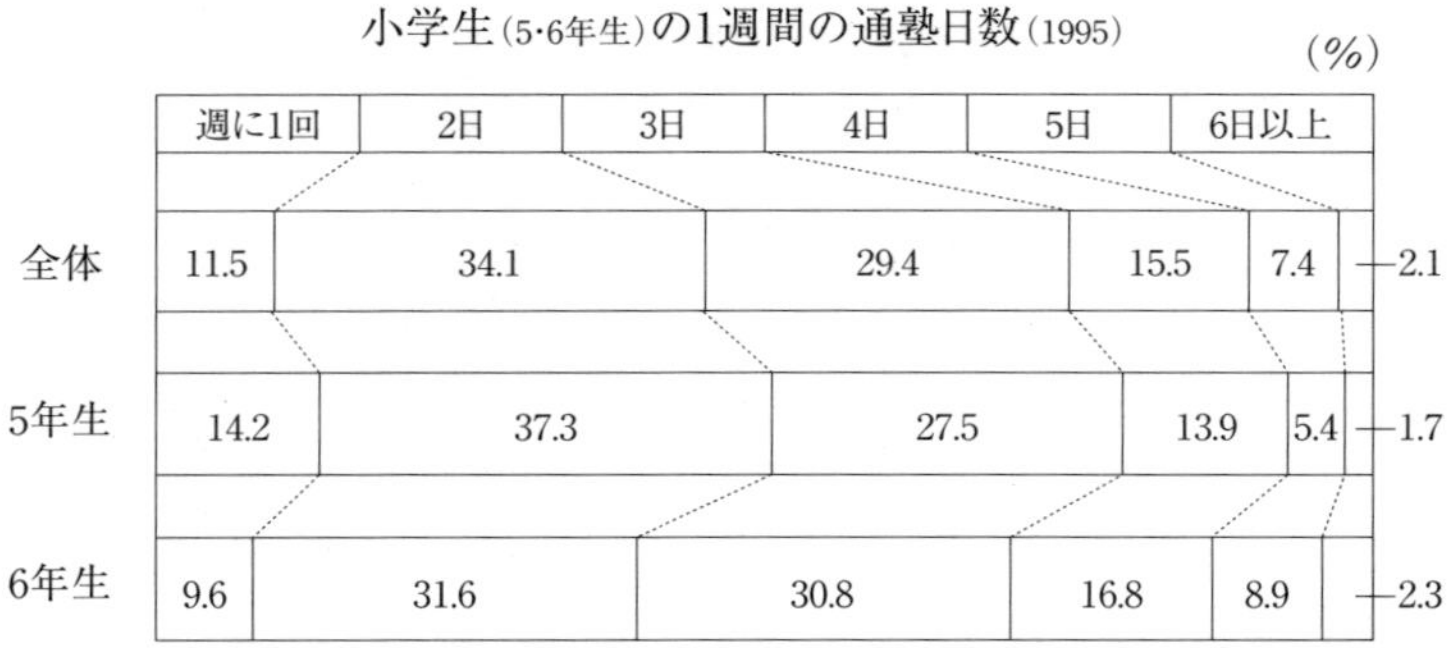

「モノグラフ小学生ナウVol.15-6」より

カイヨワは、「遊びは文明の根拠を成す」と語っているように、あそびの積極的な意味合いを評価するのである。

しかしながら、現代の子どもたちには、自由なあそびの時間はごくわずかしか残されていないようである。

小学生・中学生・高校生の学校から帰宅後、室内で過ごした状況（平成10年度）

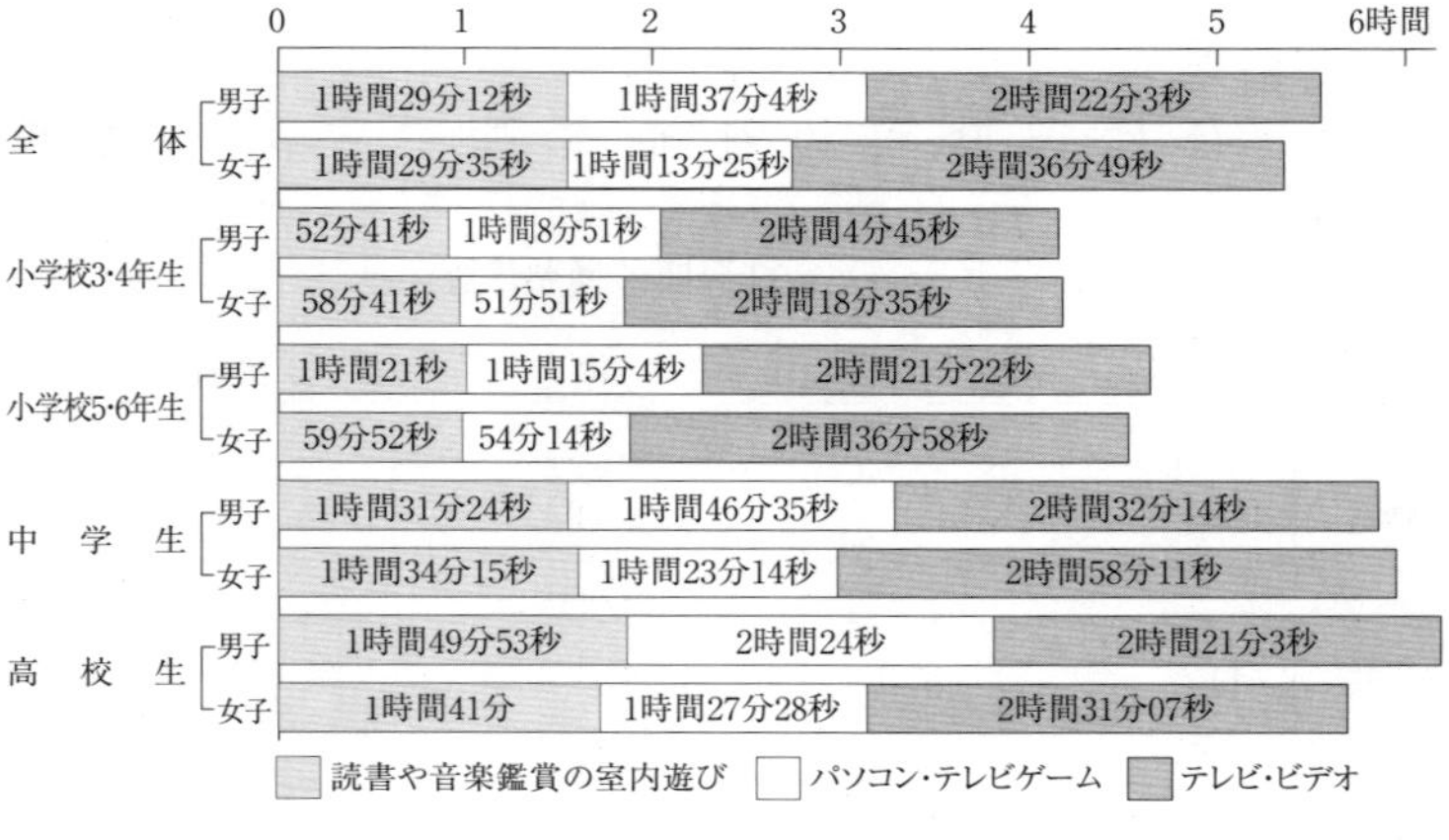

（注）調査対象は、30ページに同じ　資料：財団法人日本学校保健会「平成10年度児童生徒の健康状態サーベイランス事業報告書」2000「日本子ども資料年鑑2001」より

幼児の発達と言葉

言葉の発達

幼児の言葉の発達の重要なふしめのひとつとして、三歳前後の時期があります。この時期までに基本となることはたいてい身につき、新しい段階に進んでいくのです。

生後八か月ごろの「うまうま」「ぶうぶう」などと言いだした時期から、わずか二年間余りで、言葉の数の上でも、文法的にも、生活するのに必要な基本が身についてしまうのですから、子どもたちはずいぶん勉強熱心だったといえるでしょう。もちろん、これには母親をはじめ、周囲の人たちの支えがあったはずです。

三歳前後の幼児を観察しますと、ひとつの大きな特徴が見られます。家庭外の世界に対する好奇心、友だち関係への関心など、社会性のめざましい発達とともに、言葉の面でも、いわゆる家庭内言語から社会的言語へと、大きな変化が現れはじめるのです。

家庭内言語とは、ごく親しい人たち（家族）の中でだけ意味を十二分に発揮する、あたたかな言葉の世界のことです。常に同じことをしたり考えたりしている人どうしでは、心で語り、心で受けとめることができます。ですから「これ」「あれ」「それ」などの代名詞が増え、文の表現にしても短いものですむことになります。それで充分に意味が通じあうからです。

ところが、社会性の発達とともに、新たな人たちとのかかわりが増えると、このような家庭内言語だけでは充分に意思を伝えることが難しくなります。そこで、言葉の世界を広げていくことが必要となってきます。

それが社会的言語です。

言葉の世界のこの大きな変化を、幼児たちはごく自然にうけいれ、楽しみながら、新しい表現を身につけていくようです。

「わんわん」ですましていた一語文も「犬がきた」「犬がこわい」等と、幼児語をこえた文表現をしようと試みはじめます。また「買ってもらったの、デパートで、お父さんに」などといった乱れた表現も、「お父さんに　デパートで　買ってもらったの」と、正確な文に訂正していこうとする努力も見受けられるようになるものです。こうして社会的言語が少しずつ入り口を開きはじめます。

そしてこの三歳児ごろでは、言葉数では一〇〇〇語前後となり、その後二年間を経た就学期ごろには、その倍の二〇〇〇語くらいに増加するものです。

このように三歳前後のふしめの時期を通過した幼児の特徴としては、まず語彙量の著しい増加がめだち、加えて過去を整理して語ることができるようになったり、友だちとの相談を巧みに行ったりという傾向が現れるようです。つまり、ふしめを経てスピーディーな成長がとげられるということになりましょう。

生活と密着した学習

ところで、幼児の言葉への関心、獲得についてですが、よくいわれるように、まず身のまわりの事柄からはじめられます。

ごはん、かし、あめ、みず、たまご等の食物に関する言葉。おかあさん（ママ）、おとうさん（パパ）、あかちゃん、おじさん、おばさん、ひと等の人物に関する言葉。ねこ（にゃあにゃ）、いぬ（わんわん）、うさぎ、さかな等の動物に関する言葉。その他、うち、かいだん、ようちえん等の建物、うんち、おしっこ等の生理現象、はな、はっぱ等の植物、というように圧倒的に名詞の多いことがわかります。

形容詞では、いい（よい）、おおきい、ちいさい、こわい等、動詞では、いる、いく、する、ある、やる、とる等、代名詞では、これ、あれ、ここ、なに等の使用されることも、かなり多いことがわかっています。

三歳ごろの幼児とはいえ、それぞれの生育歴、環境等が異なりますから、いちがいに共通とはいえませんが、これらの言葉の使用が平均的に高いことが知られています。

いずれにせよ、自らの生活を中心に、人的、物的環境から言葉を自分のものとしていく様子がうかがわれます。家庭内言語から社会的言語へという変化はあっても、母親を中心とした生活環境の中で、音声をとおして言葉に関心を抱き、獲得していくわけです。

しかし、自然な生活環境といえども、文字情報量の多い現代ですから、いわゆる文字が幼児たちのナイーヴな目におくりこまれてくることも事実です。幼児期は、いわば遊びの生活の中で、音声をとおして言葉を学んでいく時代ですが、この文字もまた、かなりナチュラルに幼児の体にしみこんでいっているようです。

四歳をすぎると、ひらがなや数をはじめとして、かたかな、アルファベット、漢字の一部を読むことのできる幼児が現れてきます。とりわけ学ばせようとしている家庭でなくとも、幼児の好奇心あふれる透明な意欲にすくいとられる文字がたくさんあるといえましょうか。

幼稚園、保育所での文字

さて、現在の幼稚園、保育所では、幼児の文字学習についてどのように考えているでしょうか。かなり積極的に数、漢字、英語の指導を取り入れているところもありますが、基本的には、それぞれ文部省（文部科学省）の幼稚園教育要領、厚生省（厚生労働省）の保育所保育指針によってコントロールされています。

幼稚園教育要領では、聞く、話すことを骨子として方針が示されていますが、そこに、「日常生活に必要な簡単な標識や記号などがわかる」とあります。

また、保育所保育指針は、発達のきざみごとに、幼児の活動を中心にした指針がうちだされていますが、五歳児の項に「日常生活に必要な簡単な標識や記号などがわかる」、六歳児の項に「身近にある文字に対して興味や関心をもつ」と述べられています。

ここでの標識や記号とは、安全性の確保という面からの交通標識、社会生活を円滑に営むための洗面所や電話等の標識、さらに天気予報や地図にある記号をさしています。

同じ記号のひとつである文字については、幼稚園教育要領の方針ではふれられていませんが、要領の具体化を書いた指導事項の中に「文字への興味や関心を育てるようにする」とあり、保育所保育指針に共通するものとなっています。整理された環境の中で、知らず知らず幼児の心を文字に誘っていこうとするニュアンスです。

実際の幼稚園、保育所の場では、クラス名の標示には、標識ばかりではなく文字もつけられていることが多いですし、保育室内の黒板には、曜日が文字で記されていることが普通です。もちろん、文字のあるものは、これに限らず、カレンダーにせよ、絵本や紙芝居にせよ、さらに豊富なものです。積極的に文字学習をすすめているわけではないものの、このような部分をみるだけでも、かなり文字のある環境に留意していることがうかがえるというわけです。

漢字、教えず遠ざけず

ところで、四歳も半ばぐらいになると、絵本を「自分で読む」と言いだす幼児もでてきますし、自分の氏名を漢字で読み書きする幼児も現れてきます。

「自分で読む」とわが子に言われた母親は、実にうれしいことでしょう。けれども、心の半分ほどでは、自在に文字を読みこなしている年長者に対する幼児なりの自尊心の表れと受けとめたり、読めるといっても、はじめは字づらを追うだけで、充分に意味を心でつかまえているわけではないと考えたりと、とまどいの大きいことでしょう。当然のことですが、この時期では、「自分で読む」意欲をも満たしながら、いわゆる読み聞かせが柱となるものです。

まして、わが子が自分の氏名を漢字で書けるとなると、母親としてのうれしさととまどいも、さらに大きなものとなるでしょう。

届けられる郵便物の宛名などによって、自分の氏名を知らず知らずに漢字で覚えることもあるわけで、漢字をひらがな以前に学習してしまうことも、ときにおこります。こんな時には、かえって母親としては困ってしまい、あわててひらがなによる氏名を教えこんだりというような、まるで笑い話とでもいえそうなこともあるようです。

自然のままに放置していても、家庭環境や社会環境には幼児の目をいつのまにか奪ってしまう記号や文字がいくらでもあるものです。

特急や急行の電車のマーク、世界各国の旗など、覚えようとして覚えるものではありません。興味という入り口があると、吸い取り紙のような幼児の心は、いっきにそこに突進していってしまうものです。

また、家庭でとっている新聞や雑誌の名、隣人の表札、好きなテレビ番組のタイトルやタレントの名など、ひらがな、かたかな、漢字の区別なく、抜群の記憶力で自分のものとしてしまいます。

このように現在の幼児たちは、その育った環境のもとで、かなり複雑な記号や文字を、それも相当量学んでしまうことになります。それも、ごく自然な、いわば遊びのひとつとしての獲得といえるでしょう。

しかし、現実の環境が幼児にとって理想的なものかというと、けっしてそうではありません。未整理で、あらゆる事柄が混在しています。もちろん、未整理な環境だからこそ自然であるという見方もできるのですが、やはりある程度は、すじ道をたてた整理が必要と思われます。

不必要で、いたずらな刺激を遠ざけるというニュアンスをもった悪書追放運動の発想とはちがいますが、おのずと幼児にとって不適切で複雑なものは、後に充分に学習の機会があるからひかえる、というようなコントロールが必要でしょう。

漢字に限定して考えるならば、漢字を他の標識や記号から区別できる、漢字をひらがな、かたかな、数字、アルファベットから区別できる、という素地が、幼児期に感覚化されることはたいせつでしょう。そして、これは、もっとも日常的な漢字を生活の中で見ていることによって、自然に会得されるものです。

前述の三歳をすぎた幼児の語彙をふり返ってみても、名詞の獲得の多いことに気づきます。そして、それらの名詞のうち、平常、文字としては漢字表記されていることの多いものもあります。

だからこそ、幼稚園や保育所の文字環境づくりは、この幼児の獲得語彙と、日常生活の基本語とを考えつつ配慮されているのです。

家庭は、幼稚園や保育所とは違いますが、このような視点から、漢字、そして他の文字についても、知的で豊かな配慮が要請されるところでしょう。

つまり、標識や記号の中で、より複雑で奥行きの深い漢字であるだけに、家庭では教える積極性はさけ、といって遠ざけるのでもなく、いつのまにか漢字に対しての感受性がはぐくまれるというような環境づくりが肝要というわけです。そして、その環境の中で、母親あるいは父親と幼児とがいっしょになって遊び楽しむことができさえすれば、子どもの豊かな成長が現実のものとなることでしょう。

（『お母さんのためのガイドブック』86・3）

Ⅱ　児童文化財（児童読み物と絵本）

絵本前史——絵巻からちりめん本まで

はじめに

　ここに一冊の絵本がある。題して「なんだろう?」。特に工夫されたといったようなものでなく、ちょっとした手すさびに作られた手作りの遊び絵本である。

　表紙をめくると、中央を小さく四角形に切りぬかれたページになる。その四角の中に、何かの一部が現れている。次のページをめくると、そこにもう少し大きく四角に切りぬかれたページがある。切りぬかれた部分からのぞいている絵は、さきほどよりだいぶ具象的に形を現している。こうして最終ページまでめくっていくと、やっと絵の全貌が現れてくるというしくみである。

　推理小説よろしく、まさにタイトルにある「なんだろう?」という興味にひきずられていくというわけだ。ボナンザグラム、貝あわせ、なぞなぞといった遊び、ことば遊びに通ずる要素をもち、全体像の一部が知らされているだけで、あとはそれを遊ぶ子どもたちの心にすべてゆだねられている。ぬり絵のような未完成品とはちがうが、余白の部分に子どもたちの想像力が飛翔し、イメージを心に描き出してくれなくては完成しない絵本である。

いっけん受容の姿勢ではあるものの、単純なものであれ、複雑なものであれ、子どもたちが絵本に接するさいには、ダイナミックな想像力による創造者としての姿勢がある。絵本に限らず、現代の子どもの本の世界では、このような聞き手・読み手の認識が基盤となっているようだ。

ところで、若い女性ならば、〝お茶のみませんか?〟と街角で誘われたりすることも多い。そして、そのひとことに、まったく軽蔑しきった顔で通りすぎた人も、ちょっとことばを交わした人も、あるいは素直に〝いいわ〟と応えた人もあることだろう。ところが、この〝お茶のみませんか?〟ということばは、遊び絵本「なんだろう?」とまったく同じ質のもので、誘い手の思惑の、ごく限られた一部を漫然と暗示しているにすぎない。しごく平凡でわかりやすく見えるこのことば、実は日本茶かコーヒーか、あるいは喫茶店を意味するのか、さらには交際したいということなのか、まったく不明確なのである。この種のことばをかけられた若い女性は、その氷山の一角にすぎない断片的な情報をもとに、自分なりにある意味を理解し、それぞれの反応をおこすことになる。

提供される情報や刺激が、その全体像を明示していることは少ない。そこで、必然的に空間や沈黙の部分がかくされているということになる。そしてそこに、聞き手や読み手が積極的に活動する沃野がひらかれてくるわけだ。

幼児と絵本とのかかわりを語るさいに、再認とか未知の発見とかいうことばがよく使われる。想像といい、創造的な想像ともよくいわれる。いずれにせよ、幼児がそれまでに心と体に蓄えたものと絵本の世界とを拮抗させながら、ある時は現実即応ふうに〝このことだ〟と理解したり、ある時はそこからのヴァリエーションづくりや独創的なイメージの構築を行っていることを意味しているようだ。

このように、現在の幼児対象の絵本は、形而上の問題だが、聞き手・読み手である幼児たちも、絵本の完成にみごとに荷担しているという考え方が一般的になっている。

すぐれた絵本、絵本作家、画家といったことばをしばしば目にするが、決して絶対的にすぐれた絵本があったり、絶対的な思想や技術をもった作家や画家がいるというニュアンスではなく、このような創造に不可欠の幼児たちをみごとにふくみこんで作業する書き手・描き手そしてそこからつくられた絵本というくらいの意味にとった方が妥当のようである。聞き手・読み手の興味をひきつけたとか、読者にアプローチしたとか理解されたとかいう物言いによって評価されることでも、このことは明らかだろう。

さて、絵本史を試みようとして、まず考えこんでしまうことは、絵本の出発点はどこかという問題である。これまでにしるしたように幼児とのかかわりを核とした絵本観にたつならば、松居直が『絵本の研究』（明49）にしるしたように、すっぱりと『婦人と子ども』（フレーベル会　明34）、『こども』（児童美育会　明7）、『幼年画報』（博文館　明38）などの絵雑誌と考えるのが適切だろう。

これは、いわば児童観に属する問題で、幼児対象という明確な読み手意識にうらづけられた絵雑誌となれば、まさにそのとおりである。これ以前にも対象の読物はあるにはあったが、挿絵入りの本のイメージが相応で、幼児絵雑誌を幼児の絵本のスタートと考えるのが適当だろう。

絵巻、奈良絵本など

けれども、ここで少しふれなければならないことがある。というのは、文学史的にはお伽草子といわれている内容を描いた、奈良絵本やそれ以前につくられた絵巻物をながめただけでも、現在の幼児の絵本とのかかわりをひきだすことができるからだ。子どもにという読者意識の不分明な時代のこれらの絵巻物や絵草子に、ストーリーの進行方向に緩急自在に流れていく運動性や、各場面を断絶させないための雲形や水の処理による連続性といった、現在の絵本の、もっとも素朴だが、基本的性格をそこに見出すことが可能である。絵巻物を中心とした絵草子の性格といってしまえばそれまでだが、同時に現在の幼児の絵本の源流とも受けとめることができる。

室町時代末期につくられた「小男の草子絵巻」というのがある。「一寸ぼうし」や「物臭太郎」のヴァリエーションと思わせる物語で、丈一尺・巾八寸の小男が主人公である。栄達の望みをもって都に来た小男が、奉公しようと貴族の門をたたくが、あまりの小ささに失笑をかう。けれども、運よくその小男ぶりを珍重したある家に、小男は奉公することになる。そして、女房にしたがって、たびたび清水寺にやってくる。ある日のこと、小男は清水寺近くで楊貴妃か天人かと見まちがえるばかりの佳人に出会い、はげしく恋心をいだく。はじめはともかく、思いをよせる公卿や殿上人をむこうにまわして、筆蹟の美しい深みのある歌を武器に、小男はその美しい女房の心にくいいっていく。そして、ついには、めでたく契りを結ぶことになる。そしてさらに、二人の子どもまでもうけたという。

小男とし久が物語の進行方向に常に動いていくあり方、雲形の輪郭線を巧みに使う連続性の尊重、画面に文字をのせることによる絵とことばとの一体化をはかろうとする意図などは、児童観の問題をこえて絵巻物と幼児の絵本とのつながりを考えさせてくれる。

バートンの、映画的手法による絵本「名馬キャリコ」の、道や、山や森の外郭線を利用して、子どもの読者の残像効果という錯覚をひきだそうとする場面の連続性などは、まさにこの絵巻の工夫と同じだろう。また、同じバートンの絵本「ちいさなおうち」の、同じ構図でありながら、人物の配置や周囲の景観を変化させたり、あるいは遠近法をつかって大きさを変えたりといった、ちょうど子どものおもちゃ絵本である〝活動写真〟のような方法が、この「小男の草子絵巻」にも見られるようだ。絵巻物だから、運動性・連続性は欠くことのできない要素だが、それが現在の幼児対象の絵本の多くに見られるところに興味を強くひかれるのである。

絵巻物にしても、現在の幼児対象の絵本にしても、物語の推移にしたがって絵をならべることによって観念的な時間を得ることはできるが、絵はあくまでも静的な存在で動きはもたないものだ。そこに絵巻物の絵師や絵本画家の工夫がこらされ、巻をひらくと人物たちが物語展開の方向にあわせて動き出し、主人公のことに動的な動きがくわわって時の進行が獲得されたのである。そしてさらに、現在の幼児の絵本にはそう多くは見られないが、佳人の住居を、まるで飛ぶ鳥の目をかりたように視点を流動させながら俯瞰し、遠近法を無視したり、見えないものも同時に描くといった、時の刻みのダイナミズムを描くのである。

ところで、時間を軸とした運動性・連続性は、絵巻物に限らず、奈良絵本といわれている江戸初期につくられた横本の絵本などにもあてはめることが可能であり、いっそうの興味をかきたててくれる。

絵草子「小おとこ」は、「小男の草子絵巻」と同工異曲の物語りで、時間の獲得に心を配ったものである。

絵巻物の歴史は、八世紀天平年間の「絵因果経」の登場によってはじまり、絵だけの「鳥獣戯画」を平安時代中期に、著名な物語絵巻の傑作「源氏物語絵巻」や説話絵巻の「信貴山縁起」を十二、三世紀平安時代後期に生み出し、その後、物語、和歌、戦記、説話を題材とする多様化の時代をむかえていく。けれども、室町時代に入ると絵巻物語はしだいにおとろえ、後にお伽草子と名づけられた室町時代の短編物語などを題材とした、婦女子の娯楽、啓蒙の役割を果たした絵巻を成立させたが、それも冊子へととってかわられていく。前の「小男の草子絵巻」は、それにあたるわけだ。

室町時代も末になると絵巻物にかわって絵草子が誕生し、奈良絵本やその模倣である丹緑本など絵入り横本が姿を見せてくる。そして享保の頃、大阪の書肆渋川清右衛門が、「文正草子」「鉢かつぎ」「物臭太郎」「浦島太郎」などを紺表紙の絵入り横本で出版してお伽草子を紹介するのである。

絵巻物といっても多様で、絵が主である場合も、文が主である場合もあり、ひとことで片づけるわけにはいかないが、草子の発展とともに絵を主とする絵草子に、その命脈は少しばかりうけつがれたようである。

赤本など

絵巻物ということばが、その全盛期に見られず、江戸時代後期に入ってから使われだしたのとちがって、絵草子は江戸時代のはじめ頃から絵本という語を題に冠せており、馬琴の「燕石襍志」では赤本・黒本の類を絵本としてしるしている。

「燕石襍志」にもその名の見える金平本のうちの一冊「しゅてんどうじ」(寛文3)は、五段構成で、見開き四ページの絵が描かれているが、絵巻にあった流れるような展開は消えかかっている。冊子の体験が、いわゆる挿絵に近いスタイルを生み出したといえようか。けれども、羅城門の鬼を渡辺綱が退治するのを発端に源頼光と四天王が酒顚童子を血まつりにあげる物語にしたがって、人物たちは右から左へ雄々しくかけぬけていく。やはり、絵巻物にあった運動性と連続性は生きているといってよいだろう。

宝歴頃にでまわった赤本は、金平本ほどの文章量をもたないことによって、さらにことばを絵の中に入れてしまうことによって、現在のマンガに通ずる絵と文の一体化が充分にはかられているといえるようだ。桃をひろったじじばばが若がえり、桃太郎をもうけ、その桃太郎が犬、猿、きじをつれて鬼が島にのりこんでいく。湯につかった桃太郎が「ふぎゃふぎゃおぎゃ」と泣いたり、石を持ちあげた桃太郎を見て「つよいがきだ」と大人が驚いたり、というようにごく単純な会話を書き添えるくらいに省略したあり方が、子どもたちに愛好された大きな要因になったのだろう。絵を追うスピードと文章を読むスピードに大きな差がありすぎると、どうしても絵と文との一体感を欠いていくことになるが、その点で文章量を極端にけずってしまったことが、俗と批難するだけにとどまらないよさをも現出したのである。また、ページの間隙に、時の経過を象徴する雲形様のカッティングを行って、流れを断絶させない配慮をほどこしている。

絵巻物の場合、「鳥獣戯画」はともかく、文章量のかなり多い絵と詞章とが交互に段落を形成したりするようなものでも、読み手がスピードを自在に調節して聞きながら鑑賞するので、絵と文とのスピードにひらきが生ずることはまずないが、冊子の場合には、いやおうなく開いたページが目にとびこみ、絵にくらべて文章が豊かすぎる時には、絵と文との有機的な一体感は失われてしまうものだ。その点、赤本は単純化することによって成功しているといえるし、金平本の場合は文章ページと絵のページを切り離すことで、マイナス化することを防いでいるようである。

こうした子どもに多く愛された金平本や赤本のスタイルは、断定するわけにはいかないが、絵巻物そして奈良絵本の系譜につながるものと考えてよいかもしれない。

このように、主として赤本によって、それに加えて後の黒本青本等によって、子どもたち向きの絵草子のスタイルが、十七世紀にはできあがったわけである。

江村北海は、その著「授業編」の序で、子どもたちの教育は、絵のついている書によって始めるのがよいと述べており、また、馬琴も、「燕石襍志」の中で、絵草子と子どもとの関係を、わずかながら述べてもいる。

しだいに子どもの読者にたいする分化した意識が、絵草子にむけられてきたと考えてよいだろう。

ところで、お伽草子に根を持つ絵草子とちがって、教訓、啓蒙を主眼としたものはどうだったかというと、こちらは絵を挿入した本というニュアンスが強かったようである。

ちくりんのおとめの謎は竹の子、とりのいつわりの謎は嘘、というようなことば遊びの絵草子「なぞづくし」類、あるいは「絵本庭訓往来」の類は、そのよい例といえる。題材に応じて、自然に挿絵本の体裁となったのである。

そして、この教訓的、啓蒙的な草子類が、絵をさしはさんでいたスタイルは、明治時代はじめの啓蒙主義の絵入り本に、スムーズにつながっていったのである。

啓蒙書、ちりめん本

維新直後の絵入りの啓蒙書となれば、福沢諭吉の「世界国尽」(明2)や古川直雄の「絵入智慧の環」(明3)、そして物語ではあるが、渡辺温訳の「通俗伊蘇普物語」(明5)等がうかんでくる。

これらは、文章量に比して、絵は圧倒的に少なく、江戸期の絵草子に比較すると、せいぜいカット入りの本という印象である。

最も強く、最も少年の心を引き着け、さながら蟻の砂糖に集まる如くに、容易に離れようとしなかったのは、市内に散在する絵草子屋の店頭に見る景である。未だ子供用の絵本も雑誌も、これぞと思う何一つも現れなかった明治二十年前後にありては、絵草子なるものが彼等の最大の娯楽であり、且つ最強の魅力をもっていたものと言えよう。例えば、学校帰りの小学生も、用達しに出された商家の小僧も、悉く足をとどめ、目を皿にして胸を踊らせたもので、勿論、それを買い去ろうとする野心はなく、ただ単にその美しさに眩惑したのである。

木村小舟が「明治文化史話」に、このように記したように、児童雑誌の先駆といわれる「頴才新誌」（明10創刊）があったくらいで、児童文化財全体が、しごく貧弱であった時代である。

子どもたちの興味をとらえたのは、綿絵や双六類をふくむ絵草子だったのである。

それらの綿絵は、芝居絵や武者絵で、大江山の酒顚童子、源義経、弁慶等々題材とすることが多かった。

そして、小林永濯、尾形月耕、小林清親等の浮世絵の画家たちの若い時代の仕事の場であった。また、極彩色の双六は、東海道五十三次や狐の嫁入り等の昔話であった。

このように挿絵入りの本や、一枚物の綿絵があった程度で、江戸期の絵草子にあった絵本様のものさえ、ほとんど見られなかったのである。印刷技術の点でも、充分にこなしきるところまでに至っていないのである。

このような時期に、どんなプロセスで制作されたか明らかでないが、英文、独文、仏文による日本昔話の翻訳絵本が刊行されたのである。いわゆる〝ちりめん本〟である。

〝*La bataille du singe et du crabe*〟と題したドゥトルメル訳の「猿蟹合戦」(明18)、〝*The oldman who made the dead trees blossom*〟と英訳したD・タムソンの「花咲爺」(明18)〝*The hare of INABA*〟としたジュームス夫人の「因幡の白兎」(明19)等が、小林永濯等の絵によって出版されたのだ。外国人向けの日本を理解してもらう主旨の刊行と想像されるが、やわらかな色調で、過去の絵草子にあった連続性と運動性をもって展開されていた。

永濯の描いた「因幡の白兎」は、絵の中に会話を挿入するスタイルもとられ、赤本あたりの絵草子類を思い出させてくれる。

と同時に、同じ永濯の描いた「猿蟹合戦」の戯人化した画面は、中世の騎士道物語を想起させるもので、伝統的な画面とは異質であった。いかにも、外国人向けといった描き方である。

この〝ちりめん本〟は、明治二十年を境に、長谷川武次朗発行から、弘文社発行とかわり、〝*Princess splendor*〟(「竹取物語」ミロル訳　明22)という大部なものも出版している。

〝ちりめん本〟は、やわらかな、ちりめんようの小じわのある和紙に印刷しているだけに、渋い美しさがきわだっていた。けれども、品位のかげにかくされているものの、過去の大和絵にあった残酷ともとれるリアルな眼ざしをも併せ持っていた。「猿蟹合戦」の猿への報復の場面や、「因幡の白兎」の兎に迫るわにの姿に、それは鮮明である。

ところで、〝ちりめん本〟の美しい画面といえば、「竹取物語」の、かぐやひめが月へ上るクライマックスを挙げることができよう。幻想性は秀逸である。

さて、これらの〝ちりめん本〟について、やや冒険的な結論を述べてみるなら、直接的には江戸期の絵草子の影響を受け、その背後に、遠く絵巻物にあった動的な連続性との脈絡を持っているといってよいかもしれない。

そして、この〝ちりめん本〟は、次の時代の、博文館という大資本によって大量に印刷された、「少年文学」叢書、「幼年文学」叢書によって、取ってかわられたのである。

私の胸裡に浮かぶものは銅版の細い横線と洋服と自転車である。その自転車も前輪が非常に大きくて後輪の小さいものなのである。その自転車には首に風呂敷包を結えた小僧さんが乗って居て何か失敗を演ずるのである。そんな絵も絵本もあった。それから若旦那をとりまいた善玉と悪玉の絵である。善玉は丸の中に善と書いた字画が目鼻となって顔になって居り悪玉は丸の中に悪と書いて顔になっていた。……紅や紫や緑の染料を使ったそれらの絵本は袋綴になって居るので私の好気心をそそって袋の中を覗かせたものだった。

独得な版画で明治の風俗を描いた川上澄夫の『明治少年懐古』の、〝絵本〟についてのエピソードである。

いわゆる絵本が、子どもたちの前に姿を現すのは、ちりめん本から、だいぶ経ってからのことであった。

（「絵本の世界」昭49・5）

児童読み物

児童対象の読み物としては、児童文学、絵本、マンガ、ノンフィクション等の児童書、雑誌、そして児童にかかわる新聞等を挙げることができる。

この児童読み物の領域は、子どもの文化の中でも固有の歴史的展開を持った、成熟度の高い分野である。

① 児童文学

対象読者を想定する近代児童文学の先駆けは、『少年之玉』(三輪弘忠 一八九〇・十一)と『こがね丸』(巌谷小波 一八九一・一)であった。欠陥はあったものの、明治期の子どもたちの感情を意識した、理解しやすく魅力あふれる物語であった。

巌谷小波(一八七〇—一九三三)は、『こがね丸』発表の後、専門の児童文学者として、明治時代の子どもの読み物の世界をリードしていく。そして小波は、自らの読み物を「お伽噺」と称して、娯楽重視の姿勢を貫いたのである。

明治末になると、この小波のお伽噺を批判し、芸術性を志向する動きが生じてくる。その推進者は、小川未明(一八八二—一九六一)であった。未明は、処女童話集『赤い船』(一九一〇)をスタートし、次々と名作を生み出していった。「金の輪」「野ばら」「赤い蠟燭と人魚」等である。未明の主張する「童心主義」が大正期の童話、童謡の隆盛期を支え、そして、雑誌「赤い鳥」(一九一八・七)が誕生するのである。鈴木三重吉による「赤い鳥」は、多くの文学者たちの作品発表の場となり、さらに、新人作家の登竜門にもなっていく。「蜘蛛の糸」（芥川龍之介　一九一八）、「一房の葡萄」（有島武郎　一九二〇）、「実さんの胡弓」（佐藤春夫　一九二三）等の傑作童話が生まれ、北原白秋の童謡（山田耕筰　曲）も、「赤い鳥」を舞台に、次々と発表されていくのである。またその一方で、「赤い鳥」の童心主義は、現実の児童の心理や生活実態を忘れていると、社会的批判を受けることにもなる。

その同時代にありながら、『注文の多い料理店』（一九二四）や『銀河鉄道の夜』等、宮沢賢治（一八九六―一九三三）の童話は、大正期の童話にはない独自性を持っていた。宮沢賢治は、詩人としてもオーソドックスな詩史の中にはその位置を明らかにすることが難しい、孤高の質を主張していた文学者であった。

大正時代においては、童話、童謡に加え、童画の成熟に目を見張るものがある。童画とは、児童対象の挿絵や絵本の絵のことである。たとえば、武井武雄、初山滋、岡本帰一等の個性的で伸びやかな絵が、子どもの本に豊かな情感を持たせた。また、「子供之友」（一九一四）、「コドモノクニ」（一九二二）、「コドモアサヒ」（一九二七）、そして「キンダーブック」（一九二八）等の幼児絵雑誌が充実したのは、この童画の功績であろう。

また、幼児対象といえば、幼年童話の領域を人生的な深みあるものにした、浜田広介（一八九三―一九七三）を忘れることができない。「泣いた赤鬼」「五匹のやもり」等はその傑作である。

昭和に入ると、メルヘン風な大正期童話が批判され、社会性のある散文が期待された。プロレタリア児童文学の運動は、子どもを社会的存在として描くことと、客体化して描いていくリアリズムの文体を志向したのである。これは、槇本楠郎（一八九四―一九五六）の理論を掲げて進められた運動であったが、読者の心に迫るような文学作品が創造されなかっことと、軍国主義の余波によって衰退していく。

その後、リアリズムの文体は、『善太と三平の話』等の坪田譲治（一八九〇―一九八二）によって、文学としての香りを獲得することになる。

また、大戦末に早逝した新美南吉（一九一三―一九四三）は、「ごんぎつね」等、メルヘン調の中に近代的知性と心理の襞を描き込んでいた。

大戦後、児童文学は、戦時中の抑圧をはねのけ、民主主義を語り始めた。たとえば、壷井栄（一九〇〇―一九六七）の『二十四の瞳』（一九五二）、竹山道雄（一九〇三―一九八四）の『ビルマの竪琴』（一九四八）、石井桃子（一九〇七―）の『ノンちゃん雲に乗る』（一九四七）等、従来にない長編作品の台頭が目立ってくる。

現代児童文学は、一九六〇年前後から述べられるのが普通だが、これは、その当時が、それまで日本の児童文学の主流であった童話を総括し、それをバネとした新しい作品が誕生した時期であったからである。

石森延男（一八九七―一九八七）の『コタンの口笛』（一九五七）、いぬいとみこの『木かげの家の小人たち』（一九五九）、佐藤さとるの『だれも知らない小さな国』（一五五九）、さらに、松谷みよ子の『龍の子太郎』（一九六〇）、今江祥智（一九三二―）の『山のむこうは青い海だった』（一九六〇）、寺村輝夫（一九二八―）の『ぼくは王さま』（一九六一）、神沢利子（一九二四―）の『ちびっ子カムのぼうけん』（一九六一）等が、その新しい動きであった。

テレビの進出、人気マンガの登場といった文化の視覚化の中で、児童文学も、読者に愛される作品を求め、真剣な模索を繰り返した。

それまで、世界的な名作、アンデルセン童話や、「フランダースの犬」（ウィーダ）、「小公子」（バーネット）、「クオレ」（アミーチス）、「ピノキオ」（コロディィ）、「若草物語」（オルコット）、「赤毛のアン」（モンゴメリ）等が主流であったところへ、少しずつ日本の新しい児童文学が進出してくる。

そして現在、斎藤隆介（一九一七―一九八五）の『ベロ出しチョンマ』（一九六七）、斎藤惇夫（一九四〇―）の『冒険者たち』（一九七二）、舟橋克彦（一九四五―）の『ぽっぺん先生の日曜日』（一九七三）、灰谷健次郎（一九三四―）の『兎の眼』（一九七四）、安房直子（一九四三―一九九三）の『ハンカチの上の花畑』（一九七二）等の児童文学作品が、児童の読書欲を満たしているのである。

また、ノンフィクション領域では、従来から児童が愛好してきた伝記類に加えて、自然科学・社会科学系統の読み物の充実が目立ってきている。中でも、ビジュアルなページを多く持つ植物、動物、そして環境についての児童書には、目を見張るような楽しく鋭い内容のものが増えている。

ところで、児童文学は、明治時代に「少年文学」「お伽噺」と呼ばれ、大正期に「童話」、昭和期に入ってからは「児童文学」と、呼称の変遷があった。

「少年文学」と「お伽噺」は、近代的児童文学の創始者、巌谷小波の命名というべきであろう。「少年文学」は、小波著『こがね丸』の序に「少年用文学との意味にてドイツ語のJugendschritt（Juvenile Literature）より来れる」とあるように、翻訳語であった。「お伽噺」は、「お伽」という古典語に娯楽性を盛り込み、彼が編集した児童雑誌「少年世界」や著書「日本お伽噺」等のシリーズものにつけたものである。

「童話」は、お伽噺に芸術性を持たせようとする気運の中から自然に発生したが、小川未明の芸術的運動によるところも大きい。ドイツ語のメルヘン（Märchen）に近いニュアンスを持っていた。

「児童文学（Children's Literature）」は、より散文的な文芸を意味し、児童対象の種々のジャンルを包含する語として、昭和十年代に定着した。

そのほか、現在使われている児童文学に関する語としては、「神話（Myth）」「伝説（Tradition）」「民話

（Folk　Tale）」「妖精物語（Fairy　Tale）」「空想物語（Fantasy）」、そして「昔話」等がある。その中で「民話」は、伝説、昔話、世間話等の意味合いを含んで使われることが多いことを付記しておきたい。

② こどもの歌

初期の音楽教育の場では、その素材として編集された『小学唱歌集』（全三冊／文部省　一九八一―一九八六）、『幼稚園唱歌集』（文部省　一八八七）にあるように、欧米のメロディを移植し、そこに道徳教育に資するような歌詞がつけられたものが多かった。

その後、そういった唱歌を否定し、児童の発達と生活を根拠とした歌が求められるようになり、「あわて床屋」「砂山」「ペチカ」の北原白秋を中心とした「童謡」が起こってくる。いわゆる童心童語の歌謡である。白秋のほかに、「赤とんぼ」の三木露風（一八八九―一九六四）、「青い眼の人形」の野口雨情（一八八二―一九四五）、「かなりや」の西条八十（一八九二―一九七〇）等が活躍する。

その後、昭和時代には、「百舌よ泣くな」のサトウハチロー（一九〇三―一九七三）、「たきび」の巽聖歌（一九〇五―一九七三）等、散文詩的要素を強くしていくのである。

これら大正時代から昭和の初めにかけての白秋を中心とした童謡は、山田耕筰（一八八六―一九六五）のほかに、中山晋平（一八八七―一九五二）、弘田龍太郎、草川信が曲を担当していた。

昭和十年代から二十年代の大戦をはさんだ時期、レコード産業の発展もあって、「かもめの水兵さん」（竹内俊子　詞・河村紅陽　曲）、「からすの赤ちゃん」（海沼実　詞・曲）、「お猿のかごや」（山上武夫　詞・海沼実　曲）、「みかんの花咲く丘」（加藤省吾　詞・海沼実　曲）、「里の秋」（斎藤信夫　詞・海沼実　曲）等の童謡が、ラジオを通して華やかに流されたのである。
現代では、まどみちお、阪田寛夫、谷川俊太郎等の詩人と、中田喜直、大中恩、團伊玖磨等の作曲家によって、幼児にふさわしい歌作りと、日本語の美しさ、時代の新しいリズムとを求めて、創造活動が真摯に行われている。

③　童話の読み方　―シンデレラストーリー―

過去の話になるが、アメリカ女性の最も好んだ話は、「シンデレラ（Cinderella）」であった。平凡な心優しい少女のサクセスストーリーとして、多くの女性の夢の対象となったのである。もちろん、アメリカばかりでなく、多くの国の女性たちにとってもそうであった。幼児から小学生の少年少女たちにも、絵物語や童話、アニメーションを通じて印象深い作品であった。

とはいうものの、いわゆる「シンデレラ」に類する話は世界に四百話ほどあり、どのストーリーと出会って夢をかき立てられたかは、確定できないところがある。

そこで、一般的な、フランスのシャルル・ペロー（C・Perrault　一六二八―一七〇三）、ドイツのグリム兄弟（Jakob　Grimm　一七八五―一八六三、Wilhelm　Grimm　一七八六―一八五九）、そしてアメリカのウォルト・ディズニー（Walt　Disney　一九〇一―一九六六）の童話とアニメーションの世界を、少し比べてみることとする。多くの人にとって既知の作品であろうが、いくつかの話を比べ読みするような機会は少ないと思う。

ペローの作品「サンドリヨン（仏　Cendrillon）―あるいは小さなガラスの上靴―」（渋沢龍彦　訳／河

出文庫）は、結末の教訓にあるように、人間として最も大切な、心の優しさによるサクセスストーリーであった。

女性にとって美しさは、めったに得られぬ宝です。だれもがこれを賛美して飽きません。けれど、心のやさしさと呼ばれるものは、計算できないクラス、はるかにもっと大事なものです。仙女がサンドリヨンにあたえたのは、この心のやさしさでありました。（略）美しいみなさん、この贈り物は、きれいに髪を結うことなんかよりずっと大事です。

母親譲りの心の優しさを持ったサンドリヨンは、義理の母とその娘に、心から尽くし続けたわけだが、常にひどい仕打ちを受け続ける。しかし、サンドリヨンは、ガラスの靴のエピソードの後、王子と結婚することに決定しても、これまでの姉たちの行為をまるで忘れたかのように、彼女らの幸福を願うのである。

美しく着飾ったサンドリヨンを、役人は王子さまのところへつれて行きました。王子様はサンドリヨンを、これまでにもまして美しいとお思いになり、二、三回してから、めでたく結婚なさいました。サンドリヨンは美しいばかりでなく、また心のやさしい娘でしたから、ふたりの姉さんを宮殿内に住まわせ、その同じ日に、宮中の二人の大貴族と結婚するように取りはからってやりましたとさ。

ペローは、法律を専門とする役人であったが、時代を代表する教養人として、貴族の若い女性たちの家庭教師役をも務めていた。ペローの作品『童話集』（一六九七）は、まさにその女性たちに寄せるメッセージであった。

しかし、同じストーリーを書いたものでも、グリム兄弟の「灰かぶり」は、だいぶ違っている。「灰かぶり」は、ドイツ語で「Aschenputtel（アッシェンプッテル）」である。ストーリーそのものは、まったく同じといっていいが、小道具と結末が違っている。

母親は臨終の床で、「神さまをだいじにして、それから気だてをよくしているのですよ」と言うが、このあたりの心の優しさの強調はペローと共通である。

しかし、母親の墓のそばにある木に住む白い一羽の小鳥、継母の難題に困惑した時に登場する家鳩、山鳩の群れや小鳥の存在は、ペローにはまったくない。

以下は、靴（黄金の靴）のエピソードの後、王子との婚礼部分である。


せんに替えだまになった姉と妹がやってきて、おべっかをつかって、灰かぶりの福をわけてもらうつもりでいました。花むこ花よめが教会へ行く段どりになると、姉は右に、妹は左につきそいました。すると、二羽の鳩が、めいめいから、目玉を一つずつつつきだしました。お式が済んで、教会から出てきたときには、姉は左に妹は右につきそっていました。すると、二羽の鳩がめいめいから、もう一つ目だまをつつきだしました。こんなわけで、ふたりの姉妹は、じぶんたちが意地わるをしたばかりに、替えだまなんぞになったばかりに、ばちがあたって、一しょうがい目くらでいることになりました。

グリム兄弟の童話は、最近、その残酷さを語られることが多い。この「灰かぶり」（金田鬼一　訳／評論社）もまた、かかとや指を切って血だらけの足を靴に入れる二人の姉の行為に続いて、結末には徹底した罰が用意されていた。鳥に両眼をつつき出されるような、実にすさまじい罰である。世の女性たちが憧れるサクセスストーリーとしては、あまりにも恐怖を含んでいるといえる。

ここで類推すると、憧れのストーリーとして女性の心を刺激した作品は、グリム兄弟の話よりもペローの作品に近かったのではないかということである。

さらに、ディズニーの「シンデレラ」を見てみると、やはり、グリム兄弟の話よりも、ペロー作品に深く通じるところがある。動物好きのシンデレラを救おうとする犬や小鳥たち、そして、王子との結婚となっても、決して過去のいじめを断罪しようとはしない心優しいシンデレラは、まさに、ペロー作品を思わせるものである。

このように、ひとつの物語、あるいはモチーフの共通する作品を読む場合、比較の対象があればあるほど、興味はより深くなっていくものである。読み比べという方法は、素朴であるが、作品の本質に迫るという視点でその意味は大きい。

童話ばかりではなく、玩具、図書館、博物館等、子どもを取り巻くさまざま童文化学に、「比較」という視点は有効である。

乳幼児絵本

① 絵本の成立と発展

子どもの絵本の出発は、ヨーロッパでは、ドイツの『もじゃもじゃペーター』（ホフマンH・Hoffman 一八四五）であるといわれている。絵によって物語が運ばれるという、従来の絵入り本とは異なる、近代的な子どもの絵本が現れたのである。

ところが、我が国では、この『もじゃもじゃペーター』のような近代的な創作絵本は、明治時代末になってもまだ現れなかった。もちろん、ヨーロッパの絵本の原型「絵入り本」に担当する「赤本」、絵本の祖ともいうべき「絵巻物」は、過去には存在した。しかしながら、赤本は挿絵入りの本であり、また絵巻物は、児童観の所在を確かめることのできないようなものであった。ちなみに絵巻物においては、『鳥獣戯画』（鳥羽僧正）などに見られる優れた方法論や技術継承がなされなかったことは、惜しまれる点である。

こうして出発した子どもの絵本の世界は、子どもの人格と権利の確認という児童観確立の方向と並行しながら、十九世紀後半に、コルデコット（R・Coldecott　一八四六―一八八六）やグリーナウェイ（K・Greenaway　一八四六―一九〇一）等の、専門の絵本作家を持つことになる。イギリスのコルデコットは、現在では、アメリカの絵本賞「コルデコット賞」で知られている。同様に、グリーナウェイも、イギリスにその名をとった絵本賞のあることでよく知られている。

ヨーロッパの絵本はイギリスに花開き、レスリー・ブルックの『三びきのくま』『三びきの子ぶた』といった民話風なストーリー絵本、ビアトリクス・ポッターの『ピーターラビットのおはなし』、ヘレン・バンナーマンの『ちびくろさんぼ』と、愛され続ける豆本が登場する。

二十世紀になると、現在の日本の子どもたちにも親しまれている、『一〇〇まんびきのねこ』（ガアグ）、『アンディとライオン』（ドーハティ）、『げんきなマドレーヌ』（ベーメルマンス）、フランスの『王さまババール』（ブリュノフ）、『チムとゆうかんな船長さん』（アーディゾーニ）等が出版される。十九世紀末から二十世紀初頭のこれらの古典絵本は、我が国では昭和三〇年代になって紹介されたが、現代の絵本と並んで一挙に紹介されたため、かなり混沌としていた。

一九三〇年代に入ると、第二次世界大戦下のアメリカに、自由を求める絵本作家が現れ、華やかな絵本の世界が開かれていく。

たとえば、『ひとまねこざる』（H・A・レイ）、『かもさんおとおり』（マックロスキー）、『ちいさなおうち』（バートン）、『ぞうのホートンたまごをかえす』（スース）、『三びきのやぎのがらがらどん』（ブラウン）、『もりのなか』（エッツ）、『あおくんときいろちゃん』（レオニ）、『ごきげんならいおん』（デュボアザン）、そして黒人の子どもたちの群像を描く『ゆきのひ』（キーツ）等、百花斉放である。

これに比べて、イギリスでは、ごく最近の『ABC』（ワイルドスミス）、『まどのむこう』（キーピング）等、フランスでは『まりーちゃんとひつじ』（フランソワーズ）、ドイツでは『タイコたたきの夢』（チムニク）、スイスでは『子ねこのピッチ』（フイッシャー）、そしてソビエトでは『マーシャとくま』（ラチョフ）、さらにオランダでは、乳幼児向けの『子どものはじめてであう絵本』（D・ブルーナ）というように、量的には少ないが、それぞれ独自な方法論と技術で、現代の子どもたちにアピールしている。

② 日本の絵本の流れ

ところで、近代的な絵本の出発が、欧米に比べていくらか遅れた我が国の絵本界であるが、明治三〇年頃までは、ポンチ絵、エバナシなどの、稚拙な絵を中心とした娯楽読み物が盛んに市販され、次いで三〇年代に、絵雑誌『少年智識画報』『少女智識画報』(一九〇五)、『幼年画報』(一九〇六)が、幼児に対する関心の高まりの中で創刊された。

こうして、欧米の絵本とは違った、日本独自の単行本絵雑誌の展開が始まるのである。『幼年の友』(一九〇九)、『子供之友』(一九一六)、そして『コドモノクニ』(一九二二)、『コドモアサヒ』(一九二二)、さらに『キンダーブック』……という具合である。

これらの絵雑誌には、特集や数ページに及ぶ童話があり、絵本に近い面もあったが、まだ一冊の絵本として全体を有機的に統一したものではなかった。それぞれの絵は、明治期の一流の挿絵画家、大正期童画の旗手である童画家たちによって描かれたもので、その後に開花してくる単行本絵本へと受け継がれていく。ことに、大正期の童画絵雑誌は、幼児保育とのかかわりの上で、その嚆矢としての意味を大きく評価すべきだろう。

さて、単行本の絵本であるが、昭和に入るまでその明らかな所在を見つけることはできない。ただ、明治末の『お伽画帖』(巌谷小波　文、全二十四冊)、『日本一の画噺』(巌谷小波文・松浦非水他　絵、全三十余冊)等は、「絵本」とうたってはいないが、近代的な絵本のイメージに近いものであった。

大正期は、芸術的に洗練された絵に脱皮しようという画期的な時代であったが、武井武雄(一八九四―一九八三)、初山滋(一八九七―一九七三)、清水良雄(一八九一―一九五四)、そして岡本帰一といった、傑出した童画家が存在していたにもかかわらず、さしたる絵本は誕生していない。大正期、童話集の挿絵や装丁などにはすばらしいものが多いが、幼児を対象とした単行本絵本には見るべきものがなかったようである。その中において、「絵とお話の本」シリーズの『イソップものがたり』（武井武雄　絵）、『おやゆび姫』（初山滋　絵）、『大男と一寸法師』（河目悌二　絵）等は、挿絵入りの本を超えているようである。

こうして、童画の発展と共に、次第に近代的な絵本の開拓が促されていった。

昭和に入ると、初山滋、清水良雄、武井武雄等の代表的な童画家、そして小山内龍、安泰、安井小弥太、清水崑などが、絵を中心としたストーリー絵本や、観察を目的とする乗り物絵本を手掛けるのである。

そして、我が国の絵本の伝統を作ったといわれる「講談社絵本」シリーズが発刊される。講談社絵本は、内外の伝記、昔話、漫画等、内容豊富で、それも浮世絵風あり、童画風あり、漫画的なデフォルメありと、多彩であった。

我が国の絵本の革新は、第二次世界大戦後の視覚メディアの進出と時を同じくした、「岩波の子どもの本」（一九五三―）以来であるといわれている。大戦直後には、センカ紙による絵本や、「世界の絵本」シリーズ（一九四九／新潮社）も出版されたが、これらは、質・量ともに、絵本の新たな進展に寄与するほどの影響力は持たなかった。

「岩波の子どもの本」シリーズは、『ちびくろさんぼ』『ひとまねこざる』等、欧米の子どもたちに選びぬかれてきた名作絵本を中心に、国内の絵本、『かにむかし』（清水崑　絵・木下順二　文）、『きかんしゃやえもん』（岡部冬彦　絵・阿川弘之　文）等も含めた、組織的な出版であった。子どもたちに愛される絵本として、代表的な存在だったのである。子どもの本の有史以来、本格的に読者子どもたちの喜びと理解を意識したのは、この絵本シリーズが初めてであった。常に表現者、作家としての側から創作してきた伝統的な姿勢が、ここで鮮やかに問い直されたのである。

こうして、やっと絵本の近代化が緒に就き、次いで、福音館書店の月刊絵本「こどものとも」(一九五六)が、日本の画家と作家によって作られる国産絵本の登場を促し、現在活動している優れた絵本作家たちが、ここから生まれてくる。長新太、太田大八、赤羽末吉、田島征三、堀内誠一等の画家たち、瀬田貞二、渡辺茂男、中川李枝子等の作家たちは、この月刊絵本によって、創作への意欲を深めるのである。そしてこれが、至光社、岩崎書店、偕成社、こぐま社等へと波及し、現在の豊かな絵本の世界が築かれたのである。

現在、絵本のジャンルは、ストーリー絵本、民話絵本、科学絵本、乳児の絵本と、多岐に渡る。それぞれの作家や編集者たちは、小学校低学年ぐらいまでの幼児たちを、魅力ある本の世界に誘おうと苦心しているのである。

③ 絵本の意味

サルトルは、『文学とは何か』の中で、「読者の存在がなくては作品の開花はない」と言っているが、この種の言い回しは、まさに絵本について言われるべきものであろう。シンプルな表現をするならば、製作された絵本は、それだけでは物としての意味しか持っていない。しかし、これが読者と出会い、豊かで鋭い火花を散らした時に、初めて絵本としての意味が生じ、生命を吹き込まれるのである。

いうまでもなく、読者の子どもたちは、ひたすら受け身に、享受するという姿勢ではない。絵本と出会うことによって、自らの心と体の内側にあるものが引き出され、同時に、そこからさまざまな広がりが生まれてくるのである。

ここに一冊の絵本がある。この絵本には、中央を四角にくり抜かれた窓がある。その窓に何かの絵の一部分が見えている。そして、「なんだろう?」という文字が入っている。次のページには、中央の四角の窓が、今度はだいぶ大きくくり抜かれている。その窓には、だいぶ明確になってきた何かの絵がのぞいている。そしてここにも、「なんだろう?」と記されている。

こうした絵本を眺めた子どもたちは、その窓からのぞく絵の一部から、さまざまにイマジネーションを広げ、ある物の形と色を心に描き出していく。見えない部分を心に作り出すのである。また、背景を白無地にした絵本は多い。これは、主として、読者の子どもたちの印象を強めるために、理解しやすくするためにとられる方法であるが、別な次元から眺めるなら、何も描かれていない白い背景に、子どもたち自身が形を与え、色を与える活動を行うということになる。

ストーリー絵本にせよ、科学絵本にせよ、自ら読むことによって、あるいは読み聞かせることによって、これまでに心と体に蓄積されていたものが再認識され、同時に未知の言葉や会話や場面や事件やらを、その蓄積にかかわらせながら豊かに認識していく。いわゆる子どもたちの再認識と未知の発見ということであるが、一対一の出会いをする絵本と子どもとの関係であれば、それぞれの子どもたちによって、受け止め方・作り方にさまざまなバリエーションが生じるのはごく自然なことである。たとえば、リンゴを知っている子どもが、さつまいもの絵を初めて見て、リンゴのように木になっている様子を思い浮かべる、というふうなことである。

ある子どもの文学の作家が、「社会を批判的に書けば、読んだ子どもも批判的な目を持つと信じていいものだろうか」と、あるエッセイに書いていたが、絵本と子どものかかわりについても、図式的・平均的なあり方はまず否定されていると見てよいであろう。それぞれの子どもによって、それぞれの理解があるのである。

たとえ、どのような受け止め方をしたにしても、それは、読者子どものその時々の状態の中で、可能な限りの理解やイマジネーションの流露によって生じたことであり、絵本の作者も伝達者も、決してそれを否定することはできない。子どもの成長は、与えられることよりも、自分なりに自分のものにする行為によって、はるかに効率のよい軌跡をたどるといわれているが、まさにその通りである。

現在の絵本の作者たちは、絵本と子どもを底辺で意識しながら、芸術的にも志向しようと苦心を積み重ねている。作家から子どもに「与える」という縦関係はここにはなく、作り手と読み手・聞き手という横の関係が支配的である。『おおきなおおきなおいも』は、この横の関係を鮮やかに具体化した絵本の好例である。

④ 絵本の絵と言葉

『名馬キャリコ』（バートン 文・絵）は、映画的手法を駆使した絵本だといわれている。読者の錯覚を利用して各場面を連続させていく方法で、映画のコマのように、多い時には四場面ほどを見開きに入れ、それぞれの場面が、前の場面にある何かの線に連続している。馬の背が、次の場面では山の稜線に続くという具合である。

絵本に流れを与えることを狙った技法であるが、視点を変えて眺めるならば、それだけ強烈に読者を意識しているということになろう。読者がいて初めて、十全に開花する絵本である。これは、一方的に与える絵本ではない。中井正一が、視聴者を映画の主体者と位置づけたように、『名馬キャリコ』の担い手も子どもたちであるといえそうである。

前述したように、「岩波の子どもの本」シリーズの絵本に、真っ白な背景が効果的に使われていたことはよく指摘されるが、この背景の、細部を描かない単純化した場面において、空白の部分を埋めていくのは主体者としての子どもたちである。

さらに、『やせたぶた』（木島始　文・ほんだかつみ　絵）の、どうしても太りたいぶたが、さるの博士に相談に行く場面にある伏線等も、子どもたちの存在がなくては意味をなさないところである。

やせたぶたと、さるの博士が向かい合っている。その物陰には自転車が描かれている。次のページでは、さるの博士がやせたぶたに空気ポンプで空気を注ぎ込むという種明かしをする。現実には、相当に敏感な子どもでなければ、自転車の存在に注意することはないだろう。しかし、その存在の意味を豊かに想像することができる子どもならば、次のページへと進むストーリーのおもしろさが倍加されることは確実である。

美意識に支えられた優れた絵であることは当然だが、このように、受け手の子どもたちと、いかに鋭く豊かに響き合うかということが、絵本の描き手たちの関心事である。

『ひこうきとぼく』（谷内こうた　文・絵）は、少年がひたむきに作った紙飛行機を青空に飛ばすというストーリーであるが、そのクライマックスに、紙飛行機を空に向かって「そらっ」と投げ上げるところがある。「空」とかけた言葉だが、この種の言葉も、作者の遊びというより、読者の子どもたちの心と響き合って生命が通う性質のものであろう。

『ひとつふたつみっつ』（今江祥智　文・長新太　絵）の冒頭、「ひとつ　ふたつ　みっつ　とうちゃんのかえらないあさが　つづいた。どうしたのかなあ」という箇所は、作者の遊びの要素が濃すぎはするが、これを読んだ、あるいは聞いた子どもの心にそうした経験のようなものがあれば、それだけこのセンテンスと深く響き合うことになる。十分に子どもたちを意識した姿勢がここにはある。

前述の『やせたぶた』に、空気で膨らんで空を飛ぶぶたを友だちのきじがひやかして、「太陽の熱で『とんかつ』になる」と言うくだりがあるが、これなども同じであろう。

このような例を数え挙げればキリがないが、結局、絵本の文章は、書き手の一方的な思いの表出ではなく、子どもたちと常に響き合うものだと考えるのである。書き手・描き手の芸術的な表現への希求と同時に、子どもたちの理解と興味とがほどよくバランスをとることが、現在の絵本の焦点といってもよいであろう。

よく課題にされることだが、個性的な絵で、その存在を濃厚に表している絵本画家がいる。画家に、読み手、聞き手への意識が存在するなら、常にひとつのスタイルで描き切ることをしないはずである。題材、ストーリーなどによって、それぞれ違ったスタイルが要求されるからである。画家固有のスタイルを持つことは、評価の対象となるようでありながら、こと絵本の絵本にあっては、逆にそれを切り捨てることが望まれるのである。固有のスタイルといえば聞こえはよいが、絵本では「パターン化」が批判の対象となることは多い。

⑤　新しい絵本の試み

『まどのむこう』（キーピング　文・絵　一九二四―）という絵本がある。洗練された画風には定評があるが、いくつかの問題を抱えた絵本でもある。近頃の絵本に関心を持つ層の広がりは顕著であり、この絵本などもその一端を担っている。

窓際に座り続ける少年の目が、下町の通りを行き過ぎる隣人や犬にじっと注がれる。馬の暴走という事件はあるものの、それを見つめる少年は一歩も動こうとはしない。アクションによるストーリーのダイナミズムを要求される、幼い子どもたちの絵本としては、まるで反対の静的な世界である。耳を澄ませば遠鳴りのような響きを聞き止めることはできるが、犬の声や馬車の音はまったく聞こえてこない。

「絵本」という呼称で呼ばれる本にも種々あるが、この『まどのむこう』は、小学校五、六年生の子どもにやっと理解されるものであろう。優れてはいても、この沈潜した画面は、幼い子どもたちにとっては、伸びやかな楽しみを引き出すことができるものではない。

その意味で、この作品は、幼児を主に対象とする絵本でありながら、五、六年生の児童が違和感なくページをめくることのできるもので、また違った面で、絵本の認識を新たにしてくれているといえるだろう。

ところで、現在の幼児絵本の大部分は、『まどのむこう』のようなものではなく、子どもたちの心と体に楽しみを引き出すことによって意味を持つといった世界である。『いたずらきかんしゃちゅうちゅう』のダイナミックなストーリー、スピード感。『おおきなかぶ』の単純化、誇張。『どろんこハリー』の安心感。『ぐりとぐら』の遊び。これらは、書き手、描き手の一方的で高踏的な表現を許していない。そしてそこに、子どもたちと最も響き合う世界を実現させようとする。おとなの屈折した英知があり、子どもの絵本独自のあり方が追求されているといえるだろう。

⑥　現代の個性的絵本

絵本の現況では、とりわけ、次の三点が注目されるといってよいかもしれない。

第一点、アダルト絵本の定着である。これは今さらの観もあるが、ここでいう定着は、アン・ノン族風の絵本の、いわば風俗的傾向の是認の意味では決してない。つまり、英語圏でいうところの、イラストブックのイメージである。

次に第二点は、いわゆる「ファーストブック」クラスの、三歳児前後を対象とする幼児絵本の領域にある、学習性との緊密なパイプである。言葉を変えていうなら、従来の楽しい絵本に学習性が反映したといえようか。

さて第三の点は、昔風にいえば、「話し言葉」の「書き言葉」への接近の問題である。もちろん、視点を変えれば、「書き言葉」と「話し言葉」の接近といってよい傾向である。いわゆる関西弁、そして東京弁で、読み手に直接的に働きかける作品がある。

ア　アダルト絵本

至光社発行の谷内こうた、岩崎ちひろ作品が、まるで画集のイメージだと、やや批判をこめて語られたのは、すでに遠い過去になるが、現在の寵児である安野光雅の精密な絵本のその広がり等は、今ではごくまっとうな承認を受けている。もちろん、この承認は、幼児絵本としてのものでなく、絵本の可能性の承認といってよいだろう。

とはいえ、このようなアダルト性の一般化は幼児絵本にも波及し、絵本の概念は拡大しつつある。『おみせ』（五十嵐豊子　文・絵／福音館書店）は月刊絵本の一冊だが、そのあたりの広がりを典型的に示しているといってよいであろう。科学や経済の発展によって、一昔前の生活を忘れている実情の中で、いわば散歩者のような視点に立って、ゆったりと「本物」を問いかけているわけである。こういってしまえば、一つの文明論になってしまうが、ごく表層的にとらえれば、いわゆるアン・ノン族風の作品という見方も許されるであろう。

安野には『津和野』等の絵本があり、幼児絵本にも各地の手作りの店を紹介する『おみせ』があるというわけである。

この作品を見て、「絵本はこれからどこに行くのだろうか」なり、「絵本とは何だろう」という、戸惑い半ばの疑問を持った人たちは多いことであろう。

もちろん、『おみせ』のような絵本のイメージの広がりは、別に現在に限ったことではない。三年ほど前の発刊になるが、『いえでをしたおかあさん』（西内ミナミ　文・遠藤てるよ　絵／文研出版）という作品がある。この作品では、従来は幼児の留守番という発想に集中していた母親の不在という事件を、不在となる母親の視点からとらえている。視点の違いといえば、それだけのことだが、やはり、児童文学全体の風俗的傾向を反映させたものと見てよい絵本であろう。

幼児の発達と興味に則して製作される幼児絵本ではあるが、決して固定的なものとは考えず、新たな試みを導入しつつ、幅の拡大と質の深化を期待する、創り手側の論理の具体化である。

とすると、この種の傾向は、創り手側のオリジナリティ、模索の試みと、対象の幼児たちの興味や理解をいくらか変貌させようとする期待との交ざり合ったものとでもいえようか。また、小学校六年生くらいから一般の読者に向けて発行されたイラストブック、『少年と川』（H・ボスコ　文・G・ルモワーヌ　絵・天沢退二郎　訳／日本ブリタニカ）という作品がある。

「反芻・増幅される幼少年期」と清岡卓行は表現し、「いくらでも深く読み込むことの可能な奥行き」を持った「独特な幻想性」の作品と、訳者天沢の語るこの作品は、画集とはまた違った物語の醍醐味を包み込んだ絵本である。そして、豪華に造本され、見事に物語を増幅するイラストを持った、このような「テキスト」を、ごく自然に「絵本」として受け止める目を、現在の読者は持っているといえる。

イ　学習性の問題

一九八〇年末の出版であるが、物語絵本の優れたイラストレーターであるセンダック（M・B・Sendak一九二八―）は、『そんなときなんていう？』（S・ジョスリン　作・谷川俊太郎　訳／岩波書店）に絵を描いた。この絵本は、物語絵本のスタイルをとった作品であったが、そのナンセンス風な展開の中に、誇張していえば、学習性とでもいうべきものがあった。

「あなたは　かいものを　しに　まちへ　でる。　ときどき　そうしたくなるので　うしろむきに　あるいてると、わにに　ぶつかる。　そんなとき　なんていう?」

ちょっとした事件、そして問いかけである。

「すみません。」

これが、その答えである。

まるで、基本的な語彙や言い回しのトレーニングの趣である。

ただし、謎とその答えという図式は、加古里子の『とこちゃんはどこ』を出すまでもなく、「発見する」というドラマ性があり、側面的には、物語絵本の原典ともいえる。この謎と答えというパターンが何度か繰り返されることによって、谷川俊太郎の傑作『わたし』ほどではないにせよ、ユーモアたっぷりのストーリーに接近したのである。

ストーリーが学習性を取り込んだのか、タイミングよい学習性の扱いがストーリーになったのかは明確ではない。しかし、いずれにせよ、この種の三歳前後を対象とした絵本は、かなり増加している。

「トンとポン」（いわむらかずお／偕成社）のシリーズは、その好例である。『おおきいトンとちいさいポン』は、単純化された明快な構図と色彩の絵本である。大小の比較をユーモラスに繰り返しながら、究極的に、価値としては「共によい」と結着するストーリーである。

雑草が生い茂る場面では、草に埋没してしまう小さいポンに、

「えへへ、ほら　おおきいほうが　いいね」

と大きいトンが言う。ところが、柿の木の枝に頭をぶっつけたトンを見て、

「うふふ、ちいさいほうが　いいな」

とポンがからかう。

このような具合に、アイデアの愉快な場面が次々と現れるのである。

確かに楽しい絵本である。しかし同時に、いつの間にか大小感覚が幼児の心の中に定着してしまうという方法の巧みさがある。

大小感覚を養うために、七五〇円の絵本は高すぎると考える人もいるかもしれないが、実は楽しい物語絵本ともなっているのである。

三歳前後の幼児にとって、このタイプの絵本はおもしろいと同時に、具体的な「育てる」要素を持つ作品といってよいだろう。

現在、流行とでもいうべき五味太郎の作品にも、このスタイルは多い。「いろのいろいろ絵本」シリーズや『夏』（絵本館）がそうである。

ページをめくるごとに、「きいろは　ばななにいろ」「きいろは　おちばいろ」「きいろは　れもんいろ」と、『きいろのほん』は、しごく丁寧である。色彩語学習の絵本といえるし、いわゆる「物の絵本」の体裁である。

「物の絵本」は、本来学習性の高い領域であるが、五味の描く世界では、従来「物の絵本」では追求され

ることの薄かった感覚が全面に押し出される。感覚や情緒によって受け止める世界は、実は物語絵本に期待されていたものであった。

「いろのいろいろ絵本」シリーズは、どう考えても物語絵本ではないが、物語絵本の持つ特性を反映させた作品といってよいかもしれない。繰り返しの中に、黄色の抽象的なドラマが体系化されている。

そして、『夏』は、それが結晶した世界といえるであろう。

燃えるように暑い場面に「ちりちり　ちりちり」、続けて一枚めくると「どこかで　ベルがなってるよな」というわけで、その後に「かーん　かーん」「じゅん　じゅん」と擬音をたたみかけ、夏をトータルに感覚的に把握できる仕組みとなっている。作者の期待したほどには、幼児の発達や興味と結びつくことはなかったようだが、この抽象のドラマそのものに、幼児への学習の企図が含まれていたのである。

幼児絵本における学習性の問題といえば、誰しも、いわゆる学習絵本と呼ばれている、数の絵本や文字の絵本、英語の絵本を想起するはずである。

ところが、消極的ではあるが、通常の物語絵本にも、学習性を盛り込んだものがあることは、興味深い事象である。

しかし、振り返ってみれば、幼児対象の物語絵本は、巨視的に見て、常にある種の学習性を含んでいたとはいえる。なにしろ、幼児にとって、すべての体験は学習とかかわりがあるのだから……。

そんな意味合いで臨んでみれば、すでに故人となったが、バートンは、常に奥深い教育性を包み込み、鋭角的なテーマ設定で作品創りを行っていた。

『ちいさいケーブルカーのメーベル』（桂宥子・石井桃子　共訳／岩波書店）は、『ちいさいおうち』と同構図による微妙な変化と、『名馬キャリコ』の映像的表現による動的展開とを併せ持つ楽しい作品だが、作者が常に追求していた現代の文化状況に対する風刺と市民意識という、高次な主題を形象化しており、幅広い意味での教育性をはらんでいる。

といっても、この絵本までも含めるならば、幼児絵本のすべてが、物語の中に学習性を秘めているということになる。だから、前出の作品と、このバートン作品のオーソドクシィーは、当然区別されなくてはならないだろう。

ウ　語りの文体

さて、最後の語りの要素ということになれば、関西弁による絵本がすぐに思い起こされるであろう。

『ろくすけ　どないしたんや』(灰谷健次郎　文・坪谷令子　絵／理論社) は、その一冊である。「ぼく」が語り手で、友人のミコちゃんとろくすけとのかかわりが、心優しく語り出されている。

「ぼくとミコちゃんは、チクワの　ともだちや。ちいさいときからの　ともだちのことを　ちくばのともって　ゆうねんて。ミコちゃんが　ききちがえて、チクワのともってゆうたんや。」

この関西言葉の冒頭でわかるように、主人公の「ぼく」が、直接読者に働きかけてくる。何の変哲もない語りだが、「ぼく」「ミコちゃん」「ろくすけ」がみな、母親か父親がいないという設定よりも、この語りのスタイルそのものに考えさせられることが多い。

会話文が関西弁や他地域の「弁」であることは非常に多いし、地の文までもが地域語の語りであることも決してないとはいえない。しかし、この全文語りのスタイルは、あらためてとらえ直してみたいものである。

それは、結論からいうなら、明治の言文一致とはまた違ったあり方である、「語るように書く」ことの復権を見るからである。

日本語は、よくいわれるように、仲間同士の室内語として発展した。したがって、フォーマル（パブリック）な言語は成長しなかった。それを補う役割を担ったのが、話し言葉から分離した書き言葉だったようである。書き言葉、つまり文章は、その発生と成長の根拠を増加させつつ、さまざまな形式を生み出すほどに、話し言葉との距離を広げたのである。

明治の言文一致は、その距離の短縮にあった。しかし、今日まで、「話す」ことと「書く」ことは、はっきりした違いを保ち続けている。

そんな状況の中で、たとえ、幼児対象の親密感を尊重する絵本であっても、話し言葉によって語りかけてくる作品は実に興味深い。児童読み物の源流は、話し言葉の語りによる昔話であり、特に不思議はないと開き直っても、なぜか、その興味の根を説明することはできないようだ。

理屈はともかくとして、話し言葉が、本来、知己を対象に、あるいはグループ単位の「座」ともいうべき場で効果を発揮してきたことを考えると、この『ろくすけ　どないしたんや』も、よく知っている者への語りということになろう。しかし、当然それだけではない。普遍性ある主題を、不特定多数の小学校低学年に働きかけているのだから、それなりにパブリックな性格を持っているのである。

同じような例は、関東弁で語られる『モテちゃんとマメちゃん』（竹崎有斐　文・西川おさむ　絵／あかね書房）にもある。

「このあいだね、みよちゃんがさ、」と、犬のモテちゃんによって語り出されるこの絵本には、「読み聞かせにぴったり」というキャッチフレーズがついている。

話し言葉なのだから、まさに話すには適合している。幼児絵本が、母親、教師、保母による読み聞かせによって効果を持つということで、この種のスタイルがとられたのであろうか。おそらくそうであろう。しかし、これもまた、それだけでは説明にならない。

新しい、読み聞かせのための、話し言葉による叙述であると整理はできても、果たしてそれだけであろうか。というのは、これまで幼児に愛された幼児絵本は、いわゆる書き言葉による叙述がほとんどだったからである。誇張した物言いだが、外山滋比古が『日本語の個性』(中公新書)の中で、日本語の現状を「新たな言文一致の兆」と述べていた。なかなかに難しい問題であるが、状況の是非はともかく、確かにひとつの傾きとはいえそうである。

現代の個性的絵本として、自分自身の興味で前述の三点を問題提起してみたが、やはり、これらの絵本も、しばらくすると、幼児を中心とした読み手、聞き手たちの迫力ある審判に委ねられるのである。そして再び、「幼児にとっての絵本とは何か」という命題に立ち戻るのである。

⑦ 幼児絵本の意味 ―幼児にとっての絵本―

「お母さん、オーブエだわ、オーブエがあるわ」

たまたま立ち寄った、デパートの楽器売場でのことである。母親の手を引っ張りながら、四、五歳くらいの女の子が店に入ってきた。

「何を言ってるの、オーボエでしょう」と母親。

「違う、違う。ほらっ、こんな大きなオーブエよ」

女の子はショーケースの中のオーボエを指さしながら言う。

まさに、幼児特有の覚え違いである。しかし、大きな笛であるから「オーブエ」とは、単なる間違いとは笑ってばかりはいられない。幼児たちは、既知の事柄や既体験をベースに、未知なるものを必死に知り覚えようとする。その結果、このような思わぬ間違いを起こしてしまうというわけだ。

こんな例は、幼児たちと言語とのかかわりの中にいくらでもあるが、同じようなことが絵本との関係にも当てはまりそうだ。もちろん、そんな場合の幼児をつかまえて、その受け止め方を間違えているなどと、非を責めるものでもない。作者の意図に沿ったものでなくとも、個々の幼児の、すべてを凝集した受け止め方がベストなものだからである。いかなるおとなも、そういう幼児の世界を否定するわけにはいかないだろう。

レオニの『せかいいち　おおきなうち』(一九六九／好学社)の読み聞かせを、集団保育の場で見たことがあった。その折に、作者の意図と幼児の受け止め方との間に、典型的とでもいえそうな、大きなズレを経験したのである。

この絵本は、世界一大きな家がほしいという、かたつむりの子どもの思いを軸にストーリーが展開する。いろいろな努力をした結果、まさに絢爛豪華な家を、主人公は背中に持つことになった。巨大になり、艶やかに着色され、煙突のような角まで生えてくる。

蝶やとんぼが、「まるでお城みたい」、「サーカスのテントみたい」と驚いたように、聞き手の幼児たちも、目を輝かして見入っている。主人公の欲求が充足されたことを、幼児たちは自分たちのことのように喜んだのであった。

ところが、どうであろう。見事に作り上げられたこの家が、次ページではすっかり崩壊してしまうのだ。

「すごい」などと言い合っていた幼児たちが、一瞬息を飲む場面である。そして、瓦礫となった家の前で、主人公たちは、自分にふさわしい動きやすい小さな家でいいという結論に至って、この絵本は閉じられる。もちろん、この絵本の最後まで、幼児たちはきちんと聞き入っていた。しかし、おもしろいことに、読み聞かせをした教師がどんなに水を向けても、作者の意図した人生観に触れたような反応は返ってこなかったのである。

高く積み上げた積木が崩れ落ちるときの悲しみを知っている幼児にしてみれば、この絵本の人生観は理解の圏内にある。けれども、理解したか否かは問題ではない。幼児たちの中の自己拡大をしたいという気持ちや、欲望を充足させたいという欲求が強いため、この絵本の結末部を拒否したい気持ちも働いたのかもしれない。とすれば、この結末が幼児たちの心にしみ込むことはないかもしれない。もっといえば、家が完成した時、幼児たちにとってのストーリーは、すでに完成したのである。とすると、『せかいいち　おおきなうち』は、幼児にとって、「びっくりするほど魅力的な家ができる話」に留まるということになる。

三歳なら『しろくまちゃんのホットケーキ』（わかやまけん）、四、五歳ならば『ジャイアント　ジャムサンド』（ヴァーノン・ロード・J）等のように、作者の意図通りに、それに乗って楽しみにふけるような作品も多いが、このように、作者の思惑とは違ったところで絵本の楽しみを経験するものも少なくない。

絵本の世界を削り取ったり、あるいは付け加えたり、悪くいえば、自らの興味や欲望に合わせて作り変えて楽しむこともあるわけである。

『せかいいち　おおきなうち』ほど表面に現れてこなくても、幼児と絵本との出会い方という問題は、常につきまとうものである。

⑧　絵本の可能性

『おおきな木』（シルヴァスタイン）は、とりわけ、高校生や成人者に愛されている絵本である。望まれるままに、実を、枝を、そして幹を次々に与え、とうとう切り株だけになってしまう木の物語は哀切を極めている。子どもに奪い尽くされてしまう父親や母親、あるいは、ひたすら愛し尽くす恋人というように、この絵本は、読む側の体験や想念をさまざまに解き放ってくれる。その理解にバリエーションが許される絵本である。哀切でありながら、決して感傷的にも深刻にもならず、大らかな愛と詩情に包み込まれた、おとなたちにとって、お気に入りの一冊であろう。

この『おおきな木』は、アダルトな感じを前面に出している絵本ではないが、そのテーマや展開の仕方が、自然におとなやおとなに近い読者たちを引きつけてしまうようだ。

本と人間との関係として、描かれたストーリーそのままを受け止めるのが幼児だとしたら、もっと象徴的に拡大して受け止めるのがおとなたちであろう。

ア　アダルトな顔を持つ絵本

最近は、もっと率直に成人の読者へ向かっていく絵本も多い。アダルト・ピクチャー・ブックスとしての素顔を、正面切って打ち出している作品である。『多毛留』（米倉斉加年）や『トマと無限』（デオン）は、その格好の例である。

『多毛留』の華麗な悲劇は、日本人と朝鮮人の愛と相克の神話である。緊張感のみなぎるこの絵本は、読者を日本史に誘う。『トマと無限』では、現代の子どもたちの生きる状況を冷徹にとらえている作者の眼差しによって、読者は、否応なく社会状況の混沌に目を開かされる。

成人者にとっての絵本は、時に、アクセサリー等と皮肉られたりする。しかし、これらの絵本を見れば、そんな皮肉がごく側面的な物言いだと気づくはずだ。それらの絵本の質は、ますます深く鋭くなってきている。それぞれの世代にふさわしい作品が次々に生まれているのである。

幼児世代に鋭くアピールしようとする意識の濃厚な幼児絵本にしても、完成度が高ければ、成人読者も、その単純化された可憐さや遊びを楽しみ得るのである。

イ　触れる絵本

最近、『これ、なあに?』(イエンセン/偕成社)というデンマークの絵本が、翻訳紹介された。一見して、『あおくんときいろちゃん』(レオーニ/至光社)とよく似ている。

しかし、『あおくんときいろちゃん』が、ひたすら視覚を通して情緒に訴えたのと違って、『これ、なあに?』は、触覚を通して訴えかけてくる絵本である。簡単にいえば、視力を持たない子どもたちへの深い配慮によって製作された絵本であった。ごく一般的なルートを経て製作され市販されている絵本だけに、その可能性は魅力的である。

視力を持たない読者にとっては、待ち望まれた絵本であろうし、いっそう工夫された楽しい作品の登場が切望されるところである。一般の読者にとっても、あらためて「触れる」ことの驚きを体験できる絵本でもある。触覚を通して感ずるゾクゾクするほどの新鮮さは得難いものだ。絵本の対象読者は、幼い子どもたちに限るものではないのである。

いずれにしても、現代の絵本は、すべての子どもとおとなにとってのユートピアを実現しようと、際限のない努力を続けている。そして、その読者たちは、決して受容的にページをめくるのではなく、ダイナミックに絵本とかかわりながら、自分の心と体に取り込もうとするのである。「楽しい絵本」といったものが初めから存在するのでなく、それを受け止める読者が、自らの内側に取り込んだ後に、「楽しい絵本」であると判定を下すことになる。したがって、絵本の楽しみ方というものは一通りではない。際限なく存在するのである。

⑨　絵本のＴＰＯ

ア　絵本とは何か

絵本とは何であろう。

絵本に年齢の上限はないとか、絵本にならない題材はないとかいわれ、さまざまな絵本がある。シンプルそうで、なかなかなに複雑なのが、現代の絵本である。

そこで、『まるいものなあに?』（森宏　作・山尾文男他　写真／文研出版）を例にとって、絵本の原点を説明しよう。

『まるいものなあに?』には、一枚おきに直径四センチほどの丸い穴があけられている。そして、その穴の中に、次のページの絵の一部分だけが見えるようになっている。

最初のページは、何やら黒く丸いものが見える。読者は、

（いったい何だろう）

と、ありったけの想像力を駆使して、次のページの絵を当てようとする。

（そうだ、きっと瞳に違いない）

やっと回答を見出して、当たっているかどうか、おそるおそるページをめくる。

（はい、当たり）

そして、次のページ。何か丸い輪のようである。

（水道のパイプかな？　それとも竹の切り口かな？　えい、水道のパイプ）

次をめくってみると……残念でした、竹の切り口でした。

このように『まるいものなあに？』は、次から次へと、絵による「なぞなぞ」が展開する。当たりはずれというと、まるでギャンブルのようだが、実はここに、絵本としての重要な意味が埋め込まれているのである。

ごく現実的に考えるならば、幼児にとっての絵本の働きには、次の三つの要素がある。ひとつは、すでに知っていることを絵本であらためて確かめる「再認識」。二つ目は、まだまだ知的にも情緒的にも未発達な幼児たちが、既体験をベースに飛翔させる「想像力」。そして三つ目は、「創造性」。

小さな丸い切り込みの中をしっかり把握し、そのわずかなヒントから、その裏側に隠された画面を想像する。幼児たちは、見えているその一部を手掛かりに、見えない部分に形を与え、色をつけていく。まさに、『まるいものなあに？』は、絵本の最も素朴な原則によって作られているのである。

もちろん、絵本に限らず、これに類似しているものはある。「なぞなぞ遊び」がそうだし、赤ちゃん時代の遊び、「いない、いない、ばあ」がそうだ。

「いない、いない、ばあ」は、『まるいものなあに？』とちょうど反対で、周囲が見えていて、切り込みに当たる部分が手で隠される。そして、見えている部分が大半だから、当てるのもしごく簡単である。ただ、「いない、いない、ばあ」は、音の響きによって、幼児の喜びを誘発する面もある。

幼児の毎日の生活は、『まるいものなあに?』そのものであるとさえいえる。幼児たちは、既知を基礎に、新たな生活場面や人間関係を想像し、創りながら必死に生きているのである。ところで、『まるいものなあに?』は市販された絵本だが、画用紙を二つ折りにして、一枚に切り込みをあけ、その間に写真などをはさめば、まったく同じ物ができてしまうような、簡単な造りである。ファーストブックにもいろいろあるが、このような手作りの絵本は、幼児が初めて出会うにふさわしい絵本であろう。

このように、『まるいものなあに?』は、絵本の原点ともいうべきものを、最もシンプルに示したわけだが、絵本を考える時に、まずこんな素朴なところを出発点にしたいものである。

イ　想像と創造

ある月刊絵本に「おそるおそる」という言葉があった。その絵本を読み聞かせた後で、その幼稚園の先生は、クラスの幼児たちの理解度を知るために、どんな意味かと尋ねてみた。過半数が「こわい」「おそろしい」「そっと見る」などと答えたが、残りの数人は「わからない」と言う。「わからない」と言った幼児たちの胸の中をもっと知りたくて、それぞれ思いついたことを発表させたのである。その中で、ある女の子が、まさに「おそるおそる」、「ちがっていると思うけれど、おそろいの靴のこと」と答えたそうである。

「おそるおそる」と「おそろいの靴」との結びつきがどうもわからなくて、先生はさらに探りを入れてみた。

「だって、おそるおそるはふたつでしょう。おそろいの靴もふたつでしょう」

女の子のこの物言いに、先生はやっと合点がいったそうである。

その女の子には一歳上の姉がいて、「おそろい」という言葉は耳慣れたものであった。ちょうど「おそるおそる」と「おそろい」が似た音でもあり、「おそろしい」などよりは、「おそろい」が呼びさまされたのである。

そして、悪戦苦闘して二つのイメージが靴と結びついたというわけである。何ともいじらしい想像力である。

幼児には知らないことが多すぎる。幼児は、ごくわずかの既知や既体験を通じて、必死に人生を生きようとする。『まるいものなあに?』の絵と同じことで、言葉とのかかわりも、既知と未知とのこのような素晴らしい葛藤が、ひそかに小さな心の中で展開されるのである。

幼児とかかわっている人には、このような例はいくらでも見つけることができるであろう。

テレビを見ながら、ゴロゴロとボールをころがして穴に入れるゴルフを「ゴロフ」と言う子ども。「あつい」という言葉を覚えて、父親のタバコに火をつけるマッチを「アッチ」と言ってきかない赤ちゃん。ベルトをムチのように振り回す友だちを見て、「むちゃするな」と叫ぶ幼稚園児。

単なる舌足らずではなく、知っていることを基礎に必死に言語の学習をする、幼児たちの真摯な生活ぶりである。だからこそ、幼児たちは日に日に成長する。

おとなたちにしてみれば、何とも可愛らしいユーモラスな物言いと思えるものの、幼児にしてみれば真剣勝負である。幼児たちにかかわっていると、間違いと指摘することがとりわけ難しいことを体験する。

そしてさらに、このような「おかしな」表現を笑われながら、洒落やユーモアの回路が開かれつつ、ダイナミックな幼児たちの言葉の学習は展開されていくのである。そして同じ表現を繰り返すが、それはもう初めとは違い、おとなを笑わせる効果を十分に知っての営為に変わっている。立ち止まることなく、一歩一歩前へ進んでいくのである。

ウ　無垢な享受

『かさ』(太田大八　文・絵／文研出版)という素敵な絵本がある。ストーリーは、女の子がお父さんの傘を持って駅まで迎えに行き家に帰るという、いわば三六〇度型のごくシンプルなものである。

しかし、文字のまったくないこの絵本は、計算された画面の構成によって、多くのものを語りかけてくる。迎えに行く途中で出会った友だちとそのお母さん……まるで会話が聞こえてくるようである。そしてお菓子屋……ショーウィンドーの中のショートケーキが、迎えに行ったごほうびのように輝いている。

ところで、この見事にまとまった『かさ』には、二か所、不思議なところがある。ひとつは、女の子自身の傘の柄。柄がなかったはずなのに、帰りがけにお父さんの手に持たれた女の子の傘には、大きな白い柄がついている。そして、帰りに立ち寄ったお菓子屋の日よけのテントは、縦縞のデザインが変わっている。

この不思議を指摘したのは、読み聞かされていた幼稚園児たちであった。

「先生、不思議だよ。ほらっ、魔法の傘だ」

一人の幼児の発言に誘われて、みんなが最も期待して見ていたお菓子屋の場面を指差して、

「ほらっ、これだって魔法のテントだよ」

と、別な一人が言ったのである。

これらの反応は、幼児たちの、細かな部分まで目を注ぐ楽しみ方を示す一例といえるであろう。『とこちゃんはどこ』（加古里子　文・絵／福音館書店）に描かれた五〇人ほどの子どもひとつひとつを見つめて喜ぶあり方や、安野光雅の細密画風な探し絵の、すみずみにまで目を輝かすかかわり方と同じである。

そして、『かさ』の場合は、枝葉末節といえる微小部分にまで目配りすることもさることながら、その相違を間違いと受け取るどころか、まったく素直に「魔法」と発想するあたり……幼児の絵本とのかかわりの、とりわけおもしろいところである。

必死に知ろうとして間違いを犯す「おそろいの靴」のような奇想天外、ひたすら無垢に受け止めた結果の

「魔法」のような奇想天外。知り過ぎてしまった常識的なおとなには、とうてい思い及ばぬ営みが、こうして絵本との関係の中で繰り広げられるわけだ。

そして、幼児それぞれが千差万別のパーソナリティを持ち、それぞれ生活環境、生育歴を異にする個々の生活の中でのさまざまな受け止め方や表現となれば、いっそう極め難いというほかはない。

幼児たちの反応データをできるだけ多く知り、それを、これからの幼児と絵本との出会いの場作りに反映させたいものである。

エ　主人公への同一化

第一級のすばらしい絵本であれば、受け手の幼児がどんな状態にあったとしても、その幼児を絵本の世界に引き込んでしまう。たとえ、絵本の世界とは無縁な精神状態であったとしても、その題材には興味を持っていなかったとしても、あるいは、その絵本の季節が現実とズレていたとしても、優れた絵本は、それらの条件を飛び越えて、読者に迫ってくる力強さを持っているものである。

とはいえ、絵本と幼児たちとが、出会うに最もふさわしい場を持っていることには違いはない。人との出会いを例にとっても、その微妙な条件に左右されて、その関係は濃くも薄くもなってしまうものである。

たとえば、今江祥智のだいぶ前の絵本、『ひとつ　ふたつ　みっつ』（長新太　絵）の場合、この絵本の題材である「父親の外泊」という体験がその幼児にあるかないかによって、その受け止め方の深さは大いに違ってくるものだ。

「とうちゃんの　かえらない　あさが　ひとつ　ふたつ　みっつ　つづいた　どうしたのかなあ……」という冒頭ページ。

父親の職業なり、何らかの理由で同じような体験を持っている、まさに「身につまされる」幼児と、「もしかして」と仮定してこの入口を開いた幼児とでは、やはりずいぶん違いがあるだろう。そして、この絵本の主題である父親への愛情も、読者の置かれている状況の差によって、受け止められ方は深くも浅くもなるのである。

もちろん、体験の有無が、読者の絵本へのひたり方の深浅を決定するわけではない。体験があることによって、冒頭部で、もうその絵本を拒否してしまうこともあり得るし、あまりに自己を投影しすぎて、その絵本の世界とは異質な情感に向かうこともあるだろう。

しかし、理想的な絵本とのかかわり方はともかくとして、絵本との親しいつきあい方を語る言葉として、主人公への自己同一化、あるいは感情移入があるように、体験のあることで、よりその絵本の世界に没入できる場合も多いのである。

「ひとつ　ふたつ　みっつ」という、不安や希望や決意を含んだ音楽的なモチーフが、軽やかに、そしてずっしりと幼児の心と体にしみ込んでいくには、やはり、読者の状況を考えつつ、相対的に出会いの工夫がなされるのが有効であろう。優れた絵本であればあるほど、よりよい出会いの場をとらえたいものである。

「まっくらなそらに　あおいほしが　ひとつ　ふたつ　みっつとひかりはじめたようなきもちがした」というクライマックス。音楽会のために徹夜でトレーニングをしていた父親の苦労が理解された場面である。主人公の胸に広がる父親への愛情を、読者の幼児もまた、深く味わってほしいものである。

オ　絵本のＴＰＯ

洋服の選び方等になると、色や値段、そして我が子に似合うかどうかと、さまざまな物差しで測ってから決定する。

それに比べて絵本となると、良し悪しぐらいで選択してしまうことが多いようだ。もちろん、その良し悪しにしても、新聞や雑誌のうわさが尺度になるくらいで、自分の子どもにふさわしいかどうかということは、さして問題にされない。

やはり何といっても、絵本を選ぶ折の基本的な物差しは、対象の幼児そのものにあるべきだ。良し悪しを軽視するわけではないが、その幼児にとってふさわしいかどうかという観点の中に取り込んで考えたいものである。

ところで、いわゆる月刊絵本は、一年間を通して、季節感や行事を盛り込みながら製作されている。マスの幼児に対しては、最も基本的なＴＰＯの把握がなされている。幼児の一人ひとりの状況に対応して製作するのが理想だとしても、それはたったひとりの、自分の子どものために創る母親の手創り絵本ならともかく、商業ベースの出版ではどうにもならない。そこで、「せめても」ということで、季節、行事、幼稚園のスケジュールくらいを目安に作られているわけである。

読者の幼児が、今までどんな絵本を経験し、何に興味を持ち、どんな友だちと何の遊びをしているか……絵本のＴＰＯを考えるには、その幼児の心と体の中にあるすべてが参考となる。この意味で、それらの材料をふんだんにとらえているのは、やはり日常的にその幼児とかかわっている者であろう。母親や教師が、あるひとまとまりの読者を対象に絵本選びをするには、それらのデータが物差しとなる。

ここでは、幼児個々についてのＴＰＯは、教師や母親の手に委ねるとして、ともかく、第一次ともいうべき基本的なＴＰＯを提供することにする。

⑩　四季と絵本

ア　四季の躍動

四季折々の自然の営み、その中での行事、そして子どもたちの生活……そのどれもが美しくダイナミックで魅力にあふれている。画家・作家は、それらの自然や人間の営みを、感動を母胎に、絵の本を通して幼児たちに伝えたいと願っている。

『はるにれ』（姉崎一馬　写真／福音館書店）は、とりわけ美しい写真絵本である。春夏秋冬、四季の移ろいの中で、夏は豊饒に、冬は厳粛に、「はるにれ」は立っている。文字のない写真絵本が、それぞれの場面で読者の幼児たちに、時に優しく、時に厳しく語りかけてくる。そして、幼児はそれに応えて話しかける。画面いっぱいに腕を広げた夏のはるにれは、木登りに格好の豊かさだ。幼児たちの冒険心をあおりたてる。雪原に立つ冬のはるにれは、読者を幻想の世界に誘い込む。いわばメルヘンへの誘いである。

「はるにれ」そのものは珍しい木ではない。そのごく平凡な木が、周囲の自然の変化によって、形を変え、色を変え、情感を変化させる。葉が繁り、花を咲かせ、実がなり、枯れてゆくという、植物の常識的な変化以上のものを、四季という時間の流れの中で受け止めていくことは、幼児にとって決して優しいものではない。けれども、『はるにれ』のように、自然のいくつかの顔を見事に具体化した絵本によって、静かに、そしてダイナミックに繰り広げられる自然のドラマに、一歩でも近づきたいものである。

『はるにれ』が自然だけのドラマであるのに比べ、『りんごのき』（ペチシカ　文・ズマトリーコバー絵・内田莉莎子　訳／福音館書店）は、木と人間のドラマである。

雪の中の葉一枚ない枯れたりんごの木、葉が繁りハチが飛び交う春のりんごの木、たっぷりと実を結んだ夏のりんごの木、そして、色づいた葉も落ち、とうとう枯れ木になったりんごの木。りんごがなることへの期待感を軸に、季節がめぐっていく。そして再び、もとの枯れ木になれば、さらに再び、実の成熟を期待させる。話に終わりのない絵本である。季節の推移がしごく楽しく描かれ、年少の幼児にふさわしい絵本となっている。

シンプルな人間のドラマと四季の推移が交錯する絵本として、ほかに、『あなたもいますよ』（市川さとみ絵・矢川澄子　文／冨山房）がある。

細密に、にぎやかに描き出された幼児の群像が極めて楽しく、これはあの子に似ている、こっちは妹に似ているといった、探し絵風な楽しみもある。

厚くセーターを着込んだ冬の輪回し、お天気を待ち望みながらの梅雨期の室内遊び、豊かに繁った葉に隠れる夏の木登り、おいしい木の実がどっさりの秋、そしてまた冬の雪だるまづくり。詩情あふれる画面に、それぞれの季節の子どもたちの生活が定着する。

幼児たちは、めったに自分の生活を振り返ったりしないものだが、年の変わり目や年度の変わり目に、一年間という長時間のサイクルに興味を持つことがある。そんな時期にそれらの絵本に接すると、幼児の心によくしみ込んでいくものである。

ところで、本格的な人間のドラマの場合、特に四季を描こうとしなくても、自然に時間の雄大な流れが生じ、季節もおのずとその中に取り込まれてしまう。

『オーファンとテオ』（駒宮録郎　作・絵／金の星社）は、中国大陸を舞台にした、オーファン少年と小馬テオの愛情物語である。

風雪厳しい冬、黄塵の舞う春から夏、そして一気に寒さを増していく秋を背景に、自然に立ち向かい、同時に自然に包み込まれながら、大らかなストーリーが展開される。哀愁に満ちた胡弓の音をモチーフとした、質の高い文芸的な世界である。

季節と人間とがこのように深くかかわりながら、悲しみと喜びを際立たせていく『オーファンとテオ』は、絵本でありながら、小学校三年生くらいまでの子どもたちの心に食い入る深さを持っている。

文芸的な質の高さでいえば、谷川俊太郎の詩に、堀文子が見事な絵を描いた『き』(至光社)も忘れられない。

しらない　ひとと
ともだちに　なった
こもれびの　おちる
なつのひの　ごご

たとえば、この一節は、冬から秋にかけての一本の木と人間、そして、周囲の自然現象との交錯を、みずみずしくさわやかな言葉でとらえている。ただし、これは、幼児たちの興味を自然に引きつけるといった絵本ではなく、作者が願う、言葉とのやさしいつきあい方を感じ取ってもらいたい類のものである。

四季と絵本となると、ある程度の科学的なものの見方が入り込んでくるものだ。『ゆかいなかえる』(キープス　文・絵　石井桃子　訳／福音館書店)はストーリー絵本だが、卵から蛙になり、外敵を防ぎながら冬眠を迎えるまでの一年間が、その生態を基盤に展開されている。蛙の一年間が、そのまま物語性を持っているともいえるであろう。

春夏秋冬の絵本に入る前に、四季をテーマにした絵本を幾冊か抽出してみたが、本来なら、それぞれの季節感を認識していればこその四季のおもしろさであるといえるかもしれない。

「ちいさいおうち」（バートン　文・絵　石井桃子　訳／福音館書店）
「ちさとじいたん」（阪田寛夫　詩・織茂恭子　絵／佑学社）
「なきむしようちえん」（長崎源之助　文・西村繁男　絵／福音館書店）
「二ほんのかきのき」（熊谷元一　文・絵／福音館書店）
「はる　なつ　あき　ふゆ」（バーニンガム　文・絵／ほるぷ出版）

イ　春の絵本

春、三月、四月、五月の絵本。

芭蕉の夏炉冬扇ではないが、冬に、暖かい部屋の中で海を題材とした絵本を見るのも、それはそれで別な楽しみがある。しかし逆に、それぞれの季節にもっとも似つかわしい言葉や絵の世界はある。

梅、桜、桃、たんぽぽ、れんげといった野の花等の彩りには、とりわけ春らしい季節感が充満している。しかし、どちらかというと、絵本に表現されるこれらの花は、華麗な満開ぶりを見せる時期よりは、荒涼とした冬景色の中でひっそりとエネルギーを蓄え、それが春の時を得て初々しい彩りをわずかに見せる、初春に集中しているようでもある。

それらは、それぞれの季節のまっ盛りには、大らかな美しさと魅力に満ちているが、季節の移ろいの中にも、栄華に向かって力強く、あるいは休息に向かってもの寂しく、象徴性を帯びた微妙なたたずまいを見せるものである。春の花の絵本は、その移ろいに、冬を克服した力強さを表現することが多いというわけである。

また、春という季節は、入園、入学、卒業等、人生の一つの節目である。

幼児たちに、これから経験する幼稚園や小学校への期待と、少しばかりの予備知識の意味を込めて、入園や入学が絵本の重要な題材となることは非常に多い。ただおもしろいことに、卒業や卒園が描かれることは少ない。これは、幼児たちが過去を振り返って生きる世代ではないことと、幼児自身の発達の中で、「別れ」がまだ大きな意味を持っていないことに由来しているようだ。

幼稚園や小学校の場が、どんなに楽しい遊びに満ちているか……絵本や幼年童話ではそこを強調する。もちろん、現実の園や小学校はそうはいかない。この種の物語とかかわって強烈な楽しいイメージができ上がっていたとすると、裏切られることもあるだろうが、これは反面、現実の園や学校をより楽しいものにしていこうとするエネルギーにもつながるものだ。

春には、そのほか、ひなまつり等の行事を扱った絵本もあり、春めいた風景の中で、人間や動物たちの営為が描かれることは多い。

〈春をテーマにした絵本〉

＊入園、入学（保育園、幼稚園、小学校）

『ようちえん』（ブルーナ　文・絵　石井桃子　訳／福音館書店）

『がっこう』（バーニンガム　文・絵　谷川俊太郎　訳／冨山房）

『ぐるんぱのようちえん』（西内みなみ　文・堀内誠一　絵／福音館書店）

『バーバパパのがっこう』（チゾン&テイラー　文・絵　やましたはるお　訳／講談社）

『いやいやえん』（中川李枝子　文・大村百合子　絵／福音館書店）

『一年生になったぞワン』（竹崎有斐　文・西川おさむ　絵／あかね書房）
『わたしもがっこうへいきたいわ』（リンドグレーン　文・ヴィークランド　絵・いしいみつる　訳／ぬぷん児童図書出版）
『あした、がっこうへいくんだよ』（カントロウィッツ　文・パーカー　絵・瀬田貞二　訳／評論社）
＊花（桜、れんげ、たんぽぽ等）
『はなをくんくん』（クラウス　文・サイモント　絵・木島始　訳／福音館書店）
『春のうたがきこえる』（市川さとみ　文・絵／偕成社）
『わたしのワンピース』（にしまきかやこ　文・絵／こぐま社）
『ちいさなたんぽぽさん』（たかはしひろゆき　文・絵／秋書房）
『やさしいたんぽぽ』（安房直子　文・南塚直子　絵／小峰書店）
『は・はるだよ』（与田凖一　詩・しまきあやこ　絵／偕成社）
＊生き物
『はるですよふくろうおばさん』（長新太　文・絵／講談社）
『ふたりはともだち』（ローベル　文・絵　三木卓　訳／文化出版）
『もずのこども』（おのきがく文・絵　講談社）
『はらぺこあおむし』（カール　文・絵・もりひさし　訳／偕成社）

ウ　夏の絵本
夏季が絵本のストーリーの背景となることは多い。

幼児にとって、絵本はあそびの領域の文化財であり、必然的にあそびが描かれることになる。特に、あそびの天下ともいうべき夏の長い休みは、絵本の格好の舞台となる。

そして、舞台に海水浴や砂浜のあそび、貝拾い等が描かれる絵本は相当量ある。加えて、子どもの生活圏外のいわゆるフィクションとして、海の冒険や海の生き物の魅力をドラマティックに描いた絵本もかなりある。子どもの本の歴史が始まってから現在まで、海の魅力は、子どもの本にとって欠くことができないテーマであったようだ。

風景としての海、あそびの場としての海、また冒険の対象となる海、そしてさらに、自然を学ばせてくれる海として、現代の幼児絵本は、とりわけ楽しい世界を提供してくれる。

もちろん、ダイナミズムを追求する幼児絵本にあっては、自然観賞の対象として、単に美しい風景として海を取り上げることは少ない。やはり、あそびと冒険の宝庫としての海が登場し、ドラマティックなストーリーが展開されるものが圧倒的だ。

しかし時には、静かに海の香りやつぶやきを、そして微妙に変化する海の色をも、幼児たちに取り込んでほしいものである。優れた画家や作家たちの大いに工夫しているところである。

夏では、その太陽の激しさと同じように、行動的で迫力ある題材が取り上げられるが、「祭」もそのひとつである。

祭を題材とする絵本の場合、伝統忘れ、地方忘れ、土忘れといった、現代絵本の傾向に対するひとつの警告をモチーフとしていることが多い。

このところ、祭も商業ベースで実施されているものが多くなっているが、本来の祭の楽しさを知ってほしいという願いが込められているわけだ。間接経験としての絵本よりも、じかに祭のにぎわいに触れたほうがよいに決まっているが、絵本の場合、祭の全体像をスムーズに伝える可能性は大きい。伝統的な民俗の見事さは大切にしたいものだ。

ところで、このような夏の華麗な激しさは、昼の世界のものである。夏には、空を覆う星のきらめき、ほのかに明滅して飛び交う蛍など、著しく抒情をかきたてる夜の世界もある。

夏の季節は梅雨に始まる。「雨」を題材にした絵本は極めて多い。年齢的にはファーストブックといえるものから物語絵本、科学絵本と、その幅も広い。

雨は幼児たちにとって、自分を家に閉じ込めるものだ。まだ雨に情緒をかきたてられる発達段階ではないし、どちらかというと、好きではなさそうだ。常識的に考えるなら、テルテルぼうずに晴れの願いをかけるのが、子どもたちである。

しかし、実際は少し違う。とりわけ雨を好んでいるわけではないにしても、幼児たちは雨を嫌ってはいない。雨に濡れたり、自動車にハネをかけられたり、あるいは水と土でドロンコになったりすることは、嫌がるどころか、けっこう楽しいらしい。

雨を嫌いにするのは、逆におとなたちの常識によるもので、「病気になる」等という言い分が、いつの間にか、子どもの心に忍び込むのである。むしろ、傘や長靴などは、幼児の大好きな小道具でもある。そのようなわけで、雨の日の絵本が多くなるのであろう。もちろん、雨の日の情緒も、作者たちの期待しているところではあるが……。


〈夏をテーマにした絵本〉

＊梅雨、雨等

『ちいさいモモちゃん　あめこんこん』（松谷みよ子　文・中谷千代子　絵／講談社）
『だるまちゃんとかみなりちゃん』（加古里子　文・絵／福音館書店）
『あめのひ』（シュルヴィッツ　文・絵　矢川澄子　訳／福音館書店）
『あめがふるときちょうちょはどこへ』（ゲアリック　文・ワイスガード　絵・岡部うた子　訳／金の星社）
『おじさんのかさ』（さのようこ　文・絵／銀河社）
『あめのひのおるすばん』（岩崎ちひろ　文・絵／至光社）
『あめのひのおさんぽ』（レシェフラー　文・ウェンゼル　絵・若林ひとみ　訳／文化出版）
『かさどろぼう』（ヴェタシニフ　文・絵　いのしまようこ　訳／福武書店）
『あめのひってすてきだな』（カスキン　文・絵　与田準一　訳／偕成社）
『せんたくかあちゃん』（さとうゆきこ　文・絵／福音館書店）
『あかいかさ』（ブライト・R　文・絵　清水真砂子　訳／ほるぷ出版）

＊海、海水浴、水遊び、キャンプ等
『うみべのハリー』（ジオン　文・グレアム　絵・わたなべしげお　訳／福音館書店）
『すばらしいとも』（マックロスキー　文・絵　わたなべしげお　訳／福音館書店）
『ぼくおよげるよ』（西内ミナミ　文・いまきみち　絵／童心社）
『ひとりぼっちのキャンプ』（ガリック夫妻　文・絵　渡辺安佐子　訳／岩崎書店）
『どろんこハリー』（ジオン　文・グレアム　絵・渡辺茂男　訳／福音館書店）

『ターちゃんとペリカン』（フリーマン　文・絵　さいおじさちこ　訳／ほるぷ出版）
『月夜のこどもたち』（アドレー　文・センダック　絵・岸田衿子　訳／講談社）

＊海の生物、夏の動物、植物等
『スイミー』（レオニ　文・絵／好学社）
『きゅうすいとうのくじら』（シュトイ　文・絵　佐久間彪　訳／至光社）
『ほたるの子ミオ』（ホリガー　文・トゥルンカ　絵・矢川澄子　訳／メルヘン社）
『ほたるにのったみゆき』（岡野薫子　文・瀬戸好子　絵／金の星社）
『ほうまん池のカッパ』（椋鳩十　文・赤羽末吉　絵／銀河社）
『かいぞくオネション』（山下明夫　文・長新太　絵／偕成社）
『あかりの花　中国民話』（赤羽末吉　絵・君島久子　再訳／福武書店）

＊夏の祭
『ぎおん祭』（山中冬児　文・絵／岩崎書店）

エ　秋と絵本
九月、十月、十一月……一年のうちで最も落ち着いた季節である。幼稚園や小学校では、その落ち着いた気候のもとに、いろいろな行事が行われる。運動会や遠足や発表会、そして写生会等、そしてもちろん、学習も充実する。

そして、多くの果実が収穫期を迎え、同時に紅葉、次いで落葉と、野山の変化は著しい。夜ともなれば、秋の虫たちの音色がしみ込んでくる。

しかし、他の季節と比較すると、秋の自然を背景にした絵本は決して多くはない。書物を捨てて行動しようということであろうか。

基本的に、子どもたちは直接体験を通して経験を拡大すべきである。落ち葉や虫の音色などもじかに受け止めるべきであるが、この問題は、何も秋に限ったことではない。

とすると、冬を迎えるひっそりとしたイメージ、大げさにいうなら、「凋落」のイメージは、幼児絵本になりにくいのであろうか。「ありと　きりぎりす」の話のように、未来をめざす準備の期間と、意識的にとらえる見方はできるが、何といっても、秋はやはり散りゆく季節である。寂しさやもの悲しさと無縁ではない。動的な運動会や遠足、作物や果実の取り入れのすんだ町や田園は、冬のがらんとした風景へと移っていく。

ここでは例として、ダイナミックな行事と、労働の成果である収穫と、秋のシンボルでもある落葉や虫たちを選んでみた。

ところで、日本の幼児向き絵本の典型といわれる『ぐりとぐら』が、秋の森を舞台にしているのは楽しい。秋の情趣などは問題とせず、動的なストーリーを作り上げてみせたのである。

平均的なおとなたちは、散歩の途中等で「ほら、こおろぎが鳴いているよ」と、幼児に、その音色を聞きとらせようとする。ところが幼児のほうでは、こおろぎがいたとなれば、それを取ろうという気持ちを起こすのが普通である。おとなは、音色から情緒的イメージの拡大を図る。幼児は、自分とこおろぎを関係づけ、確かめたり、そこから可愛がったりするドラマを期待するものである。

ひたすら情操をたよりとするような、絵本製作の立場もわかるというものである。そして、この『ぐりとぐら』は、その点で幼児絵本の意味を問いかけてもいる。

季節の持つ情緒的特質は大切にしたいものだが、それのみに頼ると、あくまでもシーズンを背景と考える幼児たちの、絵本への期待を鈍らせることもある。

AかBかという二者択一の問題ではない、幼児絵本製作の難しい点であろう。


〈秋をテーマにした絵本〉

＊収穫（果実、木の実等）

『ちいちゃんとじゅうごや』（しみずみちを　文・絵／銀河社）
『おおきなかぶ』（ロシア民話　内田莉莎子　訳・佐藤忠良　絵／福音館書店）
『ぐりとぐら』（中川李枝子　文・大村百合子　絵／福音館書店）
『おばけリンゴ』（ヤーノシュ　文・絵　やがわすみこ　訳／福音館書店）
『おおきなおおきなおいも』（赤羽末吉　文・絵／福音館書店）
『かにむかし』（木下順二　文・清水崑　絵／岩波書店）
『りんごのき』（ペチシカ　文・ズマトリーコバー　絵・内田莉莎子　訳／福音館書店）
『かぼちゃひこうせんぷっくらこ』（ヘルシング　文・オットー　絵・奥田継夫　訳／アリス館）

＊落葉、木等

『かぜのおまつり』（いぬいとみこ　文・梶山俊夫　絵／福音館書店）
『おじいちゃんにあいに』（ピーターソン　文・オットー　絵・奥田継夫　訳／アリス館）

『かけすとかしの木』（平井芳文　文・津田櫓冬　絵／小学館）
『おおきな木』（シルヴァスタイン　文・絵　本田錦一郎　訳／篠崎書林）
『モチモチの木』（斎藤隆介　文・滝平二郎　絵／岩崎書店）

＊運動会、遠足等
『森のうんどうかい』（舟崎克彦　文　上條滝子　絵／ポプラ社）
『とんぼのうんどうかい』（かこさとし　文・絵／偕成社）

＊秋の生物等
『かえるのいえさがし』（石井桃子　文・川野雅代　絵／福音館書店）
『あかいぼうし』（あまんきみこ　文・鈴木義治　絵／偕成社）
『スイッチョねこ』（大佛次郎　文・朝倉摂　絵／講談社）

オ　冬と絵本

クリスマスを題材にした絵本、雪降る情景を舞台とした絵本が多いため、冬をテーマにしたもの全体では相当な割合を占める。

しかし、この冬の絵本も、クリスマス絵本が多いわりには、同じようにプレゼントをもらえる場でもある、伝統的な正月が扱われることが少ないのは残念である。コマーシャリズムと、一種の外国びいきがその原因であろうか。

雪を題材とした絵本にしても、その雪降る情景は、瓦屋根や松の木という古来日本にある姿よりも、モダンな街並の愛玩用の犬のいる芝生といった「西洋風」である場合が多い。いたずらに、日本の現実の風俗を古色に戻そうというのではないが、やはり、若干の寂しさを感じるところである。

なにしろ、諸外国の翻訳絵本が多いので、あまりにアナクロニズムな日本の絵本は、存在が薄れてしまう。住宅を建てる時にプレハブ住宅の展示会場や即成の街並を見て、西洋風にしようか、純日本風にしようかと思い迷うものだが、絵本にしても同じことである。何の迷いもなく、クリスマス絵本が作られ、迷いなくそれを幼児たちに買ってこられるのでは、いささか見識がないといわざるを得ない。何が幼児の喜びを誘い出すかということ、幼児に何を伝えたいかということが、バランスよく創造と伝達の場に反映されるのが理想である。

雪が時々降るくらいの地域に住む子どもたちにとって、雪はまるでアイスクリームのようであろう。まさしく、天からの贈り物という感じであろう。雪の絵本は、こういった発想で作られることが多い。当然、そこであそぶ子どもたちの楽しさがテーマとなる。

しかし、生活が限定されるような雪深い地方では、その意味はまた違ってくる。雪の絵本の中には、このような生活的な発想の作品もある。

幼児の楽しみと、おとなたちによる一種の指導性は、幼児絵本にとって、共に必要なものである。

また雪は、ファンタスティックな物語の背景として、格好の素材でもある。雪は、人や物の姿を変え、すっかり隠してしまう。雪の夜景などは神秘的でさえある。確かに、作家や画家の創作意欲を大いに刺激する題材であるといえよう。時にロマンティックな妖精話となり、時に恐ろしい怪談にもなる。

〈冬をテーマにした絵本〉

＊雪

『ゆきのひのうさこちゃん』（ブルーナ　文・絵　石井桃子　訳／福音館書店）

『ゆきのひ』（キーツ　文・絵　きじまはじめ　訳／偕成社）

『かさじぞう』（瀬田貞二　再話・赤羽末吉　絵／福音館書店）

『しろいセーターのおとこの子』（杉みき子　文／金の星社）

『フレデリック』（レオーニ　文・絵　谷川俊太郎　訳／好学社）

『大雪』（ヘンツ　文・カリジェ　絵・生野幸吉　訳／岩波書店）

『ゆきむすめ』（内田莉莎子　再話／福音館書店）

『ゆうかんなアイリーン』（スタイグ　文・絵　おがわえつこ　訳／セーラ出版）

『はたらきもののじょせつしゃけいてぃー』（バートン　文・絵　石井桃子　訳／福音館書店）

『ゆきだるま』（ブリッグス　作／評論社）

『ウッレと冬の森』（ベスコフ　文・絵　おのでらゆりこ　訳／らくだ出版）

『あかいそり』（まじませつこ　文・絵／福音館書店）

＊クリスマス等

『ノンタン！サンタクロースだよ』（おおともやすお・さちこ　文・絵／偕成社）

『こうさぎのクリスマス』（松野正子　文・荻太郎　絵／福音館書店）

『ぐりとぐらのおきゃくさま』（中川李枝子　文・山脇百合子　絵／福音館書店）

『さむがりやのサンタ』（ブリッグス　文・絵　菅原啓州　訳／福音館書店）
『クリスマスのうさぎさん』（ウィルとニコラス　文・絵　わたなべしげお　訳／福音館書店）
『クリスマストムテン』（リュードベリィ　文・ウィベリィ　絵・おかもとはまえ　訳／佑学社）
『サンタクロースっているでしょうか？』（ニューヨーク・サン新聞社説・中村妙子　訳・東逸子　絵／偕成社）
『どうぶつたちのクリスマス』（ファーバー　文・クーニー　絵　太田愛人　訳／佑学社）
『ぎんいろのクリスマスツリー』（ハッチンス　文・絵　わたなべしげお　訳／偕成社）
『クリスマスのものがたり』（ホフマン　文・絵・生野幸吉　訳／福音館書店）
『子うさぎましろのお話』（佐々木たづ　文・みよしせきや　絵／ポプラ社）

＊正月、冬の生活、あそび
『たこぼうやのたこあげ』（やましたはるお　文・わたなべようじ　絵／偕成社）
『あかっぴょろ』（筒井敬介　文・太田大八　絵　／あかね書房）
『ぼうさまの木』（松谷みよ子　文・瀬川康男　絵／講談社）
『かえるのいえさがし』（石井桃子　文・川野雅代　絵／福音館書店）
『おおさむこさむ』（瀬川康男　絵／福音館書店）
『きたかぜとたいよう』（ラ・フォンテーヌ　文・ワイルドスミス　絵・わたなべしげお　訳／らくだ出版）

幼児とおはなし

幼児にとって、「おはなし」は、汲みつくせぬほどの意味をもっています。とはいえ、一般的には「おはなし」という語は、曖昧です。「おはなし」の概念と範囲を、まずおさえておくことが必要でしょう。

概念と範囲

「おはなし」は、誰を対象として、どのような内容かということで、その種類がきまってきます。しかし、広義に捉えてみるならば、ひとりごと、先生や友だち、時として動物や花との複数あるいはそれ以上との日常的な会話や伝達の話という、幼児のことばの活動のすべてが入ってくるでしょう。加えて、とりわけ幼児の活動にあっては、目で話す、表情で話す、体を使って話すことも多く、これも広く捉えるなら「おはなし」ということもできるわけです。

もちろん、先生が幼児に向かって話す、日常的な話や伝達などの話も加わってくるでしょう。

さらに、幼稚園内部ばかりでなく、家庭生活や社会的生活をも視野にいれるなら、「おはなし」は無限の拡がりをもつともいえるわけです。

つまり、表出ともいうべき意識的な目的をもたない無意識のことばや体の動きなどによる話から、表現として意図的に目的をもってすることばや体の動きなどによる話を概念とし、その範囲が求められるということです。そして、幼児としては、自ら話す、ないしあらわすことと、それを聞く、ないし受けとめる営みがあるわけです。

幼稚園教育要領の「言葉」、「表現」が、この広い意味での「おはなし」に最も深くかかわる内容です。

「話し言葉を使って表現し、相手の話す言葉を聞こうとする意欲や態度を育て、言葉に対する感覚を養う」（「言葉」抜萃）

「豊かな感性を育て、感じたことや考えたことを表現する意欲を養い、創造性を豊かにする」（「表現」抜萃）

このように「おはなし」は、ことばと深くつきあい、感性を豊かにみがき、表現を創造にまで高めていくというねらいをもっているといえるでしょう。

しかし、現実的、具体的な意味での「おはなし」は、ごく限られた使い方をしています。

つまり、幼稚園教育要領の「言葉」のねらい(3)にある「絵本や物語などに親しみ、想像力を豊かにする」および内容の(9)にある「絵本や物語などに親しみ、興味をもって聞き想像する楽しさを味わう」、(8)にある「いろいろな体験を通じてイメージや言葉を豊かにする」に支えられています。

加えて「表現」の内容(8)の「自分のイメージを動きや言葉などで表現し、演じて遊ぶ楽しさを味わう」にかかわるものといえるでしょう。

このように、絵本、童話、紙芝居、人形劇、劇等のいわゆる幼児文化財といわれているもの、さらに、これらの文化財に対する幼児自身の表現活動をいうことになります。だから、主としてことばによる活動となりますが、ことば以外の種々の表現も含まれてくることになります。

「おはなし」の意味

一般的には、幼児は「おはなし」の聞き手、受け手となります。幼児教育者等の話す「おはなし」に耳を傾けるわけです。そのとき、幼児たちの心、体の内側では、どんなことが起こっているのでしょうか。そこに、「おはなし」のはたらきかけや意味が生じてくるのです。

端的にいって、ことばを聞き、テーマをもつまとまった「おはなし」を聞くことによって、幼児がふだん捉えている世界に、豊かな変化が生じるということです。

幼稚園という幼児教育の場には無意識裡の基礎的言語学習を経た幼児たちが就園してきます。文法のごく基本的なあり様や人間関係の中で機能していく社会的言語の初歩的段階に、興味深く対応する三歳以降の幼児たちが対象となります。

とはいえ、まだ十分にことばへのふくらんだ理解をもっているとはいえません。保育者の話す、一つひとつのことばを幼児はすでに知っているかもしれません。しかし、そこに込められた保育者の感覚や感情があるからこそ、それぞれのことばの豊かなふくらみや、その文脈での微妙な使い方に近よることができるものです。

幼児のことばの学習は、物理的、経験的に進められていきます。郵便局をはじめて訪れたとき、その前にこわい犬がいたとしますと、郵便局という場所とことばに〝こわい犬〟が加わってイメージができあがるというようなことです。もちろん、幾度かの体験によって修正され、偶然にかかわった〝こわい犬〟が消えていくというわけです。これと同じことで、あることばを、経験豊かな保育者やおとなが、イメージ豊かにそのことばのもっている意味と感情を発音したとします。すると、はじめての経験にしても幼児にしてみれば、本質をおさえた情報豊かな実体験ともなって、ふくらんだ概念の形成を助けるというわけです。形容詞や副詞、そして擬音語や擬態語といった感覚と感情を反映させることばの場合には、それがいっそう効果的なこととなるでしょう。ことばと誠実にかかわる経験豊かな保育者が、〝ザランザラン〟と果物の実っている様子を語るとき、あるいは〝ぎょっと〟してふり返る様子を話すとき等、まさに保育者のあらわすアクセント、イントネーション等が幼児のことばの学習を深く高めていくのです。

そして、民話、絵本、紙芝居等という文化財の場合には、話し手のみならず、それを書いた専門家の優れたことば、文体、展開によって、豊かで臨場感あふれることばの世界はいっそう増幅することでしょう。それを見聞した幼児たちは、現実の物理的場面と同じように、あるいはそれ以上に、立体的な広い意味での学習の場をもつことになります。

読み聞かせ、リード・アラウド等

ところで、幼児に絵本や民話や童話を読んだり、話したりする場合、どのことばを使っているでしょうか。

〝読み聞かせ〟のことばが、絵本を読むときの、最も一般的な語といえるでしょう。しかし、このことばは、誰もが使うとき、一瞬上から下を見下げるような物言いにためらいを感ずるものです。おとなによって読まれることを通して、聞いている幼児自身は、それを自らの主体的な活動としてしまうことを私たちは知っているからです。単なる受身な活動ではないからです。

絵本あるいは童話集、民話集等の本を読み話す場合、このように日本では〝読み聞かせ〟を、ある意味ではやむをえず使っているわけですが、英語ではリード・アラウド（Read Aloud）の一言で済んでしまいます。

一つの提案ですが、この〃読み聞かせ〃に代わることばとして、最も平易な〃おはなし〃を使ってはどうでしょうか。具体的に述べる際には〃絵本をはなす〃とか〃絵本のおはなし〃、あるいは〃昔話をはなす〃というように、少しおさまりは悪いですが、実にわかりやすいものです。

日本語には従来〃素話《すばなし》〃ということばがあります。茶菓の接待もない、話だけという意味ですが、この〃おはなし〃は、本という物を持っても使い、素話のように物なしの話にも使うことのできることばです。〃先生の好きな花のおはなし〃とか〃だい好きな食べ物のおはなし〃等です。

本を持たずに話す場合、英語圏ではストーリー・テリング（Story Telling）といい、このことばが、一九七〇年頃から日本で大いに使われるようにはなっています。しかし、このストーリー・テリングには、一種の型があり、ここでいう〃おはなし〃の素朴さではありません。何か劇場風な、非日常性をもたせる空間となるようです。もちろん、そこに魅力的な物語の場が作られるわけです。

そこで、本を持ちながらの〃おはなし〃であろうと、本なしでの〃おはなし〃であろうと、日本語の最も単純で明快な〃おはなし〃のことばを使っていきたいと考えています。ストーリー・テリングや近年のブックトークの語を否定するわけではありませんが〃おはなし〃のことばの柔らかさと明快さを支持したいと考えています。

話材の選び方、話し方

話材には無限の拡がりがあります。しかし、ある特定のときに〃おはなし〃の対象とするものは、自ずと諸条件によって選択されてくるものです。常に自由に、おおらかにどんな話材でもというわけにはいかないでしょう。

まず、幼児教育の場では発達が選択の第一の根拠となるでしょう。それも、平均的な基準ばかりでなく、当然のように個々の幼児たちの成長の状態が考慮されるべきです。

そして、第二に幼児教育の場での季節、催し、地域的、国家的な催し等が根拠となるでしょう。習慣や形式を守るということではなく、種々の社会的な環境の中に幼児もまた身を置いているということが、自然に把握されるわけです。もちろん、季節感は、幼児にとって日々実感しているもので、それをより豊かに受けとめることの楽しさを育てていくことでしょう。

さらに第三の根拠としては、それぞれの幼児たちが、今どのような遊びをし、どのようなことに関心をもっているかということがあげられるでしょう。

また、どのような場、どの程度の人数、いかなる具体的目的等ということも根拠の一つとなるでしょう。つまり、これらの四つの根拠は、話材をT・P・O的な配慮のもとに選ぶということにつながってくるものです。そして、この配慮によって、幼児たちはその〝おはなし〟を興味深く受けとめていくことになります。

ただし、日常生活に深くかかわり幼児自身の深い関心の対象であるもの、あるいはファンタスティックで幼児の関心を豊かにかきたてるもの、それも見事な表現が伴っている場合、このような根拠を越えて喜ばれ、愛されることも起こりうるようです。

現在、幼児教育の周辺にある〝おはなし〟は、その多くが印刷された出版物であるといってよいでしょう。すると、その文章は、作者によって書かれた作品ということになります。

しばしば述べられていることですが、作者のいる作品の場合、原則として書かれたとおりに話すことが妥当と考えられます。しかし、それはあくまで原則であって、〝おはなし〟の主役は、話される対象の幼児ともいえますから、客観的に見て必然性がある場合には、書かれたとおりではなく、種々の改変が可能となります。

前のストーリー・テリングでは、アダプテーション（Adaptation—改変）は必ず起こるとまでいわれています。文章化されたものは、話すことばの世界とは質を異にする場合が多く、書かれたとおりに話すと、話材の本質をかえって見えにくくするというわけです。

アダプテーションには、アディション（Addition—添加）とイリミネーション（Elimination—削除）があります。話材の選択の後に、作品の本質をより鮮明に興味深く話すという意図で、この添加と削除とが配慮されます。しかし、日本では、文芸的な話材であればあるほど、原作に忠実であるべきという考え方が中心といえるでしょう。

けれども〝おはなし〟の聞き手である幼児は、その〝おはなし〟を聞きつつ、それぞれの幼児が、それぞれの理解を基盤としつつ、それぞれのイメージを作り上げているものです。確かに作者は、その作品を作りますが、聞き手の幼児たちもまた、作ることにかかわっていくわけです。作者、作品、幼児、そして話し手も加わってのダイナミズムを捉える視点こそ、幼児と〝おはなし〟とのかかわりの本質を見極められるのではないでしょうか。

もちろん、いたずらな改変は避けるべきです。地域特有の語句、歴史的ないいまわし、発達のレベルからはるかに逸脱していることば等を、改変すべき客観的な必然性に基づいて考えられるべきことです。そして、自分のかかわっている幼児を、最も深く識り、愛しているという立場から、保育者は信念をもって当たるということになります。〝おはなし〟の話材、作品を深く鑑賞するところから、それは出発するでしょう。

また、選択した話材をどのように話すかという具体的な方法も、保育者にとっては、心悩ませる問題の一つといえます。

結論からいうならば、話し手である保育者自身の個性に自信をもって話すということにつきるでしょう。高低大小等の声の質、これまで学んできたアクセントやイントネーションを、まず肯定するところから始めたいものです。

話材である作品の、一つひとつのことばのもっている意味、ニュアンス、音を豊かに捉えながら、素直に自分の声と調子で話していくべきでしょう。もちろん、作品の中心思想やそれを支える雰囲気を十分に基盤におかなければなりません。

アナウンサー、声優、役者というような、話すことを職業的に専門とする人たちは、それぞれ基本から丁寧に訓練を続けているものです。その成果が、それぞれの仕事に豊かに反映していきます。

正確な発声、催発音のトレーニングに始まって、伝達を目的とするアナウンサーのような職種であれば、自己の個性を抑制する努力を激しく重ねるでしょうし、俳優のような芸術的目的をもつ専門家であれば、個性を抑制しつつさらに芸術的言語表現の高みへと切磋琢磨することでしょう。

保育者が、このような専門家と同じようなトレーニングを積むことは、もちろん否定できませんが、意図するものは違っています。保育者が〝おはなし〟をする対象の幼児は、日常親しく接している個人、グループであり、このような不特定の多数者を対象としている専門家とはずいぶん異なっています。

保育者の話す〝おはなし〟は、ちょうど親しい家族や友人にあてる手紙を書くことにもたとえられるでしょう。比べて不特定の多数に向けてのことばの世界は、それとはだいぶ違っているように思われます。

普遍性や芸術性を内包する言語表現の見事さについては保育者としては専門家に数歩も譲ることになるでしょう。しかし、その幼児の生活ぶり、好み等よく知っている保育者には、いわば〝かゆいところに手がとどく〟ような愛情と教育的配慮を込めて話すことができるものです。

絵本や童話等の意味

絵本に限らず〝おはなし〟すべてに通ずることですが、保育者によって話されることで、決して広いとはいえない幼児の経験や知識が大きくふくらんでいきます。

とりわけ親しみのある絵本や紙芝居や童話を通じて、未知の世界を経験したり、すでに知っていることでも優れた表現によって再認識したりすることができます。

雨の日に傘を持って父親をむかえにいくというストーリー（『かさ』太田大八作、文研出版、一九七四）を、すでに実際に日常生活で経験している幼児にとっては、もういちど「おむかえ」が整理されるわけですし、未知の幼児であれば、もしも自分ならばというような思いを感じつつ〝おはなし〟を聞くというわけです。『はじめてのおるすばん』（山本まつ子絵、しみずみちを文、岩崎書店、一九七二）などのストーリーも、四、五歳の幼児にとっては格好の新しい経験となることでしょう。既知や既体験が整理され、未知の世界を〝おはなし〟の空間で体験していくわけです。

そして、この体験を支えるのが、幼児自身の想像の力といえるでしょう。はじめての経験であれば当然ですし、既体験であっても想像によって点が線となり、線が面となるということです。作品のもつ種々の感情も、既体験をベースにしつつ、その事実、催真実にアナロジー的に近づいていきます。そしてさらに、想像は、新たな創造の局面をも見つけ出すことにもなります。

もちろん、そこには時として誤解や間違いをも生じさせることがあるでしょう。しかし、幼児の精いっぱいの心のゆらめきによる理解は、たとえ間違っていたとしても得がたいものといえるでしょう。

絵本と紙芝居

絵本と紙芝居は、絵と文章とが互いにかかわり合って一つの独立した世界を作りだすジャンルといえます。そのどちらか一方がなくなったとしても、その世界の十全な開花はないといえるでしょう。絵と文章相互が深くかかわって、互いを増幅させるような効果的なはたらきをしていくわけです。

しかし、もちろんこの二つのジャンルは違います。

紙芝居は、いわゆる平絵の紙芝居のことで近代に入ってからの歴史的展開をもつものです。自転車の普及に伴って、大衆性の濃い街頭の芸能〝街頭紙芝居〟として子どもたちに支持されていました。それが、第二次大戦下に教育的意図による〝教育紙芝居〟の登場があり、第二次世界大戦後は、従来の大衆的な紙芝居とともに幼稚園の保育室や小学校の教室における〝教育紙芝居〟が並行して演じられるようになったわけです。もちろん、街頭での紙芝居上演は、昭和二十八年のＴＶの登場の頃から激減し、現在ではほとんど一般的には行われなくなっています。

ところが、その反対に、現在では主として幼児対象の保育園での紙芝居の利用は、多くなっているとさえいえるようです。

紙芝居は、その歴史的な展開でわかるように、大きな画面による大衆的な画づくりと、起承転結にめりはりのある大衆的な物語づくりに特長があります。この二つの要素は、不特定の多数に対して、ほぼ同じような興味と理解とを提供できるような性質といってよいでしょう。少し離れていても、明快な色づかいと構成による画面は、おもしろくそして明瞭に受けとめることができます。また、ちょっと聞きおとしたことばがあっても、十分に内容を把握できるように作られているというわけです。

それに加えて、紙芝居を一枚ずつめくる行為や、紙芝居を演ずる舞台のダイナミズムが、見る子どもたちの好奇心を豊かにすくいとることができるのです。

この舞台は、いわば劇場にあたるもので、幕が開いて、いざ始まるというときの緊張感と、内部を覗き見するような好奇心とが子どもたちの心をとらえるようです。

ところで、現代の紙芝居は、室内での鑑賞にたえられるように、上品な芸術味をもつものが増えてきました。これは当然喜ぶべきことですが、絵本のジャンルとは違ってある程度の多人数に対して平均的に理解と興味をもたれるような性質は、失いたくないものといえましょう。芸術よりも、大衆的な喜びを追求するジャンルの特質を生かしたいと考えています。

これに対して絵本は、親や保育者のかたわらで、幼児が一人で向き合うジャンルといってもよいでしょう。つまり、幼児と絵本とが一対一で向き合う、いわば学童期に入っての読書に通ずるかかわり方を基本とするわけです。もちろん、発達途上の幼児期ですから、絵本を見せながらおはなししてくれるおとなが介在することは当然のことです。

このように多人数を対象とする紙芝居と、一人から少人数のグループを対象とする絵本とでは、自ずとその性質は違っているといえます。日本の絵本の源流は絵巻物にさかのぼるといわれますし、その後、近代では、欧米の近代化されたピクチュア・ブック（Picture Book）の影響を強く受けて発展したわけで、芸術味との接点を常にもち続けたといえるでしょう。紙芝居の大衆芸能としての発展とは異なっているわけです。それが、個人所有の道を歩いていく絵本と、幼稚園なり図書館なりが保管する道を歩いていく紙芝居の差異をも作り上げたものといえるでしょう。

そして、個人、つまり家庭を中心として発展する絵本の場合は、当然のように、一人ひとりの子どもの状態に根拠をおいて創造、製作されていきます。発達段階に対するキメ細やかな配慮もその一つです。

絵本を見始める七、八カ月頃から二歳半向けくらいまでの、いわゆるファースト・ブック（First Book）といわれる絵本が、その典型でしょう。そして、そのカテゴリー内でも乳児期から幼児期はじめにかけての〝ものの絵本〟を中心とした単純明快な、発見と再認識をベースとしたもの。次いで、最もシンプルな人と人（動物）、人（動物）と物、物と物等の関係をも描こうとする物語絵本の基礎ともいうべき作品。この二つに大別しながら、対象の乳幼児にとってふさわしい絵本が追求されているといえるようです。

三歳児保育での絵本の扱いは、このファースト・ブックの段階を越えたところから始められることが一般的といってよいでしょう。

物語絵本（創作）
民話絵本（昔話、伝説、世間話等）
童話絵本（古典的名作等）
科学絵本（自然科学的、社会科学的なもの）
童謡絵本（創作童謡、わらべうた等）

絵本はこのように内容によって整理されますが、日本に限らず諸外国の作品もあり、まさに百花繚乱といえるでしょう。細分化、個性化が進み、さまざまなパーソナリティーに対応可能な絵本の世界へと成長しているわけです。

また、視覚にハンディキャップのある幼児をも対象とする触る絵本も、すべての幼児に豊かな楽しみを用意しようとする表れといえるでしょう。

さらにつけ加えて記すならば、このような種々の内容の絵本が、紙、布等の素材、油絵、水彩画、コラージュ等の技法、ポップアップブック（Pop-up Book）、サプライズブック（Surprise Book）等の技術によって、いっそう多様な広がりをもつことになります。レオ・レオニ（L・Lionni）の『スイミー』『フレデリック』のコラージュ、エリック・カール（E・Carle）の『はらぺこあおむし』『ちいさいタネ』の意外な仕かけ等は、絵本の広がりを示すよい例といえます。そして、すぐれた数々の絵本は、幼児たちの喜びを、常に引きだしているといえるのです。

民話と伝統

伝承による手づくりの玩具が、しだいに消えつつあるといわれ、それをはね返すような意識的、意図的な取り組みが行われています。ところが、この玩具（おもちゃ）と違って、伝説、昔話、世間話等の、いわゆる民話の世界は、現在でも民話絵本として、民話集として子どもたちの周囲に数多く用意されています。玩具と違って、近代の活字文化発展の中で、口述伝承の民話もいち早く書きとめられて印刷されてきたという歴史をもっているからです。

「ももたろう」「さるかにかっせん」「うらしまたろう」等の誰もが知っている話に始まって、各種の〝やまんば〟や〝おに〟等の話が再話され、絵本化されています。原話に対する選択と解釈の妥当性、その表現としての文・絵の適切性が基準となって幼児教育者に選ばれ、幼児たちの前に〝おはなし〟として展開されていくわけです。

この民話も、ダイナミックな人物と物語展開による話から、知的なおかしみを作りだす話まで多様な広がりをもち、それぞれの話のもつ性格、素材、主題によって選びだされ、保育室で話されるわけです。ときには幼児たちの遊びへと発展していく話もあり、民話に対する幼児の興味も広がっていくわけです。

そして、比較的新しい時代の、つまり近代の民話といわれる話もありますし、諸外国の楽しさと意味を豊かにもった民話への広がりをも考えますと、幼児教育者の民話に対する教養の幅と質が求められることになりましょう。

レパートリーを豊富にし、T・P・Oのもとに楽しい〝おはなし〟が期待されます。

幼児教育者自身の〝おはなし〟

〝おはなし〟は実に多様であり、それぞれのジャンルが乳幼児の発達と興味に即しつつ、深まった質を備えようとしています。この状態は、〝おはなし〟を話す幼児教育者にとって大変うれしいことだといえるでしょう。もちろん、それに伴って、厖大な作品の中からそのときに適切なものを選択するという課題が生じてきます。もちろん、その選択の作業も楽しみの一つといえるでしょうが。

しかし、幼稚園での〝おはなし〟に現在最も必要ではないかと思われることは、自然な、日常的な保育者自身の〝おはなし〟ではないでしょうか。もっと保育者自身が、自分の好きな人、物、事柄について、あるいは経験した印象深かったことについて等を、話す機会をもつべきではないでしょうか。

既成の絵本や民話や童話とは違ったおもしろさ、あたたかさが幼児たちを包みこむことでしょう。季節の花、それも担任の先生の大好きな花が保育室にいけられたとします。そして、その花の前で、先生がなぜその花を好きなのかというような〝おはなし〟を話すことは、クラスの幼児にとって大変、心うたれることになるかと思われます。

幼児たちにとって身近な動物や植物の〝おはなし〟は、大好きな先生という親しい存在がそれを話してくれることで、より理解のできる意味あるものになるはずです。

保育者自身の自然で個性豊かな〝おはなし〟は、どんなに幼児たちの精神生活を豊かにしていくか、測りしれないものをもっていると考えられます。

また、ときには少し努力して保育者自身の〝おはなし〟を絵本化したり、紙芝居化してはいかがでしょうか。手づくりも、丁寧な作り方をしていきますと、ずいぶん素敵なものができあがるものです。

絵本は描いた絵をカラーコピーにし、創作した物語をワープロでうち、ハードカバーで製本し、世界にたった一冊の絵本という実感を強くかきたてるものとなります。紙芝居は、各場面が色落ちしないように絵具どめのスプレーをかけます。また、紙芝居の舞台も手づくりしたものです。特に既成品の欠点を是正したというような製作ではありませんが、自分の創造した紙芝居を、自分で作った舞台で上演するとなると、気持ちの入れ方も違ってくるというものです。

当然のように、それを見、聞きする幼児たちの心の動きは、どんなに高まったことでしょうか。

ときには保育者の〝おはなし〟を期待したいものです。

（『幼児教育を学ぶ人のために』94・8）

幼年童話と保育

おおづかみにいうならば、幼児なりの少ない既体験をことばの世界の中で再認識することと、既体験からはみ出た未知の世界を新たな発見の喜びとともに認識することが、幼年童話の意味といっていいだろう。そして、すぐれた書き手の洗練されたことばの世界の中で、幼児の想像、感情、感覚、知識がふくれあがり、豊かな社会性をもったパーソナリティーの成長をうながすのである。

ところで、幼児と幼年童話との出会いは、幼児自ら読むことによってではなく、両親や教師などによってストーリー・テリングされることによって生じるのであり、語り手の幼年童話の内容にそくした読みによって、幼児たちは言語本来のすがたである意味内容と音声をもつふくらんだことばの世界のイメージを構築していくのである。

ことばの世界と幼児とのかかわりあいについては、ソヴィエトの著名な作家チュコフスキーが『二歳から五歳まで』にくわしく記したように、幼児には幼児なりのことばの世界との独自なかかわり方がある。

たとえば、おとなと幼児とが、けたたましくサイレンをならす消防自動車を同時に見たような場合、いっけん同じように見えながら、消防自動車にたいする反応は、おとなと子どもではだいぶちがうといったようなことである。おとなにしてみれば、消防自動車によって現実的なイメージが大きくふくれあがり、火事場面やその消火活動、あるいは救助作業といったところまで心に思い描くということになる。それにたいして幼児は、極端にいうと、ほとんど現実的なイメージの広がりをもたず、ただひたすら消防自動車のメカニズムや消防士たちのスタイルや作業に目を留めるのである。つまり、生活体験の蓄積の大小によって、だいぶこの場面での心象に差が生じるのである。

ちょうどこの例と同じように、ひとつひとつのことばに、幼児なりのイメージが喚起されていくのである。ところで、もちろんこの例は、幼児たちの想像力の貧しさを意味するのではなく、現実的な既成のイメージの表象力が少ないわけで、とらわれない独創的な表象力が少ないというのではない。

このような幼児たちの独特な言語世界とのかかわり方をふまえて、すぐれたストーリー・テリングの語り手は、そのことばの内側から自然に生じてくる音声を表出しながら、ひとつひとつのあるべき概念を幼児たちの心にイメージとして浮かばせ、そして、その幼年童話全体のあるべき世界のイメージへとさそうのである。

けれども、幼児たちにことばの世界との独自なつきあい方があるように、幼児たちにとってつきあいやすい世界、つきあいにくい世界のあることももちろんである。

就学期の児童がそうであるように、幼児もまたおもしろく楽しい物語の世界をのぞんでいる。心の優しい話、寂しい話、ためになる話、こわい話、ふしぎな話、おもしろい話と、物語それぞれの内包する感情はたくさんある。こうしたさまざまな感情をもった物語の中で、あいまいな表現だが、幼児たちは〝おもしろい話〟を要求するのである。

近ごろでは、ためになる話を強調する人たちはなくなったが、数年前までは、なんとしてもなにかのためになる話をと考える人が多くいた。実は、この幼児たちにさえきらわれるためになる話の発想には、大きな意味がひそんでいるものである。

どこの家にも、一枚か二枚の絵入りの額があるものだが、その絵のほとんどが、おもしろいことに目の位置よりはるかに高い天井近くにかけられている。絵であれば、もっとも鑑賞しやすい目の位置にかけられているべきだが、それがどういうわけか部屋飾りといった、絵の本質である鑑賞を忘れた、装飾のためにおかれてしまうのである。

絵についてのこのたとえは、おとなたちの読書にたいする姿勢とも重なるもので、つい教養のためとか、人が読んでいるからとか、明日講演するためとかなど、本質とくいちがったいろいろな目的性を加えた、利用する本の読み方をしてしまうことが多いものである。

このような、ためになる読書に身をやつしているおとなたちの姿勢に欠点の多いことはもちろんだが、こうしたおとなたちの、やや本質からそれた、より現実機能的な姿勢が、幼児たちにおしつけてくるまちがいもまた当然だろう。読物の世界を、なにかのために利用することをひかえたい理由はここにある。幼児たちはこれに似た先入観はないのであり、好きな遊びをしたり、好きな友だちと遊んだりするのと同じように、おもしろい幼年童話の世界そのものにひたりきろうとしているのである。まず、幼年童話の選択や、創作者の姿勢の根底にこうしたことが配慮されなければならないだろう。

次に、幼児たちが〝おもしろい話〟と感じる喜びをさそう物語だが、端的にいうならば、即物的な刺戟と非日常的性格という二つのことばによって、かなり具体化されるようである。もちろん、昔話の形式がよくいわれるように、幼児たちの楽しむことのできる物語の洗練された骨格であることはまちがいないし、適度なことばのくりかえしや、擬声語、擬態語や、適度にリズムをもった文体などが、幼児の心をとらえることはいうまでもないが、こうした特質をもふまえながら即物的刺戟と非日常的性格をもつことばが、幼児の興味にアピールすると考えてもよいだろう。

ハーモニカの音色より、ドラムの乱打ははるかに刺戟的であり、有無をいわさず、とっさに聞き手の感覚、情緒に訴えかけてくる。あるいはまた、動物園近くに住んでいる幼児にとっては、ゴリラもトラもあまりに親密な日常的世界であるのにくらべ、まだ動物園にきたことのない、ないしは一、二度きただけの幼児にとっては、非日常的な目のさめるような世界ということになる。

ところで、このような論理はおとなたちにとっても共通の、当然すぎるほど当然の理屈のように思われるかもしれないが、ここで、幼児の生活圏の狭さや知的・情緒的未分化を考えるならば、やはり、幼児にとって独自の即物的刺戟や非日常的な世界が存在することに気づくのである。しかし、もちろんそれぞれの幼児によって、刺戟にしても、非日常性にしても相当の差異のあることはいうまでもない。すでにそこに完全な形で用意されているものではなく、幼児とのタイムリーな出会いの中で真価を発揮するものなのである。

月刊絵本、あるいは一年間のお話集などは、予想される幼稚園、保育所の年間保育カリキュラムや社会的、地域的行事や四季の推移といった要素をもとにして、幼児を絵本や幼年童話とタイムリーに出会わせることを企図したものである。ごく常識的に、夏には夏むきの話といった要領なのである。こういう編集意図は批判も多いが、実はこれが、もっとも素朴なところで幼児とことばの世界のタイムリーな出会いを考えたものといえるのである。いわば平均化されたT・P・Oを基盤とした方法である。

母親の誕生日を一週間後にひかえて、『おかあさんだいすき』(フラック作)といった、母親の誕生日に何をプレゼントしようかと苦心するストーリーを読み聞かされるなら、それは新鮮な刺戟として聞き手の幼児をその物語にひきずりこんでしまうだろう。『ちびくろさんぼ』(バンナーマン作)にしても、ごく普通の日に読み聞かされるよりは、新しい洋服を買い与えた日とか、いろいろなタイミングを配慮するほうが、幼児を物語の世界に深く誘い込むことができるだろう。

こう考えてみると、即物的刺戟や非日常性にしても、幼年童話そのものの中に厳然と存在しているというよりは、その種子がちりばめられており、聞き手である幼児との出会いの中で、はじめて生き生きとその種子の活動が開始されるということになる。つまり、幼児を対象とする幼年童話の世界にあっては（それだけに限らないが）、幼児と作品とが出会い、火花を散らしたときにはじめて、幼年童話としての生命がやどるということである。すなわち、幼児そのものが主役なのである。

さて、ここに一冊の絵本がある。

とうちゃんの　かえらないあさが　ひとつ　ふたつ　みっつ　つづいた　どうしたのかなあ。

絵本『ひとつ　ふたつ　みっつ』（今江祥智作）の冒頭の文章だが、この書き出しに思わず緊張するおとなや含み笑いする読者は多いことだろう。もちろん、この緊張した読者にしても、笑い出した読者にしても、けっして週刊誌の読みすぎということではなく、作者の、読者の反応を透視する力に、とっさに身づくろいすることもできずに緊張とか笑いという反応をおこしてしまったのである。

『ひとつ　ふたつ　みっつ』の第一ページは、実におとなたちにとって魔力あるものだったのである。そこで、この絵本を幼児たちにお話するならどういうことになるだろうか。おとなたちほどに父親の不在を体験したことのない、あるいはそうした間接体験をもたない幼児の場合、それほど緊張感を感じたり、ユーモアを感じたりすることはないと推定される。ところが、かりに、確かに父親の不在を体験している、こうした題材に過敏になっている幼児がいたとすると、それはもう、この第一ページを聞くことによって、身をのりだす思いで、この絵本の世界に深入りしてくるだろう。父親の不在を、もしもという仮定形でこの作品を受けとろうとする一般の幼児たちにくらべるなら、はるかに密度の濃い物語の世界との出会いを行ったということになろう。

このように、まれには、ある意味で文学的感動といえそうなほどに深入りした豊かな体験を、ことばの世界の中で幼児たちに生じさせることもある。ちょうど、前のタイムリーな出会いと同じことである。けれども、ここで少しつけ加えるならば、父親が不在という体験の所有者を特殊な幼児のように書いてしまったが、『ひとつ　ふたつ　みっつ』の冒頭の一行には、はやりの親子の断絶といった幼児たちのおかれている今日的状況への認識が横たわっており、具体的な父親不在の体験者ばかりではなく、父親と疎遠になっている現在の幼児たちの全体像に向かって語り出された一行と考えることができるということである。ただし、その具体的な体験の有無に差のある幼児たちは、この絵本の世界を受けとめていく密度に濃淡の差が生じることは自然であろう。

このように、幼年童話と幼児との出会いは、もともと一対一というプライベートな時間、空間が基礎となっていることが明瞭となるのである。集団保育の中で、全員に、同時に、同程度に物語の世界が受けとめられるという密度をたもつことの、いかに難しいかということが、ここにしめされている。いわゆる八〇パーセント程度の理解をめやすに保育をすすめていくという論理の根拠もここにあるのである。

(『幼児言語教育法』昭47)

現代の幼年童話

遊びのすすめ――ことば遊びの世界

「しろくて、やわらかくて、うまいもの、なあんだ。」

『なぞなぞのすきな女の子』（松岡享子作・大社玲子絵、昭48）の主人公は、まったくなぞなぞの好きな女の子である。母親が忙しくて相手になってくれないので、なぞなぞの相手を探しに森にやって来る。そこで、おいしい餌食を待っていたオオカミと出会うのである。このなぞは、うす笑いをうかべたオオカミのかけたなぞであった。

ことばの楽しさ、ことばのマジックを知りはじめた幼児が、なぞなぞということば遊びをとおしてそれを確かめていく。こうして遊びを柱にしたおおらかなストーリーが展開されるのである。

質の高さはともかく、現代の幼年童話は、この『なぞなぞのすきな女の子』のような、遊びにみちた世界を形象化した作品が比較的多い。『それほんとう？』（松岡享子作　長新太絵　昭48）の、「あめりかうまれの　ありの　ありすさんが」と始まる、カルタ様に五十音を頭においたストーリー、『おおきなおおきないも』（昭和48）の鶴巻幼稚園児たちの遊びを、赤羽末吉が再構成した絵本、そしてさらに、幼児対象の絵本にまで拡大すると、相当量の出版のあることに気づくのである。

このような遊びを核とした幼年童話の方向は、『いやいやえん』（中川李枝子・大村百合子絵　昭37）あたりに始まり、『王さまばんざい』（寺村輝夫作・和歌山静子絵　昭42）のナンセンス・テール、そして『日本のわらい話』（川崎大治再話　昭43）『わらい話』（松谷みよ子他再話　昭43）などの江戸笑話の再話、さらに現在の『トンカチと花将軍』（舟崎克彦他作・絵　昭47）や『三人とんま』（木島始作・長新太絵　昭46）のおおらかな幼年童話へと続く、一つの流れを形成しているようである。

これらの系譜の口火をきった『いやいやえん』は、幼児たちのごっこを題材としたものであった。ごっこといえば、第二次大戦前の坪田譲治の童話に頻繁に登場している。けれども、その描き方、描く意図は根本的に異質なものであった。

「ウォーウォー。」
獅子は部屋のなかを大いばりで歩き始めた。四つんばいの尻を高く押したて、ときどき口を一生懸命に押しひらき、目をおそろしく引きむいてみせる。……
狐の善太はイナリさまのような手つきをして、
「ココン、コンコン」

はじめは短編小説として発表された「お化けの世界」の、猛獣ごっこの場面である。鮮やかに生き生きと善太・三平兄弟の遊びをとらえながらも、どこか哀切に充ちた調子がある。これは坪田譲治の目に、無垢な子どもたちの遊びの背後が見えていることによるもので、子どもたちのエネルギーに、やり場のない空しさを感じとってしまうのだ。童話の「猛獣狩」や「魔法」にしても同じことで、ここにあるのは坪田譲治のとらえた子どもの分析と愛情の表出である。これにくらべて『いやいやえん』の明るさはどうだろう。

「そうだよなあ?」

「らいおんだよなあ?」

「ぞうなら、らいおんをふんづけて、はなでひっぱたいちゃうぞ。」

「へっ、そんなのうそだよ。らいおんはぞうにかみつきますからね。」

…………

「うん。『ぞうとらいおんまる』だ!」


いっけんすると、本物の子どもたちの心をのぞきこもうとはしない、うすっぺらな表現に見える。けれども、細部を省略し、読者の子どものぞんでいる子どもたちの会話に組織化しようとした試みはみごとである。坪田譲治の状況に埋没してしまいそうな子どもや遊びにくらべて、『いやいやえん』の子どもたちやその遊びはおおらかに自立している。この両者の違いは、やはり読者意識の相違によるものと考えられる。中川李枝子は、子どもたちの遊びをとおして読者の子どもたちの楽しく遊べる世界を見せてくれたのである。

このように読者の遊びを核とした現代の幼年童話の扉がひらかれ、寺村輝夫のナンセンス・テール、そして江戸笑話の世界が鮮やかに評価されるようになる。

象の卵を見つけてこいと命令する「ぞうのたまごのたまごやき」の王さま、それに柔順に従う大臣とその部下たちの様子は、読者の子どもたちにとっての格好の遊びを提供してくれる。既体験との誇張されにくい違いに、決して高い次元ではないが、心を解放する笑いが子どもたちを包むのである。

けれども、時に、ナンセンス・テールには、読者の心を遊ばせるというよりは、作者自身の知的な感覚的な遊びの充満したものがある。洗練された短編の書き手でもある今江祥智の「ちょうちょむすび」は長く伸びた子どものひょうのひげを、母親がちょうちょむすびにするという洒落た結末をむかえるわけだが、幼年童話の読者を無視したかなり一方的な作者自身の遊びの表出された作品である。同じように出版された時、かなり評判の高かった谷川俊太郎の『ことばあそびうた』（昭和48）にしても、日本の童唄の土壌にひらいた秀れた童謡ではあったが、どちらかというと、詩人の感性の遊びのおもむきが強く、現実を生きている読者の子どもの心をとらえるものは少なかった。

このような作者の遊びの精神のいきわたった幼年童話も、けっして少なくないわけだが、現代の幼年童話の傾向としては、読者の遊び、読者の心と体の自由な跳梁をひきだす方向を向いているようだ。作者固有の世界、文体を遠ざけて、読者の幼児の理解と興味にそって遊びをさそうというわけである。〝華麗なる変身〟などという化粧品のキャッチフレーズがテレビからながれてくると、カレー色に変身すると思いこんでしまう幼児にしてみれば、たとえ笑いであってもおとなたちの一方的な表現には参ってしまうものである。遊びのすすめとは、作者に遊びをすすめるのではなく、読者の子どもたちの心と体を充分に解放するということである。

シュガー・コート——メルヘンの楽しさ

ところで、遊びをすすめる時代とはいっても、おとなたる作者は、どうしても次代を担う読者の子どもたちに、何かしてやろうとするせっぱつまった思いを抱いてもいるものである。もちろん、児童読者論をもつにいたった子どもの本の世界であれば、そうストレートに、作者はあつい気概を語るわけにはいかない。そこで、幼児たちの喜びをうち消さないように技術的に配慮しながら、子どもをとりまく状況に肉薄しようとする。

『目をさませトラゴロウ』（小沢正作・井上洋介絵　昭40）の一編「キバをなくしたトラゴロウ」は、本来のエネルギーを失っている子どもたちという想定でキバのないトラの子どもを登場させ、メルヘンの楽しさでストーリーを運び、最後に作者の願いである本来の迫力に充ちた子どもたちに帰ることを、キバをとり戻したトラのイメージで描きだすという作品であった。ユーモアと惨酷さをおりまぜ、スピーディーにはこぶストーリーが読者をたいくつさせないが、その底に現在的な主題がみごとにたたえられているという、いわばシュガー・コートされた幼年童話である。

こうした生まじめな傾向の作品はわりあい多く、幼年童話と少年少女の接点にある『宿題ひきうけ株式会社』（古田足日作・久米宏一絵　昭41）なども該当するだろう。アイディアにあふれた〝宿題ひきうけ株式会社〟を設立する発端は、現代っ子の性格をさきどりするようなおもしろさをもっている。けれども、読みすすむうちに、結局〝宿題なくそう組合〟への転身となり、ごく正直な教育的状況への切りこみ、批判へとすり変わってしまう。こうして楽しい読書をマイナス化させないようにする努力と、これだけは伝えたいという情熱とが交錯した作品の出現となるのである。

四日市の企業公害を想わせる『とべここがぼくらの街だ』（小沢正作・田畑精一絵　昭46）にしても同じことで、水中メガネとガスマスクをつけた子どもたちの登場は奇抜だが、空気汚染の自衛手段で、しだいに現代的課題へと読者を誘いこんでいく。

フェーブルのような単純明快な図式化ではないが、技術的にはそう変わらないのがシュガー・コーティングの世界である。一時、リアリスティックな現実把握を前提としたシリアスなリアリズムの作品への期待が少年少女小説を中心に席巻したことがあったが、子どもたちに何ができるかというおとなたちの誠実なこの問いかけは、かえって読者の子どもを遠ざけてしまうという結果をもたらした。その流れの中で、子どもたちに近づく方法、技術が模索され、このシュガー・コーティングも現れたのである。そして、幼年童話では、もともと幼ない子どもたちを対象としており、もっともバランスを尊重する領域だけに、シュガー・コートされた良質の作品の登場を豊かにうながしたのである。

民話的主題への方向――民話への傾斜

ところで、シュガー・コーティングの作品が現実と色濃く切りむすぶとするならば、松谷みよ子や斎藤隆介の描きだす幼年童話は少し異なっている。けっして現実の問題の種々相と無縁ではないものの、民話ふうな題材、プロット、スタイルで基本的な論理を表現している。

物臭太郎や三年寝太郎の民話の主人公の人物設定がそうであるように、『龍の子太郎』(久米宏一絵　昭37)の太郎も、生来の〝くっちゃ寝〟型の怠け者であり、あるきっかけによってまめで智恵のはたらく少年に変貌する。物臭太郎や三年寝太郎は、美しい嫁や長者への欲望がきっかけとなったが、太郎は母への愛がエネルギーの源泉となる。そして、民話の〝くっちゃ寝〟型の人物が民衆のもつ下克上という側面的性格を背負っていたように、太郎も母探しという個人的な愛をモティーフとしながら、しだいに歪んだ構造へと意識が広がり、全体へとその愛が豊かに拡大していった。

このように、すぐさま現実的な問題と切り結ぶようなことはせずに、伝統的で基本的な主題を描きだしたのが民話の再創造といわれる『龍の子太郎』であった。複雑でメカニックな現実の状況を児童文学で描きだすことは、リアルな作品によってかなり行われてはいるし、シュガー・コートすれば読者の子どもたちを充分にひきつけることはできる。けれども、『龍の子太郎』の作者松谷みよ子の関心は、子どもたちの現実への適応にはなく、人間として根源的にもつべきものという巨視的な人間性であった。そして、その姿勢が、

『龍の子太郎』を充分に楽しい物語世界につくりあげたのである。子どもたちの『龍の子太郎』への共感は、出版されて以来深く持続しているようである。

けれども、同じように民話的主題を追求し続けている斎藤隆介の場合は少し異なっている。誇張していうなら新国劇のクライマックスを見るような通俗性の濃いやま場を設定するほどに、普遍的な民話的主題を追求するのにふさわしいスタイルで物語りながら、時として作者個人の営為が行間にまじりこんだり、現実状況への関心の激しさによる普遍性追求の方向がくずれたりという具合である。ダブル・イメージという、時空的に次元を異にした題材によりそいながら、実は現実を書いているという方法があるが、斎藤隆介の民話ふうな世界は、それに接近したところもある。「八郎」や「三コ」を描きながらヴェトナムを見つめていたというわけである。けれども、基本的には肉親の愛情を骨子とした問いかけが代表的な短編集『ベロ出しチョンマ』(滝平二郎絵　昭43)には貫かれており、三年寝太郎や物臭太郎の人物像に収斂する民衆的な主人公たちが描きだされている。

昭和三十年代後半になって、あまりに欧米流の作品が多いことへの反発から、日本の民話への急激な傾斜もはじまったわけだが、松谷みよ子や斎藤隆介の幼年童話も、そうした情勢の中から誕生したものである。そして、日本の子どもたちに、もっともふさわしい児童文学は、伝統や風土にねざして生まれてくるという意識を、この二人の作家たちが定着させるほどに影響力をもったようである。

楽しい生活童話——子どもの日常生活を

子どもの生活を描く生活童話は、子どもたちにとってもっともつまらない児童文学の代名詞になったこともあったが、現在の幼年童話には、子どもたちの日常生活を作品化したものは多い。けれども、それらの作品のほとんどは、ひたすら子どもたちの生活を追いかける無味乾燥なものではなく、読者に内在する喜びをひきだす知的なデフォルメをされたものとなっている。

『ましかく通信』(太田大八絵　昭45)『ごめんねぼっこ』(太田大八絵　昭44)『ぶらんこゆれて』(古川タク絵　昭46)などを物語った山下夕美子は、この楽しい生活童話の典型をつくっている。もちろん、生活童話という言い方をしても、これらの幼年童話には、主人公の子どもの心が生みだした愛すべき妖精も登場し、ファンタスティックな雰囲気がただよっている。現実をベースにした空想物語といえないこともないが、登場人物の心理にそくした空想で、リアリスティックである。

『ぶらんこゆれて』の主人公オサムは、父親が交通事故をおこしたことで、大きな社会的問題の一つである交通災害の渦中にまきこまれてしまう。ふだんでも貧しい家計が、いっそう切迫して、オサムの心を、いやおうなく孤独におとしこんでいく。そんな時に現れたのが一歳年下の女の子だった。ぶらんこ好きの女の子は、オサムに揺すられてはしゃぎまわる。ところが、実はこの女の子は、数年前に交通事故で死んでいたのである。

生活綴方と怪談をまぜあわせたようなストーリーだが、主人公オサムの心理と行動をみごとに客観化し、それによって情緒的に深刻化しそうな題材を、時にはユーモアまで感じさせるほどに淡々と描きだしている。『ましかく通信』にしても、ファンタスティックな要素がないだけに、より現代っ子たちの生活と心理が鮮やかにうきぼりにされている。登場する子どもたちの客観化が成功している作品の一つであろう。

ところで、この人物の客観化だが、けっして現実の子どもたちを観察して写しとるというのではなく、一度はそこを通過させながら、もういちど読者の子どもの興味と理解を尺度にしながらデフォルメし、巧みに組織化して興味深いストーリーの中に定着させるという方法である。現代っ子たちを扱いながら、過去の生活童話のつまらなさから脱皮し、実に楽しい幼年童話を形象したのである。

山下夕美子のこうした幼年童話づくりは、もともと中川李枝子の『いやいやえん』あたりにはじまり、現代の幼年童話の、生活童話ふうなファクターをもつ現代的な題材の作品の多くに共通する姿勢である。短編に定評のある大石真の「見えなくなったクロ」や谷川俊太郎の短編「けんはへっちゃら」なども、いっけんすると空想物語のカテゴリーに入りそうに思えるが、子どもたちの心の中をのぞきこみ、その抽象的な心理に具体的なストーリーという形を与えたものである。生活童話に通ずる意識から創作されながら、読者の子どもへのアピールを考えるというワン・クッションをへて形象化されたものである。いわば愛される生活童話への脱皮であった。

現代の幼年童話は、シュガー・コートにしても、民話風にしても、生活童話にしても、冒頭に記した遊びの精神に充ち、読者の幼児の理解と興味を優先させる方向で創作されているのである。昭和二十八年以来、外国名作にかわって、日本の子どもたちに愛され、喜ばれる創作を求め続けてきた軌跡が、このような状態を出現させたのである。

もちろん、どちらかというと作者主体が陰にまわったように見える現代の幼年童話に批判も多い。作者自身のコンテクストによる文芸的、思想的密度の濃い作品への期待もあついものがある。けれども、現代の幼年の読者に支持される作品となれば、やはり屈折した創作意識によらなければならないだろう。そして、モティーフをストレートに形象化へ結びつけていくような作業は、児童文学となる可能性のうすいことを、現代の作者たちは充分に知っているようにも見うけられる。

そして、こうした屈曲した意識から創作された幼年童話に、現代っ子たちからの確かな手応えがはねかえってきているのである。

（『児童文学を学ぶ人のために』昭52・4）

Ⅲ　その他の児童文化財

おもちゃ、玩具、遊具

「おもちゃ」、「玩具」は、英語では「トイ（toy）」あるいは「プレイスィング（play thing）」、ドイツ語では「シュピールツィング（spielzeng）」で表す。

日本語の「おもちゃ」であるが、定説になっているのは、「もちあそび」を語源とするというものである。つまり、「手で持ってあそぶ」という意味合いである。

また、「玩具」という語は、中国の古代の文献『後漢書』中の「翫弄之物」から来たと考えられている。

さらに「遊具」は、児童公園、児童遊園、校庭等にあるブランコ、すべり台等の、大型の固定したあそび道具を意味している。

おもちゃ、玩具のルーツとしては、宗教的儀式や故人の副葬品として使用された人形等が考えられる。それらが時代を経て、あそび道具として自立したものが出てきたという見方ができる。

日本のおもちゃといえば、大陸から渡来したものと考えられている、平安時代のこまやすごろく類がある。

ただし、これらはおとなのための慰めの品で、子どものあそび道具というわけではなかった。

これらが子どものものに変わってくるのは、江戸時代の町人文化隆盛の時代を迎えてからであるといわれている。

明治時代の、金属、ゴム、セルロイド製の子どもを対象としたおもちゃは、ヨーロッパからの輸入品であった。竹や木による郷土色豊かで伝統的なおもちゃもあったが、子どもにとっては、輸入おもちゃの魅力は絶大であった。

ヨーロッパでは、十五、六世紀にドイツ、ニュールンベルク周辺で、多くのおもちゃが製造されていた。アンデルセンの童話に「錫の兵隊」があるが、十八世紀になると、ニュールンベルクでは錫製の兵隊の人形を作り、世界へ輸出していた。その後、プレス加工することで大量生産できるブリキのおもちゃが現れ、明治の子どもの前にも送られてきたのである。

ところで、日本の初期の幼稚園教育では、フレーベル（F・W・Fröbel 独 一七八二—一八五二）の考案した「恩物（独 gabe、英 gift）」が教材として使われることが多かった。フレーベルといえば、世界で初めての幼稚園(kinder-garden) を創った教育者である。

「恩物」は、教材として作られたものであっ

フレーベルの恩物

第１の恩物	直径約6cmのやわらかき6色のまり、赤、黄、青、橙、緑、紫。ひも付きと、ひもなしがある。
第２の恩物	直径6cmの木製の球、底面の直径6cm高さ6cmの円筒、6cm一辺の立方体。
第３の恩物	一辺3cmの木製の立方体8個、箱入り。
第４の恩物	一辺が3cm、1.5cm、6cmの直方体8個、箱入り。
第５の恩物	一辺3cmの立方体21個、この立方体を対角に二等分した6個の三角柱、この三角形を二等分した12個の小三角柱、合計39の立体。立方体。箱入り。
第６の恩物	第4恩物の直方体と同形の直方体18個。その直方体を縦および横に二等分した一辺1.5cmの正方形を底面とした高さ6cmの直方体6個、一辺3cmの正方形を底面とし、高さ1.5cmの直方体12個、計36個の小立体。箱入り。
第７の恩物	一辺3cmの正方形および各種の三角形の色板。（正三角形、直角二等辺三角形、直角不等辺三角形、鈍角三角形、鋭角三角形）
第８の恩物	3cm、6cm、9cm、12cm、15cmの五種類の長さの直線の細い木の棒。
第９の恩物	金属製の全環および半環、四分の一環……（第2恩物木製の球と同じ直径のもの）
第10の恩物	豆、小石の粒。
＊以下、第11から第20までは諸種の手技材料具。	

たが、幼児のあそびと主体的活動を重視したもので、後の「構成玩具」と呼ばれるおもちゃに深く影響を与えたのである。

このように、日本の児童対象のおもちゃは、輸入ものによって始まったわけだが、輸入のおもちゃに刺激されて、日本のおもちゃ業界も国内生産に励むこととなる。ところが、それと共に、伝統的なおもちゃは、次第に児童の生活圏から少なくなっていったのである。

その後、大戦後から現在に至るまでに、日本のおもちゃ製造は活発化し、諸外国へ輸出する立場へと変わっていくのである。

① おもちゃの種類と意味

一般に、おもちゃには、次のような分類がある。

〈主たる材料による整理〉

金属（合金・アルミニウム・鉄）――ロボット
プラスチック――ガラガラ
布――ぬいぐるみの動物
木――つみ木・動物
ゴム――まり
セルロイド――吊しメリー

紙――――風船・カルタ
ガラス――――ビー玉
＊セルロイド製は危険であるために、現在不燃性のものが使用されている。

〈用途による整理〉
乳児を楽しませるもの（育児玩具）――おしゃぶり
抱いてあそぶもの（人形玩具）――抱き人形
動かしてあそぶもの（乗り物玩具）――電車
可愛いがる動物のもの（動物玩具）――ぬいぐるみ
ごっこあそびの道具（まねごと玩具）――ままごと道具
音を楽しむもの（音響玩具）――卓上ピアノ
組み合わせを楽しむもの（構成玩具）――ブロック
体を動かしてあそぶもの（運動玩具）――ボール
指先であそぶもの（手技玩具）――おはじき
複数で競うもの（ゲーム）――すごろく
主として学ぶもの（学習玩具）――文字つみ木

〈あそび方による整理（固定）〉
のぼる――――ジャングルジム

ふる――――――――ブランコ
すべる――――――すべり台
上下運動する――――シーソー
つりさがる――――鉄棒
くぐる――――――トンネル
まわる――――――メリーゴーランド
わたる――――――杭渡り
複合運動――――――ロープ、網、棒等を組み合わせたもの
プレイスカルプチュア――彫刻遊具

（「児童遊園の研究」／日本児童福祉協会　一九七三・五）

現在では、子どもたちのおもちゃには、前の分類では扱いきれないものも登場してきている。また、それが圧倒的な人気を保有しているのである。

② キャラクターグッズ

日本でいう「キャラクターグッズ（Character Goods）」は、アメリカでは同じ意味で「プロパティ（Property）」の語を使用している。

幼児から二〇代の女性まで、いわゆるキャラクターグッズは幅広く好まれる。ファンシーショップやデパ

ートの玩具、小物の売り場を眺めただけでも、その絶対量の多さに驚かされてしまう。ところで、このキャラクターグッズは、どのように現れ、どのように展開してきたのであろうか。いわゆるキャラクターの立体化現象は、昭和三〇年前後に始まる。

「赤胴鈴之助」(「少年画報」一九五四)は、ラジオ(一九五七・十)、テレビ(一九五七・十)、そして映画と、ジャンルを超えて、子どもたちに圧倒的に支持されたマンガであった。このマンガの主人公「赤胴鈴之助」というキャラクターの魅力に染まって、赤胴鈴之助の竹刀や胴、その他の関連商品が販売された。一九五八年五月から半年間に、九本も封切られた赤胴映画の異常人気の中で、これらの商品も大いに売れたわけである。

また一九六三年一月、手塚治虫の人気マンガ「鉄腕アトム」がテレビアニメーションとして放映(フジテレビ)されると、テレビの普及もあって、大変なアトムブームとなった。アトムのキャラクターグッズが各種製作され、幼児、小学生の購買欲を誘ったのである。マンガとテレビ、人気キャラクターとキャラクター商品という、商業主義的モデルが成立したといえよう。

その他、マンガからテレビアニメーション化された「オバケのQ太郎」(一九六五)、「タイガーマスク」(一九七〇)、「ひみつのアッコちゃん」(一九七〇)、「帰ってきたウルトラマン」(一九七一)、「仮面ライダー」(一九七一)等の、主人公をはじめとした関連素材によるキャラクターグッズにより、テレビの視聴率も上がるという相乗効果を生むに至ったのである。

現在、店頭でよく見るキャラクターグッズを挙げると、「ミッキーマウス」をはじめとするディズニーもの、絵本などピーターラビットもの(B・Potter)の「ピーターラビット」、絵本などミッフィーもの(D・Bruna)の「ミッフィー」、アニメーション「となりのトトロ」(宮崎駿)の「トトロ」、幼児番組「セサミストリート」のキャラクターたち、そして「ドラえもん」、「アンパンマン」、「ちびまる子ちゃん」「ポケモン」等、枚挙にいとまがない。

現在のキャラクターグッズの中ではすでに古典的ともいえる、オランダのディック・ブルーナの絵本、「うさこちゃん」シリーズの商品を取り上げるだけでもかなりの数にのぼる。

（ディック・ブルーナ乳児玩具）
はじめてのテレフォン、プレイメリー、はじめてのキッチン、メロディーテレビ、ビジージム、プレイボート、オルゴールカー等

（セガ乳児玩具）
ソフトトローリー、ミニミニソフト、アレーラトル、リング、クルクルラトル、ローリーカップ、ベビーラッパ、サークルチャイム等

（ニチガン木製玩具）

ライセンス商品の売り上げ高（日・米比較）

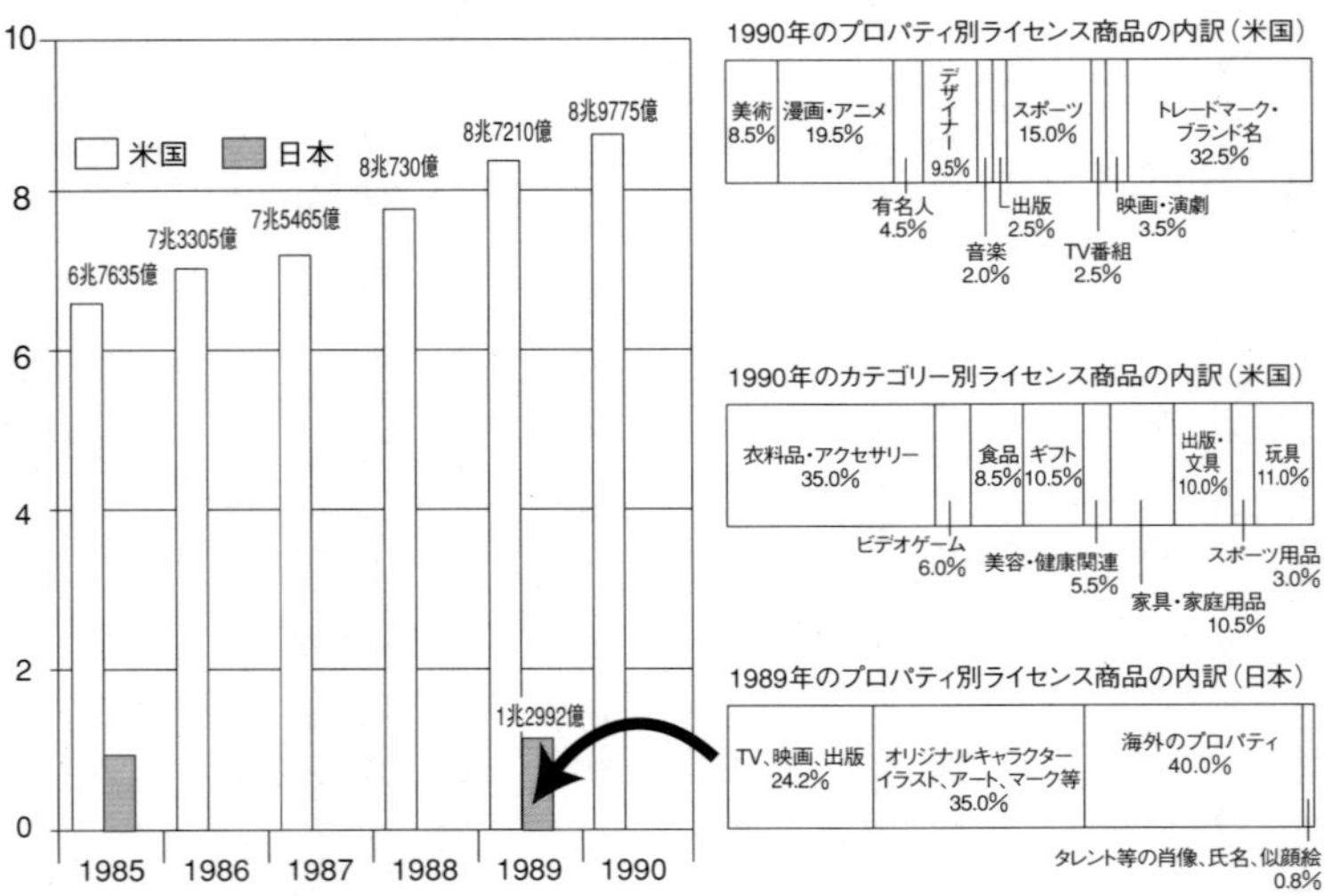

〈日経トレンディ1991.7　参照〉

つみ木トラック、乗用スクーター、グランドピアノ、わなげ、おもちゃ箱、もじあそび、どうぶつのきしゃ、ブロックトレイン等

（パイロット知育玩具）

おふろパズル、ベビーブック、おふろえほん、おけいこボード、おたんじょうきろく等

（アポロパズル）

ジグソーパズル、文字パズル、キューブパズル等

（こどものかおスタンプ）

コロコロスタンプ各種

ひとつのキャラクターが、いくつかの会社によって多様なおもちゃとして製作され、販売されるのである。中でも「アンパンマン」ものは、圧倒的な量を誇っている。

1990年人気のおもちゃ

おもちゃ名	メーカー	価　格（円）
スーパーファミコン	任天堂	24,272
ゲームボーイ	任天堂	12,136
ゲームギア	セガ	19,800
アニメーションコンピューター	ソニークリエイティブ	25,000
DX　スターファイブ	バンダイ	5,800
キングエクスカイザー	タカラ	5,800
元祖SDガンダムワールド	バンダイ	480
⋮		
魔法使いサリー・スピカタクト	バンダイ	2,500
まるちゃんのおうち	タカラ	3980
プリンセスジェニー	タカラ	3,600
ジェニーシリーズ・ティモテ	タカラ	3,600
リカちゃんのマクドナルドショップ	タカラ	3,980
となりのトトロシリーズ（ぬいぐるみ）	徳間コミュニケーションズ	680
水させ	ピープル	3,980
アンパンマン氷かき	アガツマ	2,800
人生ゲーム平成版II	タカラ	3,500
モコリンペンセット	トミー	1,500
ミュージカル	タカラ	3,500
レゴゆうれい城	日本レゴ	9,800

〈「'91平凡社百科年鑑」参照〉

テレビ放送

テレビ（Television）は、静止した画像を点に分解して送る、写真電送を祖とする。ベーン（A・Bain 一八一〇―一八七七）によって、一八四三年に考案された。その後、いくつかの実験的試みを経て、イギリスのベアード（J・L・Baird 一八六〇―一九四〇）が、初めてテレビの公開実験を行ったのである。

テレビ放送は、まず一九三六年にロンドンで実用化されたわけであるが、日本でも、一九四〇年に予定されていた東京オリンピックへ向けて、実用化が図られていた。しかし、第二次世界大戦へ向かう緊張の中で、それも中断されてしまう。

大戦後、イギリス、アメリカでテレビ放送が再開されるが、日本では一九五三年二月一日、NHK東京テレビ局から最初の放送が行われた。

また、カラーテレビは、大戦直後、アメリカのCBSが実験を開始し、一九五〇年代に本格化されるが、日本では一九五六年十二月に実験局が開かれ、そして、一九六〇年九月十日から一般放送が開始された。

人口1000人あたりのテレビ受信機数

国　名	台　数
アメリカ	806
モナコ	768
カナダ	710
オマーン	694
日本	686
エルサルバドル	677
フィンランド	622
フランス	595
デンマーク	594
ドイツ	567
オーストラリア	554
チェコ共和国	531
イタリア	528
オーストリア	525
イギリス	521
スウェーデン	519
ニュージーランド	512
クエート	505
ラトビア	496
スロバァキア	488

〈日本ユニセフ協会調査　参照〉

テレビ放送受信契約―日本―

年　度	契約数
昭和27	1,485
28	6,779
29	52,882
30	165,666
31	419,364
32	908,710
33	1,982,379
34	4,148,683
35	6,860,472
36	10,222,116
37	13,378,973
38	15,662,921
39	17,132,090
40	18,224,213
45	22,819,000
50	26,545,000
55	29,263,000
60	31,509,000
平成2	33,543,000
7	35,377,000
8	35,816,000
9	36,283,000

〈日本ユニセフ協会調査　参照〉

日本でのテレビの普及は、映像といえばテレビの映像を意味するくらいに一般化し、従来の大衆的娯楽の主役の一つであった映画を斜陽に追い込んでしまったほどである。受信機の普及もめざましく、現在では、一家に二台のテレビがあることも普通になってきている。

右の表は、一九九七年に日本ユニセフ協会が調査した、各国の人口千人当たりのテレビ受信台数である。

経済的先進国といわれている国々のこのような状態を見ると、まさにテレビは、日常生活になくてはならない文化財になったと理解できる。情報を得る手段として、また娯楽メディアとして、人類の必需品となった観がある。日本も例にもれない。この調査から推測すると、八千万台あまりのテレビがあることになる。

そのテレビを通じて、どの程度番組と接触しているのかについては、表を参照されたい。

幼児はともかくとして、小学生は、放課後に塾や稽古ごとに通っている場合が多い。都市部以外でも、児童のこのような環境は共通してきているようである。なかなか多忙な日常生活といわなければならない。そういう生活サイクルの中でテレビを見るには、いきおい最も好きな番組のみを見るというけじめが必要となる。自らの意志ではないにしても、児童があそぶ時間をやりくりしているのは健気なものである。

テレビ視聴率（1990）〈「'91/'92 日本子ども資料年鑑」中央出版より転載〉

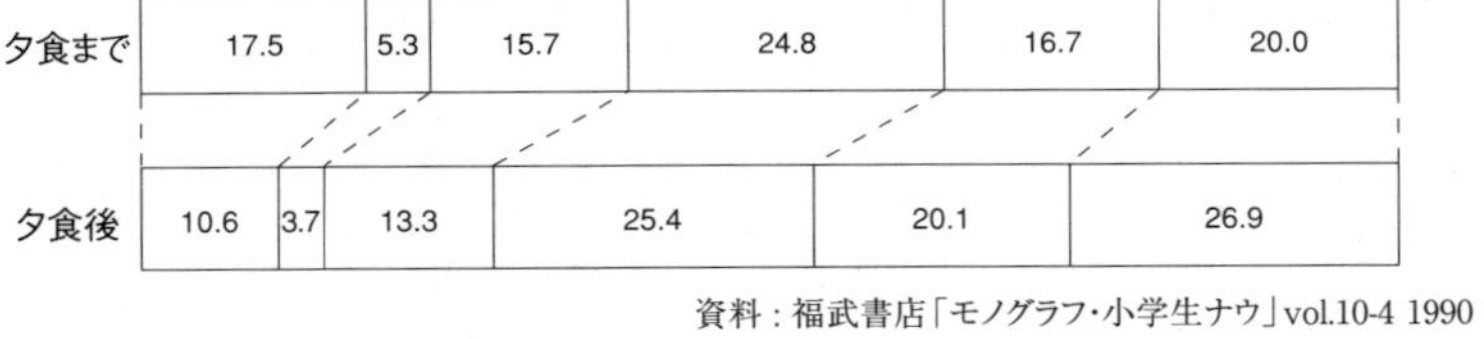

資料：福武書店「モノグラフ・小学生ナウ」vol.10-4 1990

アニメーション

映画では、実際の動きを一秒間二四コマで撮影する。そして、アニメーション（animation）は、人形や絵等、動きのない素材を少しずつずらしながら、一コマあるいは数コマずつ撮ることによって、映画のような動きを作り出そうとするものである。基本的には、二四コマの画面を一コマ一コマ作っていくのである。

日本語では、アニメーションを「動画」とか「マンガ映画」という。

アニメーションには、「フルアニメーション（full animation）」と「リミテッドアニメーション（limited animation）」がある。フルアニメーションは、一秒間に使う絵が二四枚である。つまり、絵一枚一枚を一コマで撮るのである。

リミテッドアニメーションは、一秒間に使う絵が八枚以下のもの。つまり、ひとつの画を三コマ以上撮るものである。一般のテレビアニメーションの場合、このリミテッドアニメーションによるものが多いようである。

このアニメーションは、映画の祖といわれるほどに古いが、盛んになってくるのは二十世紀に入ってからである。アメリカのフライシャー兄弟の「ポパイ（Popeye The Sailor）」（Fleischer・Max&Dabe）や、ウォルト・ディズニーの「蒸気船のウィリー（Steamboat Willie）」（一九二八）などが生まれてくるのである。とりわけ、ディズニーの登場は、アニメーションを世界的なものとした。

① W・ディズニー

ウォルト・ディズニー（W・Disney 一九〇一―一九六六）は、小学校、高校、そして美術学校を働きながら卒業するという、エネルギッシュな少年期を過ごした。一九二〇年以来、切り絵映画などの製作を行い、再三の失敗の後、ハリウッドで成功を収めることとなる。

アニメーションのヒーロー、「ミッキーマウス」の創造である。「蒸気船のウィリー」に登場したミッキーマウスは、その後、「ミッキーの太公望（Fishing Around）」「ミッキーのピクニック（Camping Out）」（一九三四）「ミッキーの大演奏会（The Band Concert）」（一九三五）「ミッキーの化猫裁判（Pluto's Judgment Day）」（一九三五）と、数々の作品で魅力的なキャラクターとして活躍したのである。

さらにディズニーは、「ドナルドダック（Donald's Duck）」といういたずら好きの愛すべきアヒルを創造する。「ミッキーのガソリンボーイ（Mickey's Service Station）」（一九三五）「ミッキーの大演奏会」（ミッキーの仲間のひとりとして）「ドナルドの南極探検（Polar Trappers）」（一九三八）「ドナルドの少年団（Good Scouts）」（一九三九）と発展していくのである。

このようにディズニーは、ヒロイックなキャラクターによって、子どもたちにアイドルを提供し続けたが、反面、古典的な童話等を原作とする、いわゆる「ヒーローを持たないアニメーション作り」にも情熱を捧げた。

「白雪姫（Snow White&The Seven Dwarfs）」（一九三七）「ピノキオ（Pinocchio）」（一九四〇）「バンビ（Bambi）」（一九四二）等は、名作童話のアニメーション化であった。

ディズニーの長編の製作費は「ピノキオ」が二百六十万ドルでトップ。以下「ファンタジア」の二百二十万、「白雪姫」の二百万、「バンビ」の百二十万、「ダンボ」の七十万……と続く。(『アニメーション入門』森卓也／美術出版　一九六六)

ここには、ディズニーの作品が巨額の製作費のもとに作られたことが記されている。まさに、ディズニーアニメーションの黄金時代であった。

その後、ディズニーは、「砂漠は生きている」(一九五三) 等の記録映画にも進出し、テレビ番組「ディズニーランド」という新しい分野を広げ、さらに一九五五年には、カリフォルニア州アナハイム市に大遊園地、ディズニーランドを開設する。このように非常に広範囲な活動を続けたのである。

W・ディズニーは、アメリカの巨大な児童文化人であると同時に、二十世紀の世界的大衆児童文化の旗手であったといえるであろう。

日本における手塚治虫が、大戦後のマンガ界に骨太なストーリーマンガを導入し、さらにSF的手法を駆使するアニメーション映画に乗り出したのも、このディズニーからの大きな刺激があったからにほかならない。

② 手塚治虫

手塚治虫 (一九二六—一九八九) は、マンガ家としてデビューし、最初の単行本『新宝島』を出版したのは、大戦後二年目の一九四七年であった。その後、手塚は、「ジャングル大帝」や「リボンの騎士」を経て「鉄腕アトム」を生み出し、戦後マンガ界のリーダーとなったのである。この手塚治虫が、アメリカのマンガ映画、ディズニーのアニメーションに強く刺激されつつ、アニメーション映画、そしてテレビアニメーシヨンの製作にも意欲を燃やすこととなる。

もちろん、この時期には、家庭マンガの横山隆一による「ふくちゃん」(一九五七)、イラストレーター久里洋二の「人間動物園」(一九六〇)、岡本忠成の児童文学を原作とした「もちもちの木」等も、アニメーション映画として新鮮な風を児童文化の世界に送ったものである。

手塚治虫の「ジャングル大帝」(一九六六)は、このような気運の中で作られた、優れたフィルムではあった。

しかし、この時期はまた、テレビの圧倒的な人気の前に、少しずつ映画が大衆的娯楽から身を引こうとする時でもあった。手塚治虫は、次第にテレビアニメーションに力を注ぐのである。

日本での本格的なテレビアニメーションといえば、やはり手塚の人気マンガ「鉄腕アトム」(一九六三)が挙げられる。これは、映画の世界が映画館から家庭へと移っていく転機を迎え始めた時期の作品であった。

とはいえ、アニメーション映画も継続的に製作されていくのである。

手塚治虫さんは、マンガという分野でもって漫画を変えただけでなく日本の戦後の子どもの文化までも大きく変えた人である。(略)手塚治虫さんが、日本にいたことで、日本の子どもたちは、大変幸せだった。各種の少年漫画から少女漫画にいたるまで、書き下ろし漫画単行本から、新聞、雑誌連載漫画まで、漫画だけでなくテレビ漫画にいたるまで、キャラクターのおもちゃから各種グッズにいたるまで
…………
(石子順/新日本出版　一九九〇・二)

石子順は、『手塚治虫とっておきの話』の解説でこのように記し、手塚の日本の子どもの文化に果たした

役割の大きさを語っている。

手塚治虫は、マンガから始まって「ある街角の物語」「火の鳥」等のアニメーションの傑作まで、幅広く活躍した。手塚に影響を受けた、その後のマンガ、アニメーション作家はすこぶる多い。

③ 宮崎駿

現代日本のアニメーションの旗手的な存在が、宮崎駿である。宮崎駿は、初め、東映動画で高畑勲と共に、アニメーション「太陽の王子ホルス」(一九六八)を作った。その後、「ルパン三世」(日本アニメ　演出　一九七一)「未来少年コナン」(日本アニメ　演出　一九七八)等を演出する。とりわけ「未来少年コナン」は、宮崎による単独演出で、その個性の豊かな開花があったといわれている。

そして、「風の谷のナウシカ」を雑誌「アニメージュ」に連載し、徳間書店によるアニメーション映画化(原作・脚本・監督　一九八四)によって、人気作家となる。「天空の城ラピュタ」(スタジオジブリ　一九八六)、「となりのトトロ」(スタジオジブリ　原作・脚本・監督　一九八八)、「魔女の宅急便」(スタジオジブリ　監督　一九八九)、「おもひでぽろぽろ」(スタジオジブリ　製作　一九九一)と続いている。これらの作品では、常に高畑勲が製作、演出、脚色、時に音楽監督として、宮崎を助け支えている。

「ルパン三世」「となりのトトロ」「魔女の宅急便」「おもひでぽろぽろ」等では、そのキャラクターグッズも大量に販売されている。

宮崎による、あるいは高畑と共同のこれらの作品は、劇場映画や劇場アニメーション全体の斜陽な中にあって、力強い存在である。

マンガ

日本で最初のマンガは、北沢楽天によって描かれた「田吾作と杢兵衛の東京見物」(一九〇六)とされている。しかし、マンガが広く認知されるようになるのは、宮尾しげをの「団子串助漫遊記」(一九二三)や、樺島勝一の「正チャンの冒険」(一九二三)といった、児童を対象とした作品の頃である。

その後、「少年倶楽部」(大日本雄弁会講談社)に連載が始まった田河水泡の「のらくろ二等兵」(一九三一・一―一九四一・一〇)は、児童たちの人気を独占する。主人公「のらくろ」の階級昇進という出世に、「少年倶楽部」の読者たちは心を躍らせたものである。後に、それぞれ単行本として販売されたが、一点で一五〇万冊を売ったともいわれている。

続いて「少年倶楽部」には、「冒険ダン吉」(島田啓三　一九二八・七―一九三九・二)が連載され、同じ大日本雄弁会講談社の「幼年倶楽部」に、阪本牙城の「タンク・タンクロー」(一九三四・九―一九三六・十二)が連載され、それぞれが人気を博したのである。

大戦後になると、怪奇趣味あり、家庭マンガあり、スポーツマンガありと、百花斉放である。どくろ顔の「黄金バット」(松永健夫)、ユーモアあふれる「サザエさん」(長谷川町子　一九四六・五―「夕刊フクニチ」・一九四九・十二―「朝日新聞」)、柔道マンガの「イガグリくん」(福井英一)等である。

中でも、「朝日新聞」に一九七四年まで連載された「サザエさん」は、二十五年間、常に新鮮な笑いを提供し続けてきた。

そして、昭和二七年(一九五二)に、手塚治虫の「鉄腕アトム」(「少年」)が登場するのである。これは、二十一世紀のロボットの英雄、アトムの、ロマンあふれる物語であった。そして、その絵画形象も映画的手法を巧みに利用し、マンガの新たな時代への転換を創造したのである。

一九六〇年頃になると、個性豊かなマンガ家の輩出と、新たな劇画の登場が、読者を魅了することになる。また、一九五九年に創刊した「少年マガジン」「少年サンデー」というマンガ発表の大きな舞台があったことは記憶すべきことである。

白土三平の「忍者武芸帳」（全十七巻　一九五五―一九六二／三洋社）は、影丸一族の興亡の物語が劇的に描き出されている。

高森朝雄作、ちばてつや絵の「あしたのジョー」（一九六八―一九七三　「少年マガジン」連載）は、いわゆるスポーツマンガの世界を、現実感を伴った迫力ある世界に作り変えてしまった。

また、現在では古典的とさえいえる「オバケのQ太郎」（藤子不二雄　一九六四―一九六六　「少年サンデー」連載）のように、ほのぼのとした世界もあった。

一方、「ベルサイユのばら」（一九六七―一九六八　「週刊マーガレット」連載）の池田理代子や、「ポーの一族」（一九六七―一九七一　「別冊少女コミック」連載）の萩尾望都のような、豊かな構成力と繊細さを持った女流マンガ家たちが華麗にデビューしたのである。一九八〇年頃になると、松本零士の「銀河鉄道999」（一九七七―一九八一　「少年キング」連載）のスケールの豊かさ、大友克洋の「AKIRA」（一九八二　「ヤングマガジン」連載）での超現実の世界、宮崎駿の「風の谷のナウシカ」（一九八二―一九九四　「アニメージュ」）の美的ファンタジー。これらが、SF（Science Fiction）の世界に匹敵する迫力を持って登場してくるのである。

そして、「じゃりん子チエ」（はるき悦巳　「週刊漫画アクション」連載）、「キン肉マン」（ゆでたまご

「週刊少年ジャンプ」連載)、「Dr. スランプ」(鳥山明「週刊少年ジャンプ」連載)、「美味しんぼ」(雁屋哲　「ビックコミック」連載)、「ちびまる子ちゃん」(さくらももこ　「りぼん」連載)と、それぞれ個性的な画風ではあるが、小学生世代から二〇代の若者にまで支持される作品が、毎年のように出現している。

マンガの時代は終わったという批評も一面にはあるが、現実的には、マンガを愛好し、そのキャラクターをヒーロー、ヒロインとして大切にする雰囲気は、現在では逆に盛んであるといえるようである。

小学生・中学生の1日の漫画読書量(平成10年)

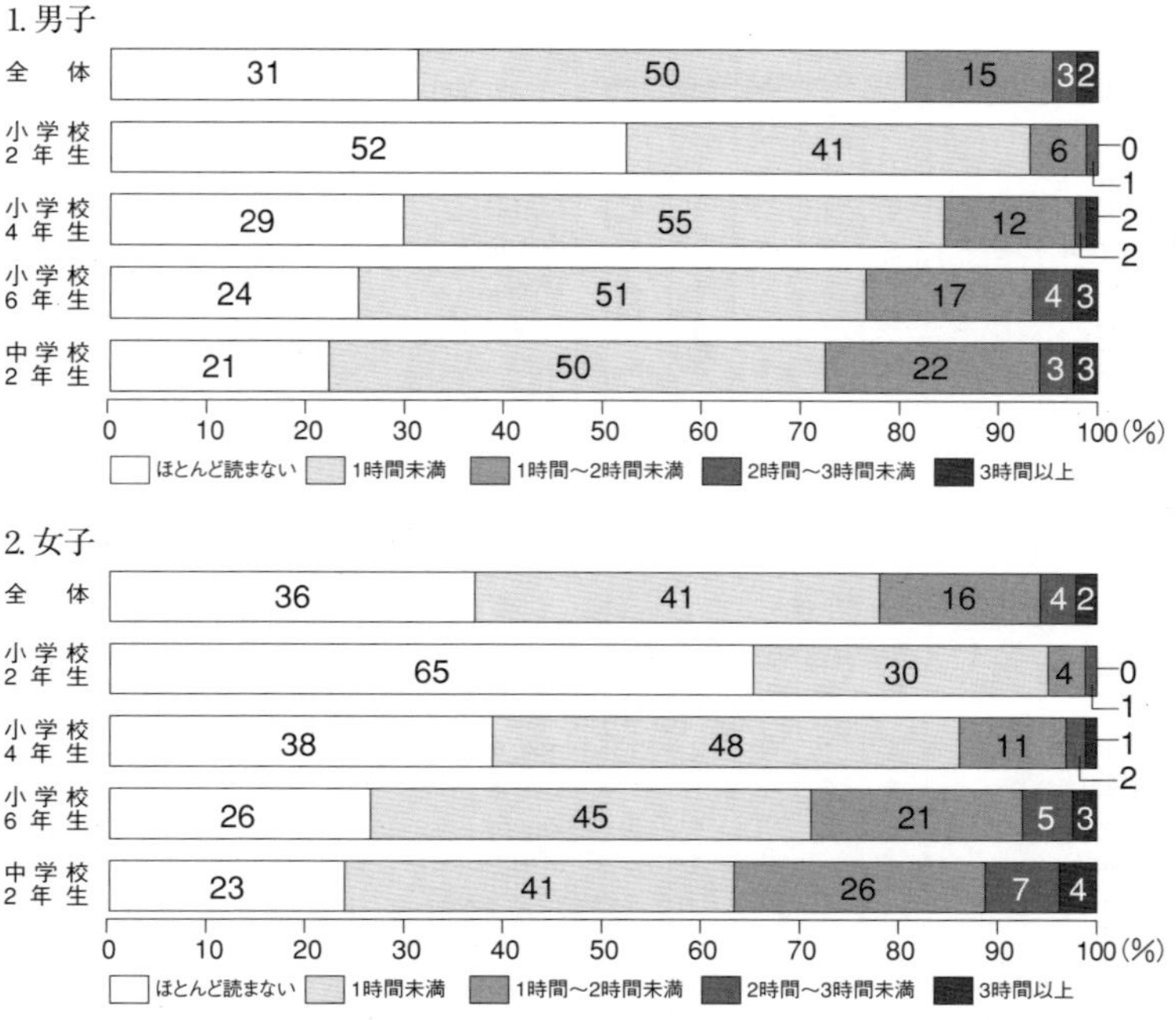

(注)調査対象は、全国の公立小学校2･4･6年生、中学2年生。有効解答数11,123人(小学校2年生2,577人、小学校4年生2,526人、小学校6年生2,936人、中学校2年生3,084人)。平成10年7月6日〜7月10日調査。

資料：文部省生涯学習局「子どもの体験活動に関するアンケート調査の実施結果について」1998
「日本子ども資料年鑑2001」より

小学生・中学生・高校生の読んでいる雑誌上位10の推移

1. 小学6年生〈男子〉

雑誌名	平成7年 '95	平成8年 '96	平成9年 '97	平成10年 '98	平成11年 '99
月刊コロコロコミック	2	2	1	1	1
週刊少年ジャンプ	1	1	2	2	2
週刊少年マガジン	4	4	5	6	3
週刊少年サンデー	7	6	4	3	4
Vジャンプ	5	5	6	5	5
コミックボンボン	3	3	3	4	6
WEEKLYファミ通	—	—	8	9	7
小学六年生	—	—	9	8	8
別冊コロコロコミックSpecial	—	—	7	7	9
週刊少年チャンピオン	—	—	—	13	10

〈女子〉

雑誌名	平成7年 '95	平成8年 '96	平成9年 '97	平成10年 '98	平成11年 '99
りぼん	1	1	1	1	1
ちゃお	5	5	5	5	2
なかよし	2	3	3	2	3
週刊少年ジャンプ	3	4	4	6	4
Myojo	4	2	2	3	5
ピチレモン	—	—	8	9	6
月刊コロコロコミック	—	—	8	7	7
小学六年生	—	—	7	4	8
週刊少年サンデー	—	—	19	10	9
POTATO	—	—	—	12	9

2. 中学3年生〈男子〉

雑誌名	平成7年 '95	平成8年 '96	平成9年 '97	平成10年 '98	平成11年 '99
週刊少年ジャンプ	1	1	1	1	1
週刊少年マガジン	2	2	2	2	2
週刊少年サンデー	3	3	6	3	3
WEEKLYファミ通	5	5	7	6	4
smart	—	—	—	8	5
週刊少年チャンピオン	14	9	9	8	6
GET ON	—	—	5	4	7
BANDやろうぜ	—	—	—	12	7
CDでーた	—	—	—	11	9
BOON	4	4	3	5	10

〈女子〉

雑誌名	平成7年 '95	平成8年 '96	平成9年 '97	平成10年 '98	平成11年 '99
petit seven	2	2	1	2	1
CUTiE	—	—	9	3	2
non・no	6	4	5	5	3
Myojo	1	1	2	1	4
SEVENTEEN	4	3	3	6	5
りぼん	5	7	4	4	6
週刊少年ジャンプ	3	6	7	7	7
JUNIE	—	—	12	8	8
ピチレモン	—	—	—	16	9
少女コミック	—	—	—	—	10

3. 高校3年生〈男子〉

雑誌名	平成7年 '95	平成8年 '96	平成9年 '97	平成10年 '98	平成11年 '99
週刊少年ジャンプ	1	1	1	2	1
週刊少年マガジン	2	2	2	1	2
週刊少年サンデー	3	3	4	4	3
smart	—	—	—	3	4
Hot-Dog PRESS	—	—	—	11	5
BOON	5	4	3	5	6
MEN'S NON-NO	10	6	7	6	7
FINEBOYS	—	10	10	9	8
WEEKLYファミ通	—	—	—	11	9
Ollie	—	—	—	—	10

〈女子〉

雑誌名	平成7年 '95	平成8年 '96	平成9年 '97	平成10年 '98	平成11年 '99
non・no	1	1	1	1	1
CUTiE	10	8	4	2	2
Zipper	13	7	5	4	3
JUNIE	11	10	6	6	4
petit seven	3	3	3	5	5
SEVENTEEN	2	2	2	3	6
egg	—	—	—	7	7
週刊少年ジャンプ	4	6	—	8	8
spring	—	—	—	9	9
Pop Teen	—	—	—	—	10

資料：毎日新聞東京本社広告局「読書世論調査」『日本子ども資料年鑑2001』より

紙芝居、人形劇、演劇

① 紙芝居

現在の紙芝居は「平絵」といわれるものである。江戸時代末に「写し絵」という幻燈があったが、明治期にそれを改良して「立絵」が考案された。それが紙芝居の前身である。

立絵は、紙で作った人形を表裏貼り合わせて棒をつけたものである。現在の「ペープサート（paper puppet theaterの略）」がそれによく似ており、幼稚園や保育所で素朴に演じられている。

紙芝居は、大衆性、興味性、教化性を持った文化財であるとされている。多少離れていても、画面の大きさ、構図や色づかい、そして骨太で行動的なストーリーは、実に興味深く理解しやすいものである。児童文学や絵本に通じるものを持ちながら、はるかに素朴に大胆に製作されている。

大正一二年の関東大震災後、自転車の普及もあって、街頭での大衆芸能として人気を博した。当初はその通俗性が批判の的となったが、紙芝居世界の内部から質を高めようとする動きも出てくる。

高橋五山は、紙芝居を保育に活かそうと、紙芝居の教育性を引き出すことに力を尽くし、教育紙芝居の世界に先鞭をつけた。

街頭紙芝居は、戦前の隆盛期に等しく児童の人気をさらったものであるが、大戦後の十年間に、テレビやマンガの魅力の前に、ほとんど姿を消すことになる。

幼児教育、保育の場での利用、図書館での紙芝居会などは、現在も頻繁に行われているが、幼児は絵本にない迫力を紙芝居に感じているようである。

②　人形劇

「人形劇」は、英語でpuppet-theater、あるいはpuppet-playという。

人形劇の歴史は古く、ヨーロッパではギリシャ時代、日本では平安時代に、人形による劇的活動が行われていた。

「傀儡師」と呼ばれる人による遊芸に源流があるといわれるが、演劇としての人形浄瑠璃が上演されたのは、十六世紀のことであった。日本での人形劇の歴史は、この人形浄瑠璃の歴史として展開するのである。一六六二年の竹田からくり座の開設、一六八四年の竹本座の創設というふうに、伝統的な芸能としての地歩を築いていくのである。

現在の、ヨーロッパから移植された新しいタイプの人形劇と、この伝統的な人形浄瑠璃が深く結びつくことはなかったようである。

〈人形の種類〉

・マリオネット（marionette　糸繰り人形）

南ドイツから起こったといわれ、ミュンヘンにシュミット座等の小劇場が残っている。演劇人千田是也によって伝えられた。

・ギニヨール　（guignol　指遣い人形）
普通、右手人差指に人形を差し込んで、親指と小指で手を操作する。イギリスのパンチ（punch）、ドイツのカスペル（kasper）が典型。

・ストックプッペ（棒遣い人形）
ドイツ、ソ連で盛んである。ソ連のオブラツォフはその名手。また、バリ島やジャワの影絵劇は棒遣い人形を動かす。

・手遣い人形
日本独自の発展を見せたもので、人形浄瑠璃の三人遣い。人形の胴や手足を直接操るもので、三人を主遣い、左遣い、足遣いと呼ぶ。

③　児童劇

明治時代中期に、巌谷小波脚色のスイスの伝説「浮かれ胡弓」等が、川上音二郎によって演じられたのが始まりといわれている。

いわゆるお伽芝居である。

その後、新劇運動に情熱を燃やす坪内逍遥（一八五九―一九三五）、「赤い鳥」に童話劇を発表していた小山内薫（一八八一―一九二八）や久保田万太郎（一八八九―一九六三）等によって、芸術性を持った児童劇が演じられるようになる。

逍遥は、子ども自身が演じる劇をも児童劇と称して奨励していたが、それを学校劇として教育の場に反映させたのは、小原国芳（一八八七—一九七七）であった。学校劇は、大正一三年の岡田良平文部大臣による、質実剛健の民風を汚すという論旨の「学校劇禁止令」によって、しばらく冷却期間を持ったが、再び斎田喬（一八九五—一九七六）等によって復興を見るのである。

現在、劇団プーク、劇団風の子、劇団うりんこ、劇団角笛等が、児童を対象とする演劇活動に取り組んでいる。

表は、平成六年度の演劇公演活動の一覧である。

この資料から推察すると、児童の演劇鑑賞の機会は、相当量あるといえるのではなかろうか。これは、全国に展開する親子劇場などの運動の成果でもあろう。

日本児童・青少年演劇劇団加盟団公演活動実態（1994）

項目 / 都道府県名	演劇教室（学校巡回）			子ども（親子）劇場			劇団自主公演			その他			合計		
	国・校数	回数	観客数	劇場数	回数	観客数	会場数	回数	観客数	会場数	回数	観客数	会場数	回数	観客数
北海道	943	988	258,294	135	221	63,828	17	25	18,751	283	337	116,720	1,378	1,571	457,593
青森	123	139	35,508	12	16	5,535	4	6	3,252	32	53	32,240	171	214	76,535
岩手	196	209	41,825	11	19	6,912	1	2	1,579	42	52	29,506	250	282	79,822
宮城	201	237	64,763	24	40	12,067	8	18	10,279	46	68	37,947	279	363	125,056
秋田	97	108	35,321	17	22	7,150	2	2	1,239	31	40	22,394	147	172	66,104
山形	110	115	37,221	45	54	20,147	1	1	1,139	41	57	38,287	197	227	96,794
福島	238	283	77,404	37	55	17,174	5	11	7,383	64	83	45,231	344	432	144,192
茨城	142	160	49,886	29	37	12,429	11	24	18,801	75	139	88,877	257	360	169,993
栃木	226	261	76,943	14	25	8,257	4	11	6,343	92	145	87,599	336	442	179,142
群馬	149	170	47,145	32	53	16,260	10	50	18,039	53	96	68,624	244	369	150,068
埼玉	378	486	178,222	63	79	30,220	14	37	27,439	153	291	190,029	608	893	425,910
千葉	355	453	154,676	139	197	75,670	18	47	35,311	73	146	97,524	585	843	363,181
東京	1,278	1,573	529,921	172	266	95,339	122	675	242,204	484	826	344,826	2,056	3,340	1,212,290
神奈川	821	1,046	307,259	127	170	96,451	19	54	47,295	267	244	139,293	1,124	1,514	590,298
新潟	364	447	84,131	76	133	38,860	3	4	2,449	39	61	40,879	482	645	166,319
富山	68	87	21,695	14	31	10,631	6	11	10,545	21	33	20,300	109	162	63,171
石川	18	28	7,324	34	46	16,246	9	20	18,953	52	48	22,258	113	142	64,781
福井	67	79	24,300	47	82	22,920	6	12	9,970	29	45	27,891	149	218	85,081
山梨	67	78	27,268	10	28	6,898	1	3	1,437	28	38	20,810	106	147	56,413
長野	378	452	117,084	78	170	44,800	5	13	7,304	75	86	36,472	536	721	205,660
岐阜	256	306	94,740	95	132	43,551	11	27	25,878	44	58	32,078	406	523	196,247
静岡	458	551	184,377	64	111	50,182	16	29	25,373	79	117	86,003	617	808	345,935
愛知	1,131	1,230	348,529	100	164	60,611	53	135	81,044	151	224	113,514	1,435	1,753	603,698
三重	242	260	65,613	64	118	37,143	14	29	25,917	35	54	31,836	355	461	160,509
滋賀	109	132	53,415	28	38	14,239	7	11	8,502	43	63	27,792	187	244	103,948
京都	231	309	116,118	60	101	36,890	10	61	42,589	56	75	21,888	357	546	217,485
大阪	1,064	1,427	521,633	143	245	84,976	38	188	82,870	147	211	59,946	1,392	2,071	740,425
兵庫	305	434	167,014	95	170	52,030	17	45	31,014	104	128	42,538	521	777	292,596
奈良	95	117	43,486	2	4	2,550	6	20	17,432	21	29	9,178	124	170	72,646
和歌山	91	112	38,674	24	38	15,229	2	13	9,100	14	24	12,072	131	187	75,075
鳥取	58	72	16,551	14	50	10,130	3	6	11,078	38	43	19,535	113	171	57,294
島根	65	75	14,777	20	41	12,030	0	0	0	29	29	9,896	114	145	36,703
岡山	138	169	63,619	102	169	50,447	4	16	17,634	23	35	19,502	267	389	151,202
広島	260	341	103,478	101	175	44,848	11	31	26,256	62	77	28,211	434	624	202,793
山口	106	111	27,943	53	100	26,789	3	6	3,261	51	57	21,819	213	274	79,812
徳島	57	73	24,307	19	28	8,550	1	3	3,000	12	16	7,231	89	120	43,088
香川	64	91	31,603	5	13	2,680	4	14	6,988	23	33	18,739	96	161	60,010
愛媛	111	128	37,378	23	39	11,380	7	12	11,289	18	32	18,650	159	211	78,697
高知	98	120	15,151	47	67	24,510	1	2	2,000	23	36	21,452	169	225	63,113
福岡	537	699	220,649	156	290	82,375	18	50	32,614	71	105	43,323	782	1,144	378,961
佐賀	108	112	36,971	42	64	23,876	6	13	11,072	11	16	6,724	159	205	78,643
長崎	92	103	22,368	46	94	31,476	1	3	3,517	38	54	32,719	177	254	90,080
熊本	111	134	41,082	62	90	29,439	6	15	9,174	17	22	13,704	196	261	93,399
大分	81	102	31,529	31	47	14,729	7	13	11,821	10	16	6,686	129	178	64,765
宮崎	129	165	47,889	32	62	16,177	3	8	7,213	27	31	10,180	191	266	81,459
鹿児島	154	190	52,627	53	141	31,478	3	10	9,328	54	69	33,548	264	410	126,981
沖縄	145	185	70,975	4	4	900	19	48	30,629	20	37	38,935	188	274	141,439
全国計	12,507	15,147	4,656,686	2,601	4,339	1,427,009	537	1,834	1,036,305	3,091	4,589	2,295,406	18,736	25,909	9,415,406

（注）演劇教室は、幼稚園、保育園、小学校、中学校、高等学校の合計

資料：日本児童青少年演劇劇団協議会「児演協No.47」1996「日本子ども資料年鑑第五巻」

Ⅳ　児童文化関係施設と児童文化活動

児童施設は、大まかに三つに整理することができる。

一つは、幼稚園、小学校、中学校、高等学校、盲学校、ろう学、養護学校、学校教育法（一九四七・三公布）で定義されている、教育の場としての学校である。

二つ目は、保育所、乳児院、母子寮、児童厚生施設、養護施設、知的障害児施設、知的障害児通園施設、盲ろうあ児施設、虚弱児施設、肢体不自由児施設、重症心身障害児施設、情緒障害児短期治療施設、救護院等、児童福祉法（一九四七・十二　公布）で定められている施設である。

そして、三つ目は、図書館、博物館、公民館等で、社会教育法（一九四九・六　公布）によって、学校教育以外の領域での教育文化活動の振興を図る場である。

社会教育法では、「社会教育とは学校教育法に基づき、学校の教育課程として行われる教育活動を除き、主として青少年及び成人に対して行われる組織的な教育活動（体育及びレクリエーションの活動を含む）をいう」と定義づけられている。したがって、児童文化センター、自然の家、体育施設等もこのカテゴリーに含まれると考えてよいだろう。

それらの施設であそび、利用する児童の立場に立つなら、学校図書館法で定められている学校内にある学校図書館と、図書館法で定められている図書館に、何ら違いはないであろう。また、児童福祉法に記されている児童公園と、都市公園法に明記されている児童公園も、同じことである。ただし、ここでは、社会教育法によって定められている施設を中心に解説する。

すべての人のための図書館

公立図書館、私立図書館共に、図書館法（一九五〇・四）に基づいて設置運営されている施設である。児童図書館ないし図書館内の児童図書館も同様である。

ただし、学校図書館（学校図書室）は、学校図書館法（一九五三・八）に基づいたもので、学校教育上の欠くことのできない基礎的設備として設ける義務が定められている。

図書館法第三条の「図書館奉仕」には、次のように記されている。

図書館は、図書館奉仕のため、土地の事情及び一般公衆の希望にそい、更に学校教育を援助し得るように留意し、おおむね左の各号に掲げる事項の実施に努めなければならない。

一　郷土資料、地方行政資料、美術品、レコード、フィルムの収集にも十分留意して図書、記録、視聴覚教育の資料、その他必要な資料（以下「図書館資料」という）を収集し、一般公衆の利用に供すること。

五　分館、閲覧所、配本所等を設置し、及び自動車文庫、貸出文庫の巡回を行うこと。

八　学校、博物館、公民館、研究所等と緊密に連絡し、協力すること。

図書館法では、このように各種の資料の用意をうたっているが、実際には、書籍、雑誌にほぼ限定した収集を行っている図書館がほとんどである。近年普及し始めたカセットブック等を置いてある館はそれほど多くはない。予算や保管場所の問題もあるのであろう。

そのような中で、一九八六年に開館した神奈川県藤沢市の藤沢市総合市民図書館は、ビデオテープ、CD、レコード、カセットテープ等が豊富にそろっている。今後の図書館の一つの方向を示唆しているように思われる。

また最近は、コンピューターの導入による合理化が目立ってきており、国会図書館や他の図書館と提携して、サービスのネットワーク作りを行っているところも多い。

サービスや合理化は確かに重要であるが、たとえば、図書館内の児童室では、児童と司書とのコミュニケーションの大切さが再認識されているように、人間的な交流を経験できる場であってほしいものである。

児童文学作家の石井桃子が、『子どもの図書館』（一九六五／岩波新書）で、「ポストの数ほど図書館が欲しい」と記していたが、確かに一九七〇年代までは、図書館の数は今ほど多くはなかった。一九六〇年代から七〇年代にかけて、子どもの行動範囲と安全性を考え併せ、本と出会う場を少しでも多く設けるべきだと

設置者別図書館数の推移

区分	昭和38年 1963	昭和43年 1968	昭和46年 1971	昭和50年 1975	昭和53年 1978	昭和56年 1981	昭和62年 1987	平成8年 1996
都道府県立	(79) 133	(40) 93	(43) 96	(25) 80	(30) 86	(20) 80	(12) 69	(11) 66
市（区）立	(47) 441	(57) 484	(93) 561	(143) 703	(161) 796	(290) 970	(425) 1,201	(574) 1,473
町村立	(3) 202	(4) 219	(3) 224	(3) 253	(1) 284	(9) 352	(15) 498	(17) 824
法人立	34	29	(1) 36	30	34	35	33	33
合計	(129) 810	(101) 825	(140) 917	(171) 1,066	(192) 1,200	(319) 1,437	(452) 1,801	(602) 2,396

(注)1　各年5月1日現在。ただし昭和43年は6月1日現在、62年は10月1日現在
2　(　)内は、分館数で内数である。
3　組合立は町村立に含む。

資料：文部省大臣官房調査統計企画課「社会教育調査」

いう市民の運動が盛んになったが、一九八〇年頃、全国の図書館数が目立って増加したのは、その成果であるといえようか。

ところで、民間の図書館の中には、ユニークな運営を行っているところがある。財団法人東京子ども図書館（東京・練馬）、私立短大設置のピッコリー図書館（京都・北白川）、現代マンガ図書館（東京・新宿）等がそれである。このほかにも、特定出版物のみを扱っている館や、他の施設と併設してユニークさを出している館もある。

しかし、これらのさまざまな図書館が現在の市民生活に有効に機能しているのかというと、まだまだ十分とはいい得ない面はある。

それはまず、障害を持つ人々への対処の問題である。そしてもう一つ、在日外国人に対しての問題である、外国語で書かれた図書は非常に少ない。

社会福祉、国際化が進む現在、公共図書館にもまだ配慮すべきことは多いと考えられる。さまざまな意味を持つ図書館への、利用者からの期待は大きいといえる。

博物館の魅力

博物館（Museum）というと、歴史にかかわる施設と思いがちであるが、実際にはかなり多様な領域をもって開かれている施設である。

博物館は、社会教育法の精神のもとに立法されている、博物館法（一九五一・十二　公布）に基づいて設置運営されている。

この法律において「博物館」とは、歴史、芸術、民俗、産業、自然科学等に関する資料を収集し、保管（育成を含む。以下同じ）、展示して教育的配慮の下に一般公募の利用に供し、その教養、調査研究、レクリエーション等に質するために必要な事業を行い、あわせてこれらの資料に関する調査研究をすることを目的とする機関……（以下略）

（博物館法　第二条より）

右は博物館の定義を述べた「博物館法　第二条」であるが、これでわかるように、植物園、動物園、水族館、科学館、プラネタリウム、美術館等が、博物館のカテゴリーに含まれる。そして、これらの博物館には、それぞれ専門の学芸員がいる。

夏休みになると、各地の科学館は、小学生、中学生の種々の質問に応じるために、多忙になる。子どもたちは、自由研究のテーマに対するアドバイスを学芸員や他の専門家に受けようとするのである。科学館では子どもたちに対して、講習会、展示会、映画会等、いろいろなイベントを開いている。もちろん、プラネタリウムや植物園、そして他の博物館でも児童に対する種々のプログラムを作り、運営している。

とりわけ、地域の活性化を図ろうという近年の傾向の中で、郷土の特質を子どもたちに十分に知ってもらい、愛着を深くしてほしいという考えのもとに、日常の運営が行われているといえる。

しかし、博物館に対する不満もあるようだ。博物館は、貴重な資料を見事に工夫して展観に供してはいる。ところがその多くには、「手に触れないでください」というような添え書きがあり、触れることによる実感的理解を拒否している。博物館にとって、今求められるのは、この壁を越えることにあるのではないだろうか。

この点は、しばしばアメリカのミュージアムと比較される。実際に手で触れ、操作することのできる体験の場が用意されていることの多い、アメリカのミュージアムの持ち味を、日本でも参考にすべきであろう。さまざまなあそびや作業の可能なワークショップ等をもっと充実させてほしいものである。

博物館を利用する人びとの目的は多様だ。博物館は遊びの場（アミューズメント・スペース）であり、興味関心にこたえる場であり、また学習の場でもある。固定されたものではない。しかし、年間三億人が博物館を利用しているという事実は、深くそして重い。

『ひらけ、博物館』（岩波ブックレット　一九九一・一二）に、伊藤寿郎はこのように記している。経済的豊かさを背景に、文化的なものへの豊かな興味を具体的な行為で表している事実を指摘しているのである。

現在、日本には、博物館が約四五〇〇（登録数は七三七）あるとされている。

美術博物館や歴史博物館は、その数が多いだけに、入館者の多さも目立っている。

また、水族館の入館者の増加も顕著である。これは、現在各地で、あるひとつのテーマに沿った、娯楽性豊かな水族館施設が開館していることにもよる。

博物館の数と入館数

年　度	計	総　合 博物館	科　学 博物館	歴　史 博物館	美　術 博物館	野　外 博物館	動物園	植物園	動植物園	水族館
	館　数									
昭和53年 1978	493	75	59	136	135	5	29	18	9	27
昭和56年 1981	578	80	67	174	160	4	30	23	10	30
昭和59年 1984	676	90	77	211	193	8	34	21	6	36
昭和62年 1978	737	100	83	224	223	8	35	20	8	36
平成2年 1990	799	96	81	258	252	11	35	21	7	38
平成5年 1993	861	109	89	274	281	9	31	22	9	37
平成8年 1996	985	118	100	332	325	11	33	18	9	39
	入館者数（1,000）									
昭和55年 1980	116,278	4,105	13,769	26,449	16,562	1,174	26,265	5,865	11,798	10,293
昭和58年 1983	109,167	5,826	13,207	18,879	19,473	2,382	26,763	4,293	6,170	12,173
昭和61年 1986	120,191	7,134	12,117	19,246	21,687	1,678	29,410	4,718	10,346	13,855
平成元年度 1989	130,322	6,578	12,563	18,583	32,127	3,575	28,480	4,883	8,653	14,880
平成4年 1992	134,335	12,529	12,906	19,478	28,233	3,579	23,618	5,560	11,364	17,052
平成7年 1995	124,074	10,233	15,116	19,396	25,668	2,961	20,252	2,679	88,898	18,871

資料：文部省大臣官房調査統計資料課「社会教育調査報告書」

児童公園、児童遊園

①　児童公園、児童遊園

空き地が失われ、都市部の児童のあそび空間は、確かに狭くなってきている。雑談や一人あそびの場としては、必ずしも広い空間は必要ではない。しかし、体をのびのび動かし、複数あるいは集団であそぶには、どうしても公園などが身近にあることが要求されてくる。

公園には、一般的に「児童公園」、「児童遊園」という呼称がある。

児童公園は、都市公園法（一九五六・四　公布）に基づいて設置されるものである。この都市公園法の第二条（定義）の、公園施設の規定「ぶらんこ、すべり台、砂場その他の遊戯施設で政令に定める」の部分が児童公園に深くかかわる。細部は、施行令により設置基準が明確化されているわけである。

一方、児童遊園は、繁華街、小工場や小住宅の集合地域に重点的に設置することを当面の目的としており、児童の成長発達を保障するねらいを持つ厚生施設である。細部は施設基準に定められている。

児童厚生施設は、児童遊園、児童館など児童に健全な遊びを与えて、その健康を増進し、又は情操をゆたかにすることを目的とする施設とする。

（児童福祉法　第四〇条「児童厚生施設」）

この二つの公園施設の現状況と内容は次の通りである。

〈児童公園（建設省）〉　‥四三、六三五か所（一九八五年度）
　広さ　　　二、五〇〇平方メートル以上
　誘致距離　二五〇メートル
　対象児童　主として学童
　設置　　　ぶらんこ、すべり台、砂場、ベンチ、便所、植栽、
　　　　　　遊べる空間としての広場

〈児童遊園（厚生省）〉　‥四、二〇三か所（一九八七年度）
　広さ　　　六六〇平方メートル以上
　誘致距離　特に規定はない
　対象児童　幼児と小学校一・二年生等
　設置　　　ぶらんこ、便所、広場、
　　　　　　（必要に応じて）すべり台や砂場

これらはあくまで基準であり、これに準拠するだけでは魅力ある公園とはいい難い。現在では、種々の工夫がされており、フィールドアスレチック風なもの、雑木そのものを十分に活かしたもの、あそび方が固定しがちな遊具に代る素材が置かれたものといったように、さまざまである。

次の表は、小学生の所有物調査である。この資料によると、持ち物の中に、公園で使う素材は少ない。より広い場所を要するものであるか、自室で孤独に遊ぶニューメディア類がほとんどである。

小学生の所有物（平成11年）

1. 男子

（%）

調査対象者＼順位	1	2	3	4	5	6	7	8
1年生	自転車 82.9	学習机 79.9	ゲームソフト 64.2	子供部屋 58.9	サッカーボール 57.5	テレビゲーム 57.2	目覚まし時計 51.8	腕時計 44.5
2年生	自転車 81.8	学習机 76.2	ゲームソフト 72.7	サッカーボール 59.7	テレビゲーム 58.4	子供部屋 54.1	目覚まし時計 48.9	腕時計 47.2
3年生	自転車 87.9	学習机 81.9	ゲームソフト 70.7	子供部屋 67.2	テレビゲーム 62.1	腕時計 61.2	サッカーボール 58.6	目覚まし時計 54.3
4年生	自転車 85.7	学習机 81.4	ゲームソフト 72.9	腕時計 67.1	テレビゲーム 65.7	子供部屋 62.9	目覚まし時計 60.0	サッカーボール 60.0
5年生	ゲームソフト 85.9	自転車 83.5	腕時計 82.4	学習机 78.8	テレビゲーム 68.2	目覚まし時計 63.5	国語辞典 63.5	子供部屋 60.0
6年生	自転車 87.0	学習机 83.7	腕時計 81.5	ゲームソフト 80.4	テレビゲーム 67.4	国語辞典 64.1	サッカーボール 59.8	目覚まし時計 58.7

1. 女子

（%）

調査対象者＼順位	1	2	3	4	5	6	7	8
1年生	自転車 81.9	学習机 81.0	目覚まし時計 66.9	子供部屋 59.3	ゲームソフト 39.9	ベッド 29.4	テレビゲーム 27.0	ビデオテープ 25.8
2年生	学習机 83.3	自転車 82.7	子供部屋 64.0	目覚まし時計 61.3	腕時計 55.7	ゲームソフト 47.3	ベッド 39.7	テレビゲーム 35.3
3年生	自転車 83.7	学習机 77.0	腕時計 63.8	子供部屋 60.7	目覚まし時計 53.1	電　卓 49.5	ゲームソフト 44.9	国語辞典 40.3
4年生	自転車 93.7	学習机 84.0	腕時計 78.6	電　卓 65.5	子供部屋 65.0	目覚まし時計 58.3	ゲームソフト 52.4	ベッド 43.2
5年生	学習机 88.8	自転車 87.9	腕時計 79.9	目覚まし時計 73.8	国語辞典 69.6	電　卓 68.2	子供部屋 62.9	ゲームソフト 61.2
6年生	学習机 92.3	自転車 90.1	腕時計 88.0	目覚まし時計 77.7	国語辞典 77.7	電　卓 75.1	ベッド 60.1	国語辞典 56.7

（注）調査対象は、学研発行の学年別学習誌「1〜6年の科学」「1〜6年の学習」の読者のうち、1〜6年から無作為に抽出した3,600人（各学年600人）。
資料：学習研究社「〈小学生白書〉'99年小学生まるごとデータ」2000　「日本子ども資料年鑑2001」より

さまざまな分野で低年齢化が進んでいる今、これらの所有物調査によっても象徴的に、公園の様態の大きな変化が期待されていると考えたくなるものである。

② テーマパーク（Theme Park）

東京ディズニーランドが開設されて以来、いわゆる遊園地や運動施設が様態を変える動きを見せ始めた。従来からあった遊園地が新しい遊戯機械を導入して「ライドパーク」となり、スポーツ関係施設を現代化した「スポーツランド」もある。そして、あるひとつのテーマのもとに、あらゆる施設を包含しているのが「テーマパーク」である。

「歴史」「外国」といった特定のテーマに統一して質の高いサービスを提供するレジャーランドをテーマパークと称している。

（「imidas　一九九二」集英社）

この概念にもあるように、テーマを持って展開している博物館（水族館、植物園、美術館、歴史博物館等）および公園（文学公園、歴史公園、考古学公園等）もその範疇に入る。

〈テーマパークの例〉

サンリオピューロランド　（東京都多摩市）
長崎オランダ村　（長崎県・西彼町）
ハーモニーランド　（大分県・日出町）
スペースワールド　（福岡県北九州市）
マリンパークニクス　（北海道登別市）
グリュック王国　（北海道帯広市）
東京セサミプレイ　（東京都・五日市町）
カナディアンワールド　（北海道芦別市）
パラマウントスタジオジャパン　（大阪市）

代表的なものを挙げてみたが、それぞれエンターテイナーによるパフォーマンス、児童遊具と英語学習、「赤毛のアン」のストーリー、グリム童話の世界、歴史、宇宙などをテーマに運営されている。企業による徹底した商業主義的経営だけに、そこを訪れる児童、家族をいかに楽しませるか、工夫がなされるところである。

しかし、いずれにせよ、これまでの博物館や公園等の社会教育、福祉関係の施設も含め、利用する児童とその家族の立場に立った、魅力的なものとなることが強く要請される。

ア　東京ディズニーランド

「東京ディズニーランド」は、一九八三年四月十五日開園した。総面積は、二十五万坪。開園当時、千葉県浦安市の人口は八万三千人であったが、一日に訪れる人数は、この人口を上回るほどであった。
「東京ディズニーランド」は、ウォルト・ディズニーが設置したアメリカ・カリフォルニアの「ディズニーランド」の忠実なコピーであるといわれる。

夕方になると、東京ディズニーランド正門前のワールドバザーがいっせいに活気づく。帰り支度を急ぐ客たちがみやげ物を買うために売店に殺到するからだ。ぬいぐるみ、菓子類、バッジなどを争って買っていく。レジの前には長い行列ができる。

（『ディズニーランドの経済学』）

『ディズニーランドの経済学』（栗田房穂・高成田亨 著／朝日新聞 一九八七・二）にある、ディズニーランドの混雑ぶりを記した文章である。

同書によれば、ワールドバザールは、売店数四五、売り場面積八、〇〇〇平方メートル、販売額二五〇億円、取扱い商品数約一二、〇〇〇点、キャラクターグッズ約三、五〇〇点ということである。

東京ディズニーランドのパーク面積は一四万坪で、本場アメリカのものより広い。ワールドバザールに入場する客の数は、一日一〇万人前後にも上る。人々の好奇心と消費意欲をそそる術を十分に心得ているといえる。日本のテーマパークの第一号である。

お話、口演童話、ストーリーテリング

幼児や小学生等を相手に、お話、絵本、童話を聞かせる場合、素材である本があれば「読み聞かせ」、ないし「リードアラウド」(Read Alou) という。

その語りの中には、やや古典的ニュアンスの強い「口演童話」、素朴で日常的な「お話」、英語圏から学んだ「ストーリーテリング (Stoty Tellingd)」がある。

お茶やお菓子もない会話だけを指す「素話」という古典的な言葉があるが、保育室や教室で、本を持たずに素朴に話をすることも「素話」である。

幼い児童を対象としているだけに曖昧な部分はあるが、可愛らしいニュアンスを持つ「お話」が一般化したようである。日常的なお話から物語を材料にしたものまで、その範囲は相当広いものである。

① 口演童話

児童を対象とする童話の「語り」は、「お伽口演」に始まったといわれている。これは、お伽話作者である巌谷小波や久留島武彦によって始められた。

明治三九年に、この二人を中心に「お伽倶楽部」が設立され、定期的に「お伽口演」が行われた。そして、お伽口演は、大正期の童話童謡時代に入って、「口演童話」と呼ばれるようになる。その後の岸部福雄等も、語りの名手として子どもたちに親しまれた。

お伽口演といい、その後の口演童話といい、一種の技術性を持ち、大げさではないにせよ、身ぶり、手ぶり、話し口調に独得なスタイルを持っていた。それが時として、批判の対象にもなるのである。現在も、口演童話の流れをくむ語り手はかなりいるが、これまでよりいっそう地味なスタイルで語ろうとする傾向が見られる。

② ストーリーテリング

児童図書館員として著名なイギリスのコルウェル(E・H・Colwell)は、著書「子どもと本の世界に生きて」(一九六八・五/福音館書店)の中で、「ストーリーテリング」について、次のように示唆している。

話して失敗する場合の十中八九は、準備の不足が原因です。お話の準備には、四つの段階があります。つまり、話の選択―アダプテーション(長い原作をちぢめたり、いいにくいところを変えたりすること)―おぼえる―語る、の段階です。

いかなる話をするにせよ、思いつきでは十分な効果は上がらないであろう。対象、年齢、ねらい等を考慮しながら題材としての話を選択すべきだろう。

どういう話を選ぶか、ということの第一条件は、すぐ前にも言いましたように、その話が、私たちの心を打つということです。…………すじは統一があり、お話は、事件をつみ重ねながら、クライマックスまではっきりと動いてゆき、なっとくのゆく結末にいたるものなのです。

いわゆる、時、場所、機会というＴＰＯを配慮しての選択の重要性である。そしてやはり、興味を持ってもらえるかどうかを丁寧に検討しなければならない。

たいていの話は、語るためには、多少変更をしないとまずいところがあります。………多くの場合、あちこちカットするだけで、ちゃんと話しよくなるものです。あまり描写のこまかいところ、本すじに関係のない寄り道、こうした個所を省きます。

作者にすれば、自らの話を変えられるなどは許せることではないが、伝達する立場、聞く立場となると、耳で聞きつつ最も理解しやすく楽しみやすい話を期待するものである。コルウェルのいうように、アダプテーション（Adaptation・改変）には、アディション（Addition・付加）、イリミネーション（Elimination・削除）が必要となることもある。

固くなって、丸暗記したお話には、生気がありません。そして、話をあなた自身のものにしてしまうことです。さもないと、話は自由に流れ出てきません。いちばんいいおぼえ方は、そのお話を何度も読んでから、あなたのことばで、声に出して話してみます。

専門のアナウンサーや役者などは、「音声表現技術（Elocution）」というハードなトレーニングをする。

「朗読（Reading）」「暗誦（Recitation）」「演述（Oratory）」などがそれである。
しかし、覚えた話を語ることは、まさに知人に手紙を書くようなものである。目の前にいる子どもたち、受け手に向かい、自らの自然な声で語り出すことが何よりも肝要であろう。

お話をするときの状況ですが………身ぶりは、ごくわずか、自然に出てくるようにします。大げさにからだを動かすと、子どもはおもしろがるかもしれませんが、お話そのものよりも、部分的なおかしさに気をとられてしまいます。………はっきり、ゆっくり話します。そして、だれでもその持ちまえの、自然の声を、できるだけ美しく………。

話の持っている味わいを伝えようとする努力が、抑揚（Intonation）、律動（Rhythm）、調子（Accent）を伴って表れる程度でよいのである。ストーリーテリングというと、何かしら「型」をイメージしがちであるが、コルウェルが述べるように、ナチュラルな語りこそが大切なのである。

家庭文庫、地域文庫と読書運動

石井桃子は「かつら文庫」を自ら開き、その経験を『子どもの図書館』（岩波書店　一九六五）としてまとめたが、このことは、多くの読書好きの人々や公共図書館の少なさに疑問を抱いている人々に刺激を与えたものである。

児童の読書環境をより充実したものにしていくには、当然、公共図書館の設置や学校図書室の整備が期待されるのだが、現実には、地方自治体の図書館の新設は思うにまかせなかった。しかし、読書環境づくりの運動は全国に広がっていった。

また、児童の読書を豊かにしていこうとする読書運動は、作家、椋鳩十が、一九六〇年に提唱した「母と子の二十分間読書運動」や日本親子読書センター（一九六七　発足）、日本子どもの本研究会等の組織的な運動によって、急激な広がりを持ったのである。

図書館作りの運動と読書運動とが相互に刺激し合いながら、一九六〇年代半ばから一九七〇年代半ばにかけて、児童の読書への強い関心が具体的な力を持ったのである。それが「家庭文庫」であり、「地域文庫」であった。

本好きな人が、自らの本と自らの家の一室を開放して、隣近所の児童に読書の楽しさを知らせようとしたのが家庭文庫である。文庫に来る児童はすべて知った顔であるために、人と人との交流や会話が重要な意味を持った。

それに対して、地域文庫は、町内の児童図書室という意味合いを持ち、町内の集会所等が本の置き場所となり、運営にかかわる人たちも町内会全体で選任するという組織的なものであった。

これらが、図書館不足の実情の中で起こった、市民レベルの活動である。

一九八〇年代になると、次第に公共図書館が充実し始め、家庭文庫や地域文庫の勢いも治まってくる。

しかし、近所に公共図書館があっても、それぞれの独自な性格を大切にして、地道な活動を続ける文庫もある。これらはあくまでも、身近な世話役が近くに住んでいる児童に対して読書環境を提供するという、公共の図書館には求めることのできない温かさを追求するわけである。その結果、読書の充実ということもさることながら、ハイキングやケーキ作りといった、児童文化的広がりを持つ活動を展開しているのである。

これらの文庫は、現在転機にあるといえるであろう。多忙で、ほかにたくさんの現代的楽しみを持つ児童たちに、読書の本当の楽しみ、人間や社会や自然の真実へ分け入るすばらしさを伝達するにはどうすればよいかという本質的な命題に立ち、その運営の難しさに直面している。

児童の表現活動

種々の児童文化財にかかわる児童のあり方は、受動的遊び（passive play）であると見られがちだが、実際には、その刺激によって起こる、能動的な心や体の働きがあるものだ。つまり、主体的遊び（active play）へ展開し得るわけである。それは、絵本や童話を見聞きしている時にも生じる。

子どもはひすら、書かれた、あるいは描かれた通りに受け止め、理解しているわけではない。時として誤解することもあるが、第一次的に創作された作品を、読者である子どもが二次的に作り変えていくことも認識すべきである。

ともあれ、具体的な児童の表現活動といえば、文学的活動として、作文、詩、演劇、芸術的活動として、絵画、彫刻、書道、歌唱演奏、これ以外の種々な社会的活動としては、子ども会、ボーイスカウト（Boy Scouts）、ガールスカウト（Girl Scouts）、青少年赤十字（Red Cross）、郵便友の会、ユニセフ（UNICEF）等での活動がある。さらに、日々の継続的なボランティア活動、そして新教育課程での総合的学習の中で、新鮮で力強い子どもたちの表現活動が期待される。

このような諸活動を通して、自らの才能や趣味を発揮し、あるいは奉仕に心身を尽くしながら、より豊かに個性的に人間形成をしていくのである。

第二部　唱歌、童謡、少年少女詩

I　唱歌そして童謡

西洋音楽の移植

近代日本の子どもの歌は、唱歌によって始まったといえるだろう。

唱歌についてはいろいろな見解や批判がある。唱歌から後の童謡や少年少女詩へのつながりにも、いくらか問題はあるが、やはり子どもの歌の新しいスタートであったには違いない。

それまで、いわゆる西洋音楽を鑑賞する機会にほとんど恵まれなかった日本人が、唱歌を通じてその音階に触れることになったのである。

明治五年九月五日に公布された「学制」の、綴字、習字、単語、会話、読本、修身等十四教科目の中に「唱歌」が取り入れられたのだ。「当分之ヲ欠ク」と付記されてはいたが、この唱歌は、西洋音階による音楽教育と共に、道徳教育の役割をも担っていた。これについては、音楽教科書の嚆矢となった『小学唱歌集』

初編（明十四）の緒言に伊沢修二が明快に記している。

凡ソ教育ノ要ハ徳育智育体育ノ三者ニ在リ
而シテ小学ニ在リテハ最モ宜ク徳性ヲ涵養
スルヲ以テ要トスヘシ今夫レ音楽ノ物タル
性情ニ本ツキ人心ヲ正シ風化ヲ助クルノ抄
用アリ

『小学唱歌集』全三巻（明14―明17）は、文部省音楽取調掛が編集したもので、伊沢修二（一八五一―一九一七）がその中心であった。

伊沢は、明治八年（一八七五）から明治十一年（一八七八）にかけてアメリカへ留学し、ボストンの音楽教師メーソン（L・W・Mason　一八二八―一八九八）に学んでいる。

帰国後、伊沢は後の東京音楽学校である文部省音楽取調掛のメンバーとなり、いわば師にあたるメーソンを日本へ招いた。そして、伊沢とメーソンは、この唱歌集の編集と音楽教育の普及に力を尽くしたのである。

メーソンに教えを受けた奥好義《よしいさ》は、明治二十一年に発行された『明治唱歌』第一集（大和田建樹、奥好義編）の巻頭にその肖像写真を掲げ、師恩に感謝する文章を寄せている。

『小学唱歌集』の中から、知名度の高い唱歌を幾つか掲げておくことにする。

（初編）見わたせば　　柴田清熙詞　伝・ルソー曲「むすんでひらいて」

見わたせば、あおやなぎ、
花桜、こきまぜて、
みやこには、みちもせに、
春の錦をぞ。
さおひめの、おりなして、
ふるあめに、そめにける。

蝶々　　野村秋足詞　スペイン民謡

ちょうちょう、ちょうちょう。
菜の葉にとまれ。
なのはにあいたら、桜にとまれ。
さくらの花の、さかゆる御代に、
とまれよ　あそべ、あそべよ　とまれ。

螢の光　（初め「螢」）　稲垣千頴詞　スコットランド民謡

ほたるのひかり　まどのゆき
書よむつき日　かさねつつ
いつしか年も　すぎのとを
あけてぞ　けさは　わかれゆく

（三編）あおげば尊し　　作詞者、作曲者不詳

あおげば　とうとし、わが師の恩
教の庭にも　はや　いくとせ。
おもえば　いと疾し、このとし月。
今こそ　わかれめ、いざさらば。

才女　　作詞者不詳　スコット曲「アンニー・ローリー」

かきながせる、筆のあやに、
そめしむらさき、世々にあせず。
ゆかりのいろ、ことばのはな、
たぐいもあらじ、そのいさお。

庭の千草（初め「菊」）　里見義詞（原詞　ムーア）　アイルランド民謡

庭の千草も、むしのねも、
かれて　さびしく、なりにけり。
嗚呼　ああ　しらぎく、白菊。
ひとり　おくれて、さきにけり。

これらの唱歌は、現在でも多くの人の知るところである。古典的な歌詞でありながら、親しみやすい美しいメロディーによって長く愛唱されることとなったのである。

バーンズと「螢の光」

「螢の光」のメロディーであるスコットランド民謡には、ロバート・バーンズ（R・Burns　一七五九―一七九六）の詞「Auld Lang Syne（久しい昔）」がつけられ、今日でもすこぶる愛好されている歌となっている。ある意味では、スコットランドの民族の歌とでもいうような響きを持つそうである。

Auld Lang Syne　R・Burns

Should auld acquaintance be forgot,

And never brought to min'?
Should auld acquaintance be forgot,

And auld lang syne?
For auld lang syne, my dear.
For auld lang syne?
We'll tak a cup o'Rindness yet,
For auld lang syne?
………

And surely ye'll be your pint stowp,
And surely I'll be mine;
And we'll tak a cup o'Kindness yet,
For auld lang syne!

「友人を忘れるべきではない　決して。旧友を忘れるべきではない。幼い頃からの友と、幼い頃に想いをよせて友情の杯を。………、君の大杯そして私の大杯、幼き日のために友情の杯を。」という意味である。つまり、旧友との再会を祝した歌である。そして、この詩をヒントにしつつ「螢の光」は作詞されたのである。現在では忘れられているが、その第四節を掲げておく。

螢の光　　稲垣千頴詞

千島のおくも、沖縄も、
やしまのうちの　護りなり。
いたらんくにに　いさおしく。
つとめよ　わがせ、つつがなく。

この曲は卒業式の唱歌として全国で歌われ、普及していったわけだが、歌詞にはまさに明治時代の帝国主義精神の鼓吹がある。

作詞者、稲垣千頴は、東京師範学校の教員であった。原詩のバーンズは、貧農の子どもとして生まれたが、その聡明さに期待した父親や近隣の人によって英語学習の機会が与えられる。とりわけ英語詩に打ち込み、農業労働のかたわら読書をしていたのである。そして、スコットランド語による国民的な詩文学を完成させていくのである。

「螢の光」の第一節は、バーンズ自身の苦学の人生に通ずるものであった。

さまざまな唱歌集の出版

その後の唱歌集の編集、出版にはめざましいものがあった。

前出の『明治唱歌』全六巻（明21—23）にも、長く愛唱されている作品がある。

故郷の空　大和田建樹詞　スコットランド民謡

夕空はれて　あきかぜふき
つきかげ落ちて　鈴虫なく
おもえば遠し　故郷のそら
ああ　わが父母　いかにおわす

また、東京音楽学校音楽取調掛編による『中学唱歌』（明22）には「埴生の宿」がある。

埴生の宿　里見義《ただし》詞　ビショップ曲「楽しきわが家」

埴生の宿も、わが宿、
玉のよそい、うらやまじ。
のどかなりや、春のそら、
花はあるじ、鳥は友。
オーわがやどよ、たのしとも、たのもしや。

やはり、欧米の美しいロメディーに日本の詞というスタイルが、明治二十年代では主流であった。

竹山道雄の児童文学の傑作『ビルマの竪琴』（昭23）では、唱歌が有効に使われている。

「あの歌をきけ！」森の中の歌声はたちまち二つ三つと数を増し、ついにはあちらからもこちらからもそれに和しました。そしてそれは「はにゅうの宿」の節を英語で「ホーム・ホーム・スイート・ホーム」とうたっているのです。………森のはしのほうでは、べつの一団の声が「庭の千草」の節をうたっています。しかも、それも「………ザ・ラースト・ローズ・オブ・サンマー………」と英語です。

名曲が平和への願いを込めて、悲哀に満ちたストーリーに彩りをそえている。映画化もされたこの物語は、大戦後の日本人の心を強く引きつけた作品であった。

そしてさらに、日本の近代史における、欧米文化の果たしてきた役割をも想起させる作品でもあった。私たちの文化のあるゆる面に、欧米の先進的な文化の反映があったのである。

この時期の多くの唱歌が、外国のメロディーであったが、奥好義、上真行等の作曲によるものも現れてきている。ただし、それらはファとシのない、いわゆるヨナ抜きといわれる音階が多かった。

明治三十年頃になると、唱歌集の出版も多様になってくる。

鉄道の敷設の広がりにかかわりながら、明治三十三年に発刊された『地理教育鉄道唱歌』（大和田建樹詞　多梅稚《おおのうめわか》、上真行曲）は、当時最も愛された唱歌集の一つであった。東海道編、山陽・九州編そして東北編、房総編と次々に続刊されたものである。

また、同種のものでは『日本一周航海唱歌』（明33　福永文雄詞　古谷弘政曲）『世界航海唱歌』（明33　中内義一詞　黒部峯三曲）等。そして、『散歩唱歌』（明34　大和田建樹詞　多梅稚曲）も、このバリエーシヨンであった。

また、明治精神の啓発をモティーフとするものも多く作られていた。「菅公」を含む『忠勇唱歌』全五巻(明34 大和田建樹詞)、『湊川』(明32 落合直文詞 奥山朝恭曲)等がそれである。そして、この明治的情操をアピールする最右翼として、儀式唱歌が制定されたのであった。

歌として初めて登場した「君が代」は、古歌「君が代」に、在日していたジョン・ウィリアム・フェントンが曲をつけたものである。続いては『小学唱歌集』初編に収録されているものであるが、共に現在の国家「君が代」ではない。現在の「君が代」は、明治十年代初め、宮内省での部内募集の結果当選した曲であった。作曲者は林広守であった。

この「君が代」を明治二十一年に、海軍省が条約国家に配布したことで、国歌としての実質的な意味が生じたのである。それに伴って小学校等で歌われる機会も多くなり、しだいに国歌としての状況が整っていくのである。

そして、明治二十六年八月、文部省より告示された「祝日大祭日歌詞並楽譜」によって、「君が代」の国歌としての公的な位置が示されたのである。

そして、

「勅語奉答」(勝安房《あわ》詞　小山作之助曲)
「一月一日」(千家尊福《せんげたかとみ》詞　上真行曲)
「元始祭」(鈴木重嶺詞　芝葛鎮曲)
「紀元節」(高崎正風詞　伊沢修二《たかみさ》曲)
「神嘗祭」(木村正辞《まさこと》詞　辻高節曲)

「天長節」（黒川真頼《まより》詞　奥好義曲）
「新嘗祭」（小中村清矩《こなかむらきよのり》詞　辻高節曲）

が、それぞれの〈儀式歌〉として、太平洋戦争終結まで歌われたのである。古めかしい雅語や難語によるフレーズが時をおかずして批判の対象とはなるが、制定唱歌として強い影響力を持ったのである。

日清戦争から日露戦争へという時代の動きの中で軍歌も数多く創作された。「敵は幾万」（山田美妙詞　小山作之助曲）、「勇敢なる水兵」（佐佐木信綱詞　奥好義曲）、「水師営の会見」（文部省）等は代表的なものである。

唱歌批判

流行といえるほどの唱歌創作、唱歌集出版であったが、しだいに幼児、学童との距離感を問題視する声が起こってくる。前の儀式唱歌等はその顕著な例で、幼稚園児から歌う唱歌でありながら、幼児に理解されることはなかったようである。

言文一致唱歌の提案も、唱歌批判の一つの姿勢であった。作曲家田村虎蔵、おとぎばなし作者の巌谷小波、国語教育の芦田恵之助等が中心となって、その創作が試みられるのである。そして『幼年唱歌』全十巻（明33―35　田村虎蔵、納所弁次郎編）、『尋常小学唱歌集』全十二巻（明38―39　佐佐木信綱、田村虎蔵、納所弁次郎編）等がまとめられた。

キンタロウ　石原和三郎詞　田村虎蔵曲

マサカリカツイデ、キンタロウ。
クマニマタガリ、オウマノケイコ。
ハイ、シィ、ドゥドゥ、ハイ、ドゥドゥ、
ハイ、シィ、ドゥドゥ、ハイ、ドゥドゥ。

はなさかじじい　石原和三郎詞　田村虎蔵曲

うらのはたけで、ぽちがなく、
しょうじきじいさん、ほったれば、
おおばん、こばんが、ザクザク　ザクザク。

この二つは代表的な言文一致唱歌であった。太平洋戦争後まで、多くの人々に記憶されたものであった。加えて、教育者東くめ等の歌詞に滝廉太郎が作曲した『幼稚園唱歌集』（明34）は独創的であると同時に、幼児に親しみやすいことばとメロディーで、子どもの歌の世界に強い影響を与えたのである。「お正月」は、その代表的な一つであった。

お正月　　東くめ詞　滝廉太郎曲

もういくつねると　お正月
お正月には　凧あげて
こまをまわして　遊びましょう
はやく来い来い　お正月

「お正月」は、現在でも子どもたちによく知られている歌であり、その親しみやすさは傑出したものであったといえるだろう。

こうして、具体的な実作の提示によって、唱歌の批判がゆったりと始まり、少しずつ幼児、学童の発達に即した子どもの歌の時代へと推移していくのである。

ところで、明治期の児童に関する学問的実践的研究をリードしていた日本児童学会編集の雑誌「児童研究」にも、いろいろな唱歌に対する調査や理論が掲載されている。

善美なる方面に幼児を導かんがためにおかれたるものなることとは、何人も知了せるところならん、されどよく注意せざれば、其の唱歌は大人に面白くして児童に分からざるもの若くは児童の住まえる周囲の事情と著しく懸隔せる……児童に学科の好悪を尋ぬれば、往々唱歌を以て厭うべしとせるもの少なからず。

（「唱歌教授に関する注意」一巻三号／明32・1）

汽車の歌、紀元節の歌、金剛石、つばめ、右の内、汽車は最幼児の好むものにして、言葉の意味を了解し得ると、譜の歌いよきことによるならんか。紀元節は歌の意少しも理解せず　（「幼児の最好む唱歌」一巻三号）

心的傾向の実験を行いたるに、児童が最も好まざる学科は、習字科にして、次は唱歌科なりき。　（渡辺つる子「音楽と道徳との関係」一巻十号／明32・8）

このように幼児、児童の発達とのずれが強く主張されだしたのである。そして、その明快な調査が「児童研究」二巻一号（明32・9）の「幼児の心に映ずる唱歌」（市橋虎之助）に報告されている。

今日幼稚園にて歌わしむ唱歌は雅言に過ぎて到底其意を了解せしむる能はざるは常に吾人の歎く所にして、従って唱歌に興味を保たしむことの困難を感ずるなり。近頃幼児の作業と唱歌とを伴わしめんと考え、或唱歌を歌わしては夫れに関係せる旨を試みにし、日頃ろ歌える歌の意義が如何に誤解せらるるかを発見せり。今之を熟味すれば如何か唱歌改良の急務なるかを知るに余りあらん。………その甚きは儀式の歌、修身の歌………。

幼児にとっての歌は、とりわけ楽しみに満ちたわかりやすいものであることが主張されたのである。

北原白秋の登場とその影響

唱歌は音楽教育の場で、教材として取り上げられ、普及していったわけだが、愛されて長く広く歌い継がれた作品はそれほど多くはなかったのである。そして、そのような明治唱歌の歴史を、決定的に批判したのが、大正期の北原白秋であった。

白秋の童唄《わらべうた》と子どもの生活をモティーフとした芸術童謡は、その後の子どもの歌を鮮やかに変質させたのである。

新しい日本の童謡は根本を在来の日本の童謡に置く。日本の風土、伝統、童心を忘れた小学唱歌との相違はここにあるのである。従ってまた、単に芸術的唱歌という見地のみより新童謡の語義を定めようとする人々に私は伍みせぬ。

これは、白秋の唱歌批判の代表的評論「童謡私観」(「詩と音楽」大12・1)の一節である。子どもの生活から生み出されたともいえる童唄と、自らの子ども時代の姿とを反映させた論理であった。

そして、白秋の数多くの名作が作曲家山田耕筰とのコンビで誕生していったのである。「からたちの花」「あわて床屋」「砂山」「この道」等である。

また、三木露風、野口雨情、西条八十も、白秋同様新しい童謡創作に意欲を燃やしたのである。露風は、現代でも多くの人に愛唱されている「赤とんぼ」(山田耕筰曲)を残している。

雨情の詩は、その多くを本居長世によって作曲され、歌われることとなる。「十五夜お月さん」「七つの子」

「青い目の人形」「赤い靴」等がその代表作である。

八十は「かなりや」（成田為三曲）、「まりと殿様」（中山晋平曲）等の名作を世に送り出した。

しかし、このふたりの詩人は、いつしか子どもの歌としての童謡から遠ざかり、雨情は一般的民謡へ、八十は感傷的な少年少女詩へと傾斜していったのである。

ところで、白秋、そして雨情、八十という大正期童謡の黄金時代を築いた詩人たちの周辺には、「叱られて」（弘田龍太郎曲）、「靴が鳴る」（弘田龍太郎曲）、「雀の学校」（弘田龍太郎曲）の清水かつら、「浜千鳥」（弘田龍太郎曲）の鹿島鳴秋、「花嫁人形」（杉山長谷夫曲）の蕗谷虹児等がいて、感傷的ではあったが、時代の心情を代弁するような歌詞が、多くの人々の共感を誘ったのである。

明治唱歌にかわって、新しい芸術童謡の創造にはめざましい成果があった。まず、子どもの歌が教育の場だけではなく、日常生活の中で意味を発揮するものという認識が一般化したことである。そして、メロディー抜きでも、十分に鑑賞にたえる詩であるべきことが確認されたのである。ただし、子どもの歌として十分に機能していくには、やはり曲も大切で、白秋の作品にしても、子どもたちに愛され続けた歌はほとんどが美しいメロディーをつけられたものであった。

こうして童謡を志す人たちが、当然のように「歌われる童謡」をイメージし始める。折しも、レコード、ラジオの製作が軌道にのり始めた時期でもあり、その傾向がさらに強まっていくことになる。

そしてその反映として、詩の大衆化、通俗化という状態をも産み出していったのである。

Ⅱ　芸術的童謡の発展と愛唱歌

大正初期は、まさに童話童謡の芸術的な方向が決まった時であった。唱歌批判をより具体的にしたのは、子ども自身の理解と興味に即した芸術的童謡の創造という方向性であった。

のちに童心主義と分析され、いくばくかの観念性が指摘されることとはなったが、唱歌を否定した新しい童謡の考えの基本は、あくまでも子どもにとって親しみのある芸術ということであった。そして、その基盤を伝承されてきた童唄においたのであった。北原白秋（一八八五―一九四二）、野口雨情（一八八二―一九四五）は、いわばその旗手であった。また、西条八十（一八九二―一九七〇）は象徴詩人として出発したが、芸術的水準を高める童謡に力を傾けたのである。

北原白秋

「赤い鳥」との出会い

白秋は「赤い鳥」創刊号（大11・11）に「栗鼠《りす》　栗鼠《りす》　小栗鼠《こりす》」を発表している。

栗鼠、栗鼠、小栗鼠

栗鼠、栗鼠、小栗鼠、
ちょろちょろ小栗鼠、
杏の実が赤いぞ、
食べ食べ、小栗鼠。

童唄風な童謡を代表する一編である。
「ここに於いて童謡宣伝の復興が必要になってくる。唱歌は童謡を根本にすべきであったのだ。学校に於ける遊戯は野外における郷土的児童の遊戯を根本にして新時代のものたらしむべきであったのだ。」（「童謡復興」／芸術児童教育　大10・1—2）と述べるように、伝統の童唄を基調とする姿勢が明快であった。
明治期の学校唱歌には、美しいメロディーがつけられて今日まで親しまれているものもあるが、国家的行

事等で歌われた唱歌や軍歌、そして躾にかかわるような唱歌では難解な歌詞が目立ち、子どもたちの親しめるような歌は少なかった

白秋は唱歌批判をいくつかのエッセイで述べたが、実作によってみごとに具体化したのである。大正七年十月号の「赤い鳥」掲載の「赤い鳥小鳥」もそうであった。

赤い鳥小鳥　　北原白秋詞　成田為三曲

赤い鳥、小鳥
なぜなぜ赤い。
赤い実をたべた。

明快な内容とシンプルなリズムに童唄の基本を見た白秋は、このような作品を相当数創作している。この「赤い鳥小鳥」は北海道の十勝・帯広地方の伝承童謡（ねさせ歌）「青い青い山」に着想したといわれている。

ねんねの寝た間に何しよいの
あづきの餅の橡餅や
赤い山へ持っていけば
赤い鳥がつつく
青い山へ持っていけば

青い鳥がつつく
白い山へ持っていけば
白い鳥がつつく

より単純化したところに白秋作品の持つ緊張感の秘密があると考えられる。

成田為三（一八九三—一九四五）の曲がつけられている。成田は山田耕筰（一八八六—一九六五）のもとで東京音楽学校で作曲を学んだが、大正七年にこの「赤い鳥小鳥」と「かなりや」（西条八十詞）を作曲し、一躍知られるようになった。

「お祭」「ほうほう螢」等も、童唄風な傾向を持つ白秋童謡といってよいだろう。

白秋はこれらの童謡を「赤い鳥」中心に発表し続け、大正期童謡を成熟させたのであった。

「赤い鳥」は小説家鈴木三重吉（一八八二—一九三六）の「世俗的な下卑た子供の読みものを排除して子供の純性を保全開発」（「赤い鳥」の標榜語）するという理念に基いて発刊されたもので、白秋の童謡はその柱の一つであった。

そして、白秋の童謡の多くは山田耕筰によって作曲され、いっそう普遍性を持つこととなったのである。

物語性、独自な感覚、ノスタルジー

白秋の童謡は、内容技術共に多様性を誇っているが、とりわけきわだっている特徴について触れておくこととする。

「春は早うから川辺の葦に、蟹が店出し　床屋でござる。チョッキン　チョッキン　チョッキンナ。」の「あわて床屋」（山田耕筰曲）や「待ちぼうけ、待ちぼうけ。ある日、せっせと、野良かせぎ、そこへ兎が飛んで出て、ころり、ころげた　木のねっこ」の「待ちぼうけ」（山田耕筰曲）は、昔話「物臭太郎」「舌切雀」等のように、いわゆる物語詩（バラード）に分類される作品である。そして、これらは伝承の歌や物語に寄り添って作られたものでもある。しかし、白秋の物語性はこの種の作品ばかりでなく、子どもの日常生活に材を得た作品等にも濃く流れていることが多い。
弘田龍太郎の曲がつけられて愛唱された「雨」はその代表的な作品といえるだろう。

雨　　北原白秋詞　弘田龍太郎曲

雨がふります。雨がふる。
遊びにゆきたし、傘はなし、
紅緒の木履《かっこ》も緒が切れた。

雨がふります。雨がふる。
いやでもお家で遊びましょう。
千代紙折りましょう、たたみましょう。

感性豊かに日常生活を描いた童謡だが、わずかの時間の推移の中に、物語が埋め込まれてしまう。白秋の取り上げる題材は、たとえどんなささやかな生物や無生物であっても、背後にたくさんの歴史が刻み込まれていることが多い。

「ペチカ」も、またそうした作風を代表する一編である。

ペチカ　　北原白秋詞　山田耕筰曲

雪のふる夜はたのしいペチカ。
ペチカ燃えろよ。お話しましょ。
むかしむかしよ、
燃えろよ、ペチカ

異国情緒をかきたてる詩が山田耕筰の美しいメロディーをともなって、不朽の名作ともなったのである。

長崎、島原にも近い福岡県柳川で生まれた白秋の世界には、伝統的な日本的抒情と欧米を思わせる異国情緒とが混在しているといわれている。そして、そこに児童期の肉体的脆弱や家庭内の人間関係にかかわる体験を通じて作り上げられてくる感受性が加わり、白秋の独自性や濃厚なものとさせていった。

イギリスの伝承童謡である「マザーグース」の世界に似た「母さん　帰らぬ。さびしいな。金魚を一匹突き殺す！」の「金魚」や「松の葉の針で左の眼をチクリ　右の眼をチクリ」の「わたしの家」は、その感性に毒性をも含んで独自性がきわだっている。発表当時はその残酷性が指摘され、さすがにその後も特に愛される作品とはなっていない。

白秋は、十九歳の時上京して以来、東京や神奈川に住むこととなるが、その童謡には、故郷柳川に寄せるノスタルジーがあふれている。「からたちの花」(山田耕筰曲)、「この道」(山田耕筰曲) はその典型的作品である。

からたちの花　北原白秋詞　山田耕筰曲

からたちの花が咲いたよ。
白い、白い、花が咲いたよ。

からたちのとげはいたいよ。
青い、青い、針のとげだよ。

からたちは畑の垣根よ。
いつも、いつも、とおる道だよ。

からたちも秋はみのるよ。
まろい、まろい、金のたまだよ。

からたちのそばで泣いたよ。
みんな、みんな、やさしかったよ。

からたちの花が咲いたよ。
白い、白い、花が咲いたよ。

色彩語と詠嘆の助詞とを効果的に使いながら、郷愁を目に見えるように歌いあげたものであった。北海道を旅した時の印象に、児童期の思い出が重ねられたという「この道」と同様、メロディーの清澄感と一体となって、時を超えて歌い続けられている作品である。こうして白秋の童謡の業績は、「トンボの眼玉」(大8)、「兎の電報」(大10)、「祭の笛」(大11)、「子供の村」(大14)と積み重ねられていった。

白秋と柳川

白秋は明治十八年(一八八五)一月二十五日、福岡県柳川市沖端町石場に生まれる。本名は隆吉だが、この地方のことばで、大きい坊ちゃんという意味の「トンカジョン」と呼ばれていた。

生家は柳川藩御用達の海産物問屋(通称油屋)として栄えてきたが、白秋の祖父の時代から酒造業を営むこととなる。

白秋は聡明で早熟であったが、神経質で病気がちな子どもでもあった。十代初めから文学好きの傾向が強く、内向性も濃くなっていく。柳川の中学伝習館に学ぶ頃は、島崎藤村を読み、とりわけ詩集『若菜集』(明30)には強い影響を受けることとなった。

白秋十六歳の時、生家が大火のために消失する。以来家運は衰退していった。

同じ頃、短歌雑誌「明星」(与謝野鉄幹主宰)に和歌を投稿したり、中学内に文学同人誌をおこしたりと、文学への傾斜がいっそうきわだってくる。

しかし、明治期の少年たちの多くがそうであったように、白秋もまた父親の反対にあい、文学書の読書を禁止されることになる。男子の仕事として、文学はあまりに軟弱なものに見えたのである。ところが、白秋は父親の激しい圧迫の中でも短歌創作を実行し、投稿雑誌「文庫」や地元の新聞に投稿を続けたのであった。

そして、しばしば入選するようになり、地元ばかりでなく東京の歌人にもその名を知られることとなる。十九歳で中学を退学すると、上京して早稲田大学英文科予科に入学し、文学一途の生活に入っていく。歌人の若山牧水（一八八五—一九二八）は同級であった。

「明星」「文庫」に始まる白秋の短歌による文芸活動は、その後詩へと発展し、詩集『邪宗門』（明42）『思ひ出』（明44）の発刊へとふくらんでいったのである。

豊富でユニークなボキャブラリー、貫く独得な抒情と感覚は、若い詩人としての位置を鮮やかに確立したのである。

柳川は、現在観光地として有名だが、その観光の中心は、やはり北原白秋の文芸の源を見つめるところにある。西鉄柳川駅近くに、白秋生家跡に至る水郷の舟乗り場がある。小舟はクラシックな装いを残す家々の間をすべり、時折現れる白秋の文学碑を臨みながら終着の生家跡近くに着く。美しく抒情的な三十分ほどの行程である。生家跡は当時の状態に一部復元され、その背後に立派な記念館が建てられている。

ところで、柳川は、太平洋戦争下に「あさくさの子供」を書いて第九回芥川賞を受賞した長谷健（一九〇四—一九五七）の出身地でもある。この長谷健は、白秋の伝記を小説とした『からたちの花』『邪宗門』を書いている。また、白秋を顕彰する文学碑の建設に尽力したことでも知られている。この長谷健の文学碑も水郷脇の小公園にたたずんでいる。

野口雨情

野口雨情記念館

ＪＲ常磐線磯原駅は、小駅である。改札口を出て勿来《なこそ》方向へ十分ほど歩くと、野口雨情の生家に出る。旧家の趣を残す野口家は、雨情誕生の頃は磯原御殿と呼ばれるほどに豪勢なものであったという。この生家から、さらに五分ほど歩いたところに野口雨情記念館がある。北茨城市の運営である。この記念館に雨情関係の資料の多くが、展示されているわけである。記念館正面には野口雨情の像があり、町での雨情に寄せる敬愛ぶりがうかがわれるところである。

記念館の背後には太平洋が広がり、その海岸には波しぶきを浴びつつ歌碑が建っている。

「青い眼の人形」「十五夜お月さん」等

雨情の代表作といえば、「しゃぼん玉」（大9「金の船」中山晋平曲）、「十五夜お月さん」（大9「金の船」本居長世曲）、「青い眼の人形」（大10「金の船」本居長世曲）、「七つの子」（大10「金の船」本居長世曲）、「赤い靴」（大10「小学女生」本居長世曲）、「兎のダンス」（大13「コドモノクニ」中山晋平曲）、「証城寺の狸囃子」（大13「金の星」大14改作　中山晋平曲）等が挙げられよう。それぞれに名曲がつけられ、多くの人たちに愛唱された作品である。雨情を代表すると同時に、大正期の童謡の黄金時代を代表する作品といってさしつかえないであろう。

白秋は、山田耕筰とコンビを組むことが多かったが、雨情の童謡は本居長世が作曲することが多かった。本居長世（一八八五—一九四五）は、国学者本居宣長の家系で東京音楽学校（現在の東京芸大）教師時代には、中山晋平、弘田龍太郎を指導している。多く雨情の童謡を作曲したが、西条八十の代表作「お山の大将」や藤森秀夫の代表作「めえめえ小山羊」の作曲家でもある。

青い眼の人形　　野口雨情詞　本居長世曲

青い眼をした
お人形は
アメリカ生れの
セルロイド
日本の港へ
ついたとき
一杯涙を
うかべてた

「わたしは言葉が
わからない

迷子になったら
なんとしょう」

やさしい日本の
嬢ちゃんよ
仲よく遊んで
やっとくれ

「青い眼の人形」は、キューピー人形の姿をヒントに創作されたものであるという。歌の広がりと共に、種々の場面で国際的な親善の役割を果たすこととなる。

作曲家本居長世は、「大正十一年の大震災後、米国民の吾々に寄せた同情に酬ゐるため、芸術答礼使節として、私がみどり、貴美子其他の人を伴ひ、彼国におもむいたときにも、彼地で、白人間に最も喜ばれたのはこの曲でした。それは、歌詞がアメリカ生れのセルロイド人形を主題にしてある関係もありましたらう。ブルーアイドダルと訳されて、各地で割れるやうなアンコールを常に繰返したものでした。」(「青い眼の人形の思ひ出」昭12『日本童謡全集』⑥)と述べているが、その後アメリカから日本の小学校へ人形のプレゼントがずいぶん行われたようである。

雨情はその後「キューピー・ピーちゃん」(昭5「コドモノクニ」)を中山晋平曲で発表しているが、この「青い眼の人形」ほどには流行することはなかった。

キューピー・ピーちゃん　　野口雨情詞　中山晋平曲

ドンと波　ドンと来て　ドンと帰る
チャップ波　チャップ来て　チャップ帰る
ドンチャップ　ドンチャップ　キューピーちゃん
ピーちゃんお国は　海の向う
来る時お船に　乗って来た

同じ人形を題材としつつも、「青い眼の人形」にある明快さとは違って、技巧的過ぎるきらいがある。時代状況をうつす問題意識を指摘することもできるであろうが、その語彙は、やや表層的である。

ところで、同じ人形を題材とした作品に葛原しげる（一八八六―一九六一）の著名な「きゅーぴーさん」（大13　弘田龍太郎曲）がある。

きゅーぴーさん　　葛原しげる詞　弘田龍太郎曲

きゅーぴーさん　きゅーぴーさん
なにに　そんなに　おどろいて
おおきな　おめを

みんな　ぱっと　あけて
しろくろさせて　たってるの

ギリシャ神話のキューピットをヒントに作られたキューピー人形が、雨情そして葛原しげるの童謡創作の意欲をかきたてたのである。

「青い眼の人形」と同じく、雨情の童謡の中で異国情緒をただよわせる作品に「赤い靴」がある。作曲も同じく本居長世であった。この「赤い靴」について阪田寛夫は次のように述べている。

雨情の作った童謡が、当時も、今も、圧倒的に子供や大人の心にしみこんでいる理由は、その底にある極彩色の寂びと、先ず「歌詞」であるという性格によるのではなかろうか。そして何よりも、その歌詞が呼んだ演歌風の旋律が「歌」としての魅力を持ったからである。

（『童謡でてこい』　河出書房新社　昭61・2）

赤い靴　　野口雨情詞　本居長世曲

赤い靴　はいてた
女の子
異人さんに　つれられて
行っちゃった

横浜の埠頭《はとば》から
船に乗って
異人さんに　つれられて
行っちゃった

今では　青い目に
なっちゃって
異人さんのお国に
いるんだろう

赤い靴　見るたび
考える
異人さんに逢うたび
考える

横浜の山下公園、ＪＲ横浜駅通路、静岡県清水市に童謡碑が建てられているこの「赤い靴」は、感傷的とのみはいえない、日本の現実的状況を含んでいる歌詞である。それだけに多くの人々の共感を得たのであった。

雨情の生涯

明治十五年（一八八二）五月二十九日、茨城県多賀郡北中郷村大字磯原（現、北茨城市）に、長男として雨情は誕生した。手広く回漕業を営んでいた父は、地域の名士であった。地元の小学校を卒業すると、上京して順天中学、そして東京専門学校予科（後の早大予科）へと進んでいった。童話作家小川未明ともこの学校時代に知り合っている。

雨情は、二十歳の時、東京専門学校予科を中退した。しかし、雑誌「少国民」「婦人と子ども」「女子の友」等に短編小説、詩、エッセイを執筆して文壇へのデビューを果たしている。雨情の文学的結実は詩集の出版に始まっている。『枯草』（明38）であった。その後、父の死、北海道での放浪的生活、磯原での家業への従事、家庭的不幸と、多忙と苦悩の日々を過ごしていく。

童謡との深い結びつきは、三十代後半のことで、三十八歳（大正九年）の時に「金の船」誌の童謡欄の選者となってからであった。毎号のように童謡を発表すると共に、童謡論をまとめていくのである。『童謡作法問答』（大10）、『童謡十講』（大12）はその収穫であった。

『十五夜お月さん』（大10）、『青い眼の人形』（大13）という代表的童謡集の出版もこの頃であった。その後も庶民の側に立った童謡創作と民謡創作を多面的に展開していったのである。

西条八十

「かなりや」による出発

白秋は「赤い鳥」、雨情は「金の船」（後「金の星」）の、いわば看板ともいうべき童謡詩人であった。そして、白秋は山田耕筰、雨情は本居長世という作曲家との共同作が目立っていた。

西条八十は、初め「赤い鳥」に執筆していたが、大正八年に「赤い鳥」を去り、「童話」誌の主要な執筆者へと移るのである。

著名な「かなりや」は「忘れた薔薇」に次いで、「赤い鳥」の大正七年十一月号に発表したもので、象徴詩人八十のみごとな童謡界でのスタートであった。成田為三が作曲し、哀調をおびた美しいメロディーによって、流行童謡となったのである。八十は、いっきに童謡詩人としての位置を持ったのである。

作曲家成田為三は、「赤い鳥小鳥」（白秋詞）「浜辺の歌」（林古渓詞）の作曲家でもある。

かなりや　　西条八十詞　成田為三曲

唄を忘れた金糸雀《かなりや》は、後の山に棄てましょか
いえ、いえ、それはなりませぬ

唄を忘れた金糸雀は、背戸の小藪に埋《い》けましょか
いえ、いえ、それはなりませぬ

唄を忘れた金糸雀は、柳の鞭でぶちましょか
いえ、いえ、それはかわいそう

唄を忘れた金糸雀は
象牙の船に、銀の櫂
月夜の海に浮べれば
忘れた唄をおもいだす

童謡集『鸚鵡と時計』（大10）の序によると八十は、「かなりや」創作の時代を次のように語っている。

私の童謡の中でも「かなりや」は、現在最もひろく子供の口に上せられてゐるものであるが、当時の私は実に「歌を忘れたかなりや」であった。私は、已に永く詩を離れて、商売の群に入り、埃ふかき巷に錙銖の利を争ってゐた。言われる儘に書いて、「赤い鳥」へ寄せたかりそめの童謡「薔薇」は、偶然にも、自分が真の詩の精神へ復帰する機縁を作ることになった。この意味に於て、鈴木三重吉氏は私の恩人である。尠くとも、「歌を忘れた」この哀れなかなりやを優しい繊手に労って、象牙の舟と銀の櫂に

添へ、月夜の海に浮かべてくれた忘じ難き恩人である。

八十は、明治二十五年（一八九二）一月十五日、東京・牛込区払方町に生まれている。九人兄弟の三男であった。西条家は江戸時代から質屋を営んでおり、かなり裕福な家であったと考えられる。ただし、八十の父は家業を質屋から石鹸製造業へと変えてはいる。

八十は早稲田中学から早稲田大学へと進み、早熟な文学的才能を開花させようとする。早稲田大学英文科の同期には、青野季吉、細田民樹、坪田譲治、直木三十五、木村毅等がおり、俊秀を競っていた。ところが、大学卒業後は、天ぷら屋を開業したり、出資して出版社役員をしたりと、父の遺産を事業に投入する生活が続き、文学への没入を遠ざけたのであった。

そのような時の鈴木三重吉の「赤い鳥」への執筆依頼は、八十を感動させたようである。東京上野不忍池近くのアパート〈上野倶楽部〉に住んでいた八十は、「薔薇」と「かなりや」を創作したのである。

現在、不忍池、弁天堂のたもとにある「かなりや」の童謡碑は、その頃の八十の生活ぶりをうかがわせるものがある。八十の自伝『唄の自叙伝』には、このあたりの事情が丁寧に記されている。

ところが、大正十年に「童謡私見」（「大観」）を発表したことから北原白秋との童謡論争が生じ、その結果八十は「赤い鳥」を去ることになるのである。

伝承の童唄を基盤とする白秋の童謡観と、八十の自由な想像による自己表現との対立だったのである。

小学唱歌を批判して登場した大正期の童謡が、芸術的性格を持ったのは、八十の「赤い鳥」での秀作に負うところが大きかったようである。大正七年九月から「赤い鳥」を去るまでの八十の作品は、豊かな想像力と濃い象徴性にあふれていた。

蝶々

旅商人《たびあきんど》の　蝙蝠傘《こうもり》に

蝶々がひとつ　とまった

………

あしのうら

赤いカンナの　花蔭に
にょきり　出てゐる　蹠《あしのうら》
………

まさに芸術的な子どもの詩だったのである。次の「夕顔」はその代表作の一つといえるだろう。

夕顔

去年遊んだ砂山で
去年遊んだ子をおもう

わかれる僕の船の上
送るその子は山の上

船の姿が消えるまで
白い帽子を振ってたが

きょう砂山に来て見れば
さびしい波の音ばかり

あれほど固い約束を
忘れたものか　死んだのか

ふと見わたせば磯かげに
白い帽子が呼ぶような

駈けて下りれば　夕顔の
花がしょんぼり咲いていた

豊かな空想、鮮やかなイメージは、人間や人生や社会の真実に触れていこうとする思いにあふれていた。子どものことばで、詩を発想していたのである。

これが、子どもの理解と興味という点で争いのポイントともなっていったのである。

いずれにせよ、八十の童謡のスタートは、自らの感性と美意識とを率直に歌いあげるところにあったのである。

八十の文学的活動

「赤い鳥」を離れた八十は、大正十一年四月から、「童話」誌の童謡欄を担当する。そこには、五十編の創作に加えて、外国童謡の翻訳があった。イギリスのスティブンスン、デ・ラ・メア、ロゼッティ等の作品であった。

これは、八十の主張する、子どもの詩であると同時に、一般の人々の鑑賞にも耐え得るという考えの表れの一つであったということができようか。

八十の作品には同時に数多くの童話、少女小説、そして感傷的な少年少女詩がある。多才な文学者の多岐にわたる文芸活動であったといってよいであろう。

童謡集に『鸚鵡と時計』（大10）、『西条八十童謡全集』（大13）、詩集に『少女詩集』（昭2）、『少女純情詩集』（昭7）がある。

大正期の童謡黄金時代を築き上げた三人の詩人の作品にしても、現在まで生き続けているのは、やはり優れた曲のつけられたものにほかならない。

Ⅲ　ラジオ、レコードの普及と童謡

「かもめの水兵さん」と母性——武内俊子の童謡

幼年童謡作家

童謡詩人与田凖一は、武内俊子についての記憶を次のように記している。

サークルの〈紅一点〉だった武内夫人が、会合の雰囲気をなごやかなものにしてくださっていたことは言うまでもありません。現在からおして考えて、けっしてゆたかな時代環境ではなく、会員の私どももそれぞれに希望や期待を抱きながらまだ充分に開花するまでにいたらない感じだったなかで、サークルの中で早く逝かれた武内俊子さんが、キングレコードの主な童謡作家としてもっとも活躍されていた時期だったかと（これも不確かながら）思い出されてもいます。（『武内俊子伝記と作品集』　昭52・1）

与田の述べるサークルとは、昭和十二年に作られた「幼年文芸サークル」のことで、奈街三郎、佐藤義美、巽聖歌、そして武内と与田が同人であった。童謡、童話劇、童謡の創作活動による幼児への情操的教育を主旨とした会であった。武内は、この会の雑誌第一号(昭12・6)に、童謡「アイスクリーム」を発表している。

アイスクリーム

さらん　さらさら　氷の中で
さあさ　ミルクを　さらさらまはし
すぐに出来ます　アイスクリーム
坊やお皿を　並べておいで

さらん　さらさら　氷に赤く
窓の　つるばら　映つてゐるよ
坊や　好きでしょ　アイスクリーム
甘いミルクが　匂って来ます

………

さらん　さらさら　坊やとママと

銀の　お匙で　くづして　たべよ
甘い　つめたい　小さなお山
銀の　お匙で　すくって　たべよ

この時代を与田は、童謡論集『童謡覚書』（天佑書房　昭18・1）の巻末部で、「『乳樹』をやめてから昭和十二、三年までの四十五年間が、乳樹時代に引き続いて、わたくし達にとってたいへんな時代であった。児童文学がその主流を全然没してしまった時代である」と述べ、文学的にも実生活上でも混迷をきわめていたことを記している。

「赤い鳥」出身の童謡詩人である与田準一、巽聖歌が中心になって昭和五年三月に創刊した同人雑誌「乳樹」（後「チチノキ」）は、新しい童謡運動の提唱とその具体化の舞台であった。しかし、その「乳樹」も昭和十年五月に方向を見失い、終刊したのである。先の「幼年文芸サークル」は、その直後の会であった。与田は、芸術的な童謡、少年少女詩に対する生真面目な葛藤のさ中にあった。

しかし、武内の場合は少し違っていた。昭和十二年は、代表作「かもめの水兵さん」（河村光陽曲）がレコード化された年であった。童謡集『風』（昭8・11）を自費出版したものの、一般的にはまだ知られることのない童謡詩人だった武内が、このレコード童謡によって多くの愛好者を得ることになったのである。

横浜港での「かもめの水兵さん」

「かもめの水兵さん」の作詞については、夫である武内邦次郎が『武内俊子伝記と作品集』（前出）で次のように述べている。

俊子の叔父に永く龍谷大学の教授（晩年昭和一三年から一九年まで学長）をつとめられた足利瑞義というのがあります。この叔父が横浜メリケン波止場から船でハワイへ旅立つのを、私たち二人で見送りに行ったことがあります。それがいつであったかいろいろ調べましたが、何分にも四十数年前の事で判明しなかったのですが、今回竜谷大学に問い合わせましたところ、同大学の図書館長を永くつとめられた、「平春生」氏のご親切な調査により文献「文化時報」に基づき、足利叔父が「ハワイ開教総長として昭和八年九月二四日に横浜から船出した」との御返事を頂き、いたく感激し、胸のわだかまりが、一時に解けたような気がしました。それはよく晴れた秋ばれの午後のことでした。横浜メリケン波止場、桟橋一帯に、沢山の白いかもめが飛び回り、それが折りからの、夕日に映えて、とてもきれいで、印象的であった事を憶えております。この強い印象が、そのうち、詩となったのであります。それがあまりにすんなりと出来上がったので、即刻電話で、作曲家、河村光陽先生に詩をお伝えしました。

かもめの水兵さん　　武内俊子詞　河村光陽曲

かもめの水兵さん
ならんだ水兵さん
白い帽子　白いシャツ　白い服
波に　チャップ　チャップ　うかんでる

かもめの水兵さん
かけあし水兵さん
　白い帽子　白いシャツ　白い服
　波を　チャップ　チャップ　越えていく

かもめの水兵さん
ずぶぬれ水兵さん
　白い帽子　白いシャツ　白い服
　波で　チャップ　チャップ　おせんたく

かもめの水兵さん
なかよし水兵さん
　白い帽子　白いシャツ　白い服
　波に　チャップ　チャップ　揺れている

リピートと韻を用いた、リズミカルな作品である。

童謡等の歌謡は、いわば作曲されて、総合芸術としての真価を発揮するものではあるが、詩作自体が曲におぶさるようでは、その評価を私たちはかなり低く見るだろう。しかし、この水兵さんの唄は、全く違って、詩そのものが普遍的、詩としての価値もかなり高く評価してよいと思う。

童謡詩人の都筑益世は、「武内俊子さんと『かもめの水兵さん』」で右のように述べている。単純明快でリズム性豊かなこの詩が、河村光陽の曲と出会って、一種の相乗効果をともなって流行童謡となっていったのである。

作曲家河村光陽は武内俊子とコンビで、その後「赤い帽子白い帽子」「船頭さん」「リンゴのひとりごと」という、両者にとってのいわば代表作を世に送り出していった。

河村は、明治三十年（一八九七）福岡県田川郡赤池町上野の生まれである。小倉師範学校を卒業して小学校教員となったが、音楽の専門家となることを夢見て、曲折を経て東京の音楽学校に学んだ人で、どちらかといえば自学努力の作曲家である。経歴等から推して、童謡のレコード化に力を尽くした海沼実に通じるところが多い。

「かもめの水兵さん」は、『河村光陽名曲集　かもめの水兵さん』の中の「河村光陽年譜」（昭54・10）によれば、昭和十二年五月にキングレコードから発売されている。

この武内作品のレコード化について、河村光陽の長女順子は次のような回想を綴っている。

母や私の記憶では、レコード吹込みとなる大分以前から、この詞、曲を知っていたし、また、公表される以前のピアノ伴奏に、異なる和音のついていたことも、おぼろ気に記憶があったりして……そして、故神吉春夫氏や母の話によると、昭和十一年末この曲をとりあげられたキングレコードの神吉春夫ディレクター（後の光文社社長）と、俊子さん、父の間で検討が交わされ、一番〜四番までの詩の中で韻を重ねるところがいくらか整理されて、今の形となり吹込みされたということだった。

（『武内俊子伝記と作品集』）

前の武内邦次郎の調査の通り、昭和八年に詞が作られ早い時期に作曲された後、少女童謡歌手でもあった河村順子の記憶から、少し温められた期間のあったことが知られるのである。また、〈歌いやすい童謡作り〉という観点から、詞に修正が加えられたことも知られるのである。

三原での少女時代

武内俊子は、明治三十八年（一九〇五）九月十日広島県三原市の浄土真宗の名刹浄念寺に生まれた。父渡辺俊哲は布教活動に専念する僧侶であったという。僧侶の家系である武内の母（ツナ）方には、東京築地本願寺の輪番を勤めた渡辺哲信がおり、母の妹は龍谷大学の学長で、仏教学者として著名な足利瑞義に嫁いでいる。つまり武内は、みごとなほどの仏教的雰囲気の中で育ったわけである。

武内の作品には、いわゆる仏教童謡が少なくないが、それは、こうした家庭環境の影響によるものであろう。「よいよいよい子は　かわいい子　いつもにこにこ　ののさまよ………」の「よいよいよい子」（藤井清水曲）や次の「野ぶどうの実は」は代表作である。

野ぶどうの実は　　武内俊子詞　本多鉄麿曲

野ぶどうの実は　紫
露にぬれてる　光ってる
　鼠　野ねずみ　野ぶどうむいて
どこへ行くのと　聞いてみる
鼠　チュウチュウ　チュウチュウチュウチュウ
ののさまへ　ぶどうを持って　行くんだとさ

谷百合の花　まっかに
風にゆられて　匂ってる
　鳩よ山鳩　お花をくわえ
どこへ行くのと　聞いて見る
鳩はクルクル　クルクルクルクル
ののさまへ　お花を持って　行くんだとさ

お星さまああ　速いな
山に落ちたよ　流れ星
　いつもお山へ　日ぐれに急ぐ
どこへ行くのと　聞いて見る

星はキラキラ　キラキラキラ
ののさまの　みあかしつけに　行くんだとさ

これらは、感謝の気持ちや無垢な信仰の本質を幼児に親しみのある素朴な言葉で表現したものである。武内は、初めての童謡集『風』（歌謡詩人社）の「あとがき」に、次のような童謡創作観を述べている。

童謡を謡ふ時、私の魂は煩悩を解脱して、仏界に遊ぶ童子のそれの様に救はれて居ります。童心は私の魂の果であり、童謡はその情熱の発露とも申せませう。

また、「現実社会の喜怒哀楽を忘れて純粋透明な世界に戻り得る」とも記しているように、いわば祈りの境地としての創作意識といえるであろう。と同時に、この物言いには、大正期童心主義童謡の思念をもたたえていることが理解できる。北原白秋、三木露風に代表される童心主義童謡は、仏界や浄土というような宗教的ボキャブラリーは持たなかったものの、善良で純真無垢なる子ども心に発露するものという創作観に立っていた。子どもの中にいわば理想の世界を見るという点では共通するといえるであろう。

文学的出発

仏教的な雰囲気と教養を深く身に受けながら、武内は三原市で幼児期を過ごしたが、その後広島平済美小学校、広島県立広島高等女学校、広島女子専門学校と、広島市内で教育を受けることとなる。比治山橋近くで少女期を過ごしたのであった。そして、大正十四年、縁あって武内邦次郎と結婚し、東京・三軒茶屋に転居することとなる。武内俊子二十歳のことであった。

結婚後は、創立者が同郷である安達式の生け花を学び、家庭婦人らしい趣味に打ち込んでいたが、元来好きであった「書くこと」が少しずつ日常化していったようである。これが童謡創作であった。こうして自らのノートに書きためた作品をまとめたものが、自費出版した童謡集『風』であった。昭和八年十一月のことである。

童謡は学問や知識を無視した歌謡ではない。その本質が自然詩なるが故に、学問を超越し知識を超越しての存在である。………自然の心境にある『風』の著者は、事物への覚感は極めて自然である。謹か本集を誦して自然にあらずと言ふものがあらう。

このように、野口雨情は『風』の「序」で、子ども時代の追憶と家庭人として自らの子どもの観察をよりどころとして、自然に歌い出した武内童謡の技巧のない自然な世界を紹介している。

この『風』が一つのきっかけとなって、武内の文芸創作の世界はしだいに広がっていったのである。幼児絵雑誌「コドモノクニ」には「お人形とタマ公」（昭8・2）、「マッチとタバコのお約束」（昭8・7）、「じまんした高い煙突」（昭8・8）等をすでに執筆していたが、武内はこの後、「コドモノクニ」「幼年倶楽部」等へ多くの幼年童話を発表している。「樫のお馬」（昭8・12）、「八百屋の小父さん」（昭9・12）、「オサルとカンガルー」（昭10・1）、「もうすぐおやつ」（昭11・5）、「サブチャンノ望遠鏡」（昭11・12）等が「コドモノクニ」。「オヤクソク」（昭11・2）、「テフテフトコヒツジ」（昭11・4）、「ありと蝶に」（昭11・8）等が「幼年倶楽部」である。

武田雪夫編集による『幼稚園と家庭　毎日のお話』（育英書院　昭11・11）には、「コドモノクニ」に発表した「お人形とタマ公」のほか、「雪だるまの大将さん」「桑畑のお爺さん」「雀とり」「ミミーと万年筆」「船の子」が掲載されている。幼児の世界にふさわしいボキャブラリーと文体による武内の幼年童話には、いわゆる従来の童話作家にはない新鮮さがあったのである。

幼年童話は浜田広介の登場によって、大正時代末から芸術的な香気を持つものに発展してきたが、大正期童心主義の主張の中でやや観念的となり、現実の幼い読者の興味や理解を飛び越えてしまう傾向を持った。幼児から小学校三年生くらいまでの読者にとっての楽しい物語の世界は、あまりなかったのである。

このような傾向の中で武内の幼年童話は、自らの子どもに語りかけるような親しさに満ちたものであっただけに、新味を感じさせたのである。小品ゆえに芸術味は薄いものの、押しつけがましくない、親しみのある教育性と上品さとを備えた作品であった。前に引用した仏教童謡でさえも、積極的な強化色はほとんどなく、日常的な自然な営為の中で生きていることへの本質的な感謝の気持ちが芽生えることを主旨としていた。幼児に楽しみを提供しようと模索していた当時の幼年童話の中で、その伸びやかな雰囲気がきわだっていたのである。

「もっと新風を入れるべきだ」

「その方が雑誌が新鮮になるではないか」

多くの先輩たちも思いは同じだったと思うが、実際にはそういう作家も作品も、おいそれとはみあたらぬことを経験が知っていたのである。………武内俊子さんの作品を一読したときから私は、「これだ」と心の中でさけんだ。………それからの「幼年倶楽部」には、童謡に童話に、武内俊子の名が加速的に増えていき、同誌へささやかな風を吹き込むことになる。

「幼年倶楽部」の編集者であった小林隆治は、当時の思い出をこのように述べている。

武内は、昭和十年から十四年にかけては幼年童話を中心に発表したのである。

（『武内俊子伝記と作品集』）

子育てと創作

武内が童謡、童話の創作に意欲を燃やした頃、ちょうど長男長女が幼児期で、子どもの考え方や感受性を観察するモデルを持っていたことになる。しかし、当然子育てのさ中での創作であり、執筆する時間の捻出には苦労をしたようである。そのあたりの事情を夫邦次郎は次のように回想している。

自室での原稿書きは、多くは夜間だったようです。どちらかと言えば、宵っ張りの方でしたから、その方が雑音も入らず、気が落ち着いたようです。需要がなければ、無理をしなくてもよかったのにと思われます。これがうれしい悲鳴というのでしょう。こうなるのが宿命だったのでしょう。

（『武内俊子伝記と作品集』）

武内は、大戦終了の四ヵ月前、昭和二十年四月七日、四十一歳で亡くなるが、主婦として母親として最も多忙であった時期が、すなわち創作活動の盛期でもあったのである。

長男が誕生する昭和四年頃から文筆活動を始め、「コドモノクニ」「幼年倶楽部」の有力な執筆者であり、レコード童謡界の華やかな詩人として活躍するかたわらで、四人の子どもたちを育てていたのである。夫の回想にはその忙しさが十分に表れている。同時に、若くして病没した原因の一つがこのあたりの体の酷使にあったのではないかという、哀惜の情が露にもなっている。

昭和十八年頃から結核の症状が現れ、その後病状の進行が早く、昭和二十年三月の東京大空襲を経て没したのであった。

俊子童謡の評価

「かもめの水兵さん」以外の武内の童謡の代表作といえば、「赤い帽子白い帽子」（河村光陽曲　昭13・2）、「お百姓さんの歌」（丹生健夫曲）、「リンゴのひとりごと」（河村光陽曲　昭15・5）、「船頭さん」（河村光陽曲　昭16・7）等である。

「かもめの水兵さん」以来、作曲家河村光陽とのコンビによる作品が愛唱されることになる。西原康は、「当時としては特異な存在だった主婦兼業の詩人、武内俊子との出会いがふたりに共通の代表作を生み出した」と「河村光陽・小伝」（『かもめの水兵さん』音楽之友社）に記している。武内の、理解しやすく音楽性をたたえた詞に河村光陽がみごとに調和する曲をつけ、互いにその持味を増幅させたのであった。作曲家河村にとっても、自らの才能を発揮する場となったのである。

赤い帽子白い帽子　　武内俊子詞　河村光陽曲

赤い帽子白い帽子　仲よしさん
　いつも通るよ　女の子
ランドセル　しょって
お手々　ふって
　いつも通るよ　仲よしさん。

実にわかりやすい小学生の通学風景である。ごく自然なリピートや韻によって、ことばそのものがリズムを備えている。

リンゴのひとりごと　　武内俊子詞　河村光陽曲

わたしは真赤な　リンゴです
お国は寒い　北の国
リンゴ畑の　晴れた日に
箱につめられ　汽車ポッポ
町の市場へ　着きました
　リンゴ　リンゴ　リンゴ
リンゴ　かわいい　ひとりごと

果物店の　小父さんに
お顔をきれいに　みがかれて
みんな並んだ　お店先
青いお空を　見るたびに
リンゴ畑を　おもいます
　リンゴ　リンゴ　リンゴ
リンゴ　かわいい　ひとりごと

物語歌のスタイルで、第一節から第三節へと語り出されるこの歌は、故郷を離れた「リンゴ」に託して、望郷の思いが歌われているのである。

加えて家庭的に、子どもたちへの深い愛情に基づいて深く作り出された武内の童謡であった。現在では、仕事と子育てをみごとにこなす女性が多くなっているものの、昭和十年代には、こうした女性はそう多くなかったはずである。当時の働く女性の場合には、どちらかというと意識的に女性の社会進出をとらえるタイプが多かったようである。

そのような時代の中で、実にのんびりとシンプルに歌い出す武内の童謡の数々は、かえって異色であっただろう。いわゆる当時の小説家、演劇人、評論家にあった逞しさは、これらの可愛らしい童謡には見つけることができない。そして、そこに、愛される武内童謡の根本があるように考えられるのである。

武内の童謡について、芸術的な高みや人生論的な深みを論ずる必要はあまりないであろう。幼い子どもたちにも歌える楽しさ、素晴らしさに尽きるわけである。
ところで、子どもの詩、童謡の世界には常に、詩であるか単なる歌であるか、文学であるか単なる歌であるかという命題がつきまとうものである。畑中圭一は『童謡論の系譜』(東京書籍 平2・10)で、この問題を次のように述べている。

近代童謡がその誕生の時点において、〈子どもに歌われる詩〉を意味していたということは、それが当時の唱歌との対決の中から生まれたという事実だけを見ても明らかなことである。「童謡」は単なる詩ではなく、作曲され、歌われること、あるいは恣意的に口ずさまれることを前提として書かれる詩であったのである。それは今も変わらぬ童謡の原点であると、私などは考えている。

この論述は、おだやかではあるが、かなり過激なものをも含んでいる。なぜなら、現代の童謡論の主たる論点はやはり文学、芸術面にあり、子どもが歌える楽しみを語り過ぎることが普遍的であるとは決していえないからである。

確かに、日本の子どもの詩、童謡は、歌われるところから出発している。
西洋音階を移植し、日本に音楽的教育を徹底しようとした時、そのメロディーにつけられたものが日本の子どもの詩、童謡の近代的なスタートとなったのである。イギリスを中心とした欧米の美しいメロディーを借り、道徳性を重視した漢文調、擬古文調の歌詞がつけられたのである。
そして、子どもたちは幼稚園、小学校等の保育室、教室でそれを歌ったのである。子どもの詩、童謡の、歌による出発であった。「故郷の空」「螢の光」「夏は来ぬ」「蝶々」等もその中にあったのである。しかし、多くは歌われ愛されるどころか、難解で子どもたちの理解と実感に遠い存在であった。

児童に歌はしむる唱歌は、歌曲の面白くして、容易的なものを取り、而も、その言辞は、児童の心に解し得るものを選むこと必要なり。今日幼稚園にて、歌はしむる唱歌は、雅言に過ぎて、到底その意を了解せしむる能はざる。

市橋虎之助は『幼稚園の欠点』（明34・4）においてこのように記し、「児童研究」（第二巻十号）に載った野口ゆかりの唱歌批判から、次のような難解語の具体例を抽出し掲げている。

「紀元節の歌」　高千穂なりと　日の本　なびきふしけん　万の国
「天長節の歌」　大君　生れ給ひし　恵あまねき
「燕」　つばくらめ　またこん春も
「幼児修身の歌」　仰ぎまつりて　休めはや　ねてもさめても

市橋は調査をもとに、これらの語について、子どもたちが実にたわいのないとらえ方をしていたと記している。たとえば、「万の国」は「万屋の小僧がお国へ行くところ」、「大君」は「扇」、「（恵）あまねき」は「たまねぎ」といったユーモラスなものである。

このように、〈楽しく理解して歌える歌〉からの遠さを批判するものは多く、その決定的な評論として、北原白秋の唱歌批判のいくつかの文章が書かれるのである。

子供の遊戯は自然に必然に子供そのものの感覚感情から生れて、自ら形になったものばかりだ。だから詩情に富む。詩だ、歌だ。本質的だ。ぴたりと子供に合っている。

（「童謡復興」大10）

童謡は童心童語の歌謡である。その為に調律を整斉し、作品の上より、若しくは児童本然の手拍子足拍子を以て歌ふべきものとする制作上の規約がある。

（「童謡私観」大12）

童謡は本来児童の歌謡である。而も成人の作るところの童謡も無論童心童語の歌謡であらねばならぬ。童謡の本質についての定義は、私にとつてはこれだけで沢山だと思はれる。

（「童謡制作の弁」大13）

白秋はこのように、歌う、歌謡としての童謡を主張し続けている。それはもちろん、作曲家によって作曲されることのみならず、本質的に持っていることばの音楽性をも指しているのである。いずれにせよ芸術的童謡ではあるが、子どもたちが理解しやすく、楽しく歌え、自然にリズムがとれるようなものが望まれていたのである。

「赤い鳥」系統の童謡の後退の後、文学としての散文詩が語られたが、そこでは「歌うこと」を看過する発想があった。それはちょうど、ラジオの普及とレコード制作を業とする音楽産業の台頭の時期と重なっていた。「レコード童謡」と後にいわれる、童謡詩人や童謡作曲家の活動の時代でもあったのである。

この落差は大きかったことが推察できる。極端にいえば、人生、人間関係、社会、自然の真実に迫ろうと文学的に追究する詩人にとっては、レコードやラジオによる大衆的なレベルへの浸透などは考えられなかったのであろう。歌われることを目的として制作されていくレコード童謡の詩人や作曲家との隔たりは大きかったのである。

昭和十五年に作られた、「今日は渡しで　お馬が通る　あれは戦地へ　行くお馬………」の「お百姓さんの歌」や、昭和十七年に作られた「みのきて　かさきて　くわもって　お百姓さん　ごくろうさん………」という「船頭さん」は、いわば銃後の国民の意識を代弁したものであった。中国大陸での戦争、そしてそれに続く太平洋戦争へと向かう時期であった。「航空母艦」（昭12）、「戦地のお父さまへ」（昭13）、「青空部隊」（昭15）、「コドモ翼賛会の歌」（昭16）、「落下傘部隊」「南国の母」（昭17）といったように、武内は時代を素朴に受け入れ、その中で子どもの生活感情をとらえ、周囲の人々や軍人たちへの感謝の思いを歌にしたのであった。このあたりが、育ちよく品位を常に保ち続け、家庭人としても自然なバランスを取っていた武内の日常感覚であったのであろう。鋭く政治や社会的現実を見つめるような眼差しは弱かったのである。

最後になるが、詩人の高田敏子は、武内を記念した〈武内俊子賞〉の第一回受賞者である。昭和三十六年四月のことである。「朝日新聞」家庭欄に連載されていた、ごく日常的な詩に対して贈られたものであった。武内を顕彰した賞としては適切なものといえようか。しかし、残念なことに、この賞は第一回のみで終わってしまっている。

現在、武内俊子の出生地、広島県三原市の三原市文化会館前には、代表作「かもめの水平さん」の童謡碑がある。

「ナイショ話」のふるさと——結城よしをの世界

山形の少年時代

童謡「ナイショ話」で知られる童謡詩人、結城よしをは昭和十九年（一九四四）に戦病死した。当年二十四歳の早逝であった。

昭和十六年七月、二十一歳で召集を受け、秋田、北海道、アリューシャン諸島、そしてシンガポール、ニューギニアへと出動、転戦の後にパラチフスにかかったのである。北九州小倉の病院において九月十三日、両親に看とられつつ他界した。

昭和十九年九月といえば、ヨーロッパではドイツ軍が敗走し、パリが解放された直後であり、太平洋戦争も終局を迎えようとする頃であった。

結城よしを（本名芳夫）は、大正九年（一九二〇）三月三十日、山形県東置賜郡宮内町に、歌人の結城健三とその妻えつの長男として誕生した。

小学校五、六年ころのよしをは漫画が好きで、いつも教科書やノートの余白に漫画ばかり描いていたという。将来は漫画家になるつもりだったらしい。また魚釣りを好んだという。

『月と兵隊と童謡』（結城よしを著　三省堂　昭43・1）の冒頭に掲載された、編集部による「小伝」の一節である。いわゆる既成の児童文化財等の豊富でない時代であった。その中で、「赤い鳥」を中心とした童話童謡の運動が、大都市圏を舞台に広がりつつあった頃である。

結城よしをが小学校の上級学年の頃、ちょうど田河水泡の「のらくろ二等兵」が「少年倶楽部」に連載された(昭6)。小学校三、四年生あたりから成人を含め、圧倒的な人気を得た「のらくろ」は、小川未明に代表されるような童話よりも魅力的であったのだろう。「小伝」にあるよしをの漫画好きも、この「のらくろ」に刺激されてのことであろう。結城よしをも、当時のごく一般的な小学生であったわけである。

昭和九年、山形市立第四尋常高等小学校を卒業と同時に、結城よしをは山形市内の八文字屋書店に住み込みで働くことになった。この八文字屋書店は、現在も大型書店として山形市中心部にあるが、ここで店員として店番と配達をしていたのである。

現在、童謡詩人として活躍している弟、結城ふじをは、この書店でのたくさんの書物との出会いがよしをの童謡創作のきっかけとなったという。暇を見つけては、本を読みあさっていたわけである。

そして、昭和十年、十五歳になる頃から、よしをは童謡の創作を始めたのであった。地元紙「日刊山形」等に投書し始めたのもこの頃である。

ところで、結城よしをの童謡は、北原白秋に代表されるいわゆる大正期の童謡とは少し異なっていた。白秋童謡の主な発表誌であった「赤い鳥」も、その華麗な活動期を過ぎ、童謡、詩の世界も新たな時期を迎えていたのである。一つは文芸詩として鑑賞する少年少女詩の方向であり、もう一つは大衆的な歌われる歌としての童謡の方向であった。後者は、音楽産業の台頭の中での、いわば流行的な方向であったといえる。

この二つの潮流の中で、結城よしをは〈歌われる童謡〉を志向するのである。小学生の頃、田河水泡に刺激を受け、漫画家たらんとしたように、時代の潮流には敏感な質であったのだろう。新しく開き始めたジャンルに関心を持ち、試みることはそう特別なことではない。しかし、それに向かってひと筋に、持続していくとなると、決して一般的とはいえないであろう。よしをはこの時以来、歌われる童謡作りを、生涯貫くのである。

昭和十二年四月には、友人武田勇治郎と共著で、謄写版刷りの『ぶどうの実』を制作している。

山形県立図書館の調査（佐々木悦）によれば、「昭和十二年度　日刊山形、山形新聞、その他に童謡、童話、随想、批評を多く書くようになり、ペンネーム『時雨夜詩天』『露路情』を用いる」（「結城よしを年譜」昭40・10）となっている。

「おてだま」創刊

結城よしをは、地元の童謡同人誌「さくらんぼ」（沢渡吉彦主宰）等を経て、昭和十二年九月に童謡誌「おてだま」を同人七名で創刊することとなった。同人は、前出の武田勇治郎、加えて草苅亀一郎（編集担当）、おさらぎ信夫、関昭一郎、高谷真、濱名葉子、結城よしを（発行人）であった。

この同人誌創刊当時の結城よしをの思いは、日刊山形（昭12・12・2）の「童謡雑感」に述べられている。

童謡とぼく――それは切つても切れない仲よしなんです。童謡を作り始めたころのぼくはただなんとなくうれしかつたのです。一つ一つ作つた童謡はだれにもみせませんでした。ですから、投稿なんかちつともしませんでした。ひとりで作つてひとりで読むのが一番楽しみでした。

十五、六歳の少年の、ごく素直な思いであったと想像することができる。好きな童謡創作だけに、初めは野心などほとんど抱いてはいなかったのである。

「さくらんぼ」はぼくのよい勉強誌でした。そのうち、高谷真、関昭一郎君と友だちになりました。JOJKから童謡が放送されました。ぼくはおどりあがって喜びました。そのうち「成楽会」から「うれしい道」の楽譜が出版されました。……そこで関君、武田君、高谷君たちといっしょに「おてだま」を創刊いたしました。これもみんなY先生のお力と深く感謝いたしました。

Y先生とは山形の童謡の先達で、『さくらんぼ』(昭11)、『雪明り』(昭13)等の童謡集がある沢渡吉彦のことである。沢渡の指導と援助を得て、結城よしをは童謡創作をいわば仕事として、野心的意欲を燃やし始めるのであった。自作が地元の放送局で放送されたことで、よしをの創作姿勢に新たな局面が開かれたのである。「おてだま」の創刊号には「日暮れの馬車《まあちゃお》」を発表している。

日暮れの馬車　　結城よしを詞

高粱　高粱　あァをいな
サヤサヤ風の吹く中を
馬車　馬車　走ってる
トテトテラッパが静かだな

高粱　高粱　たァかいな
涼しい道よ葉蔭道
黄色い　黄色い　服を着た
子供が笑って乗っている

昭和十二年といえば、七月に日中戦争が起こり、大陸への侵攻が始まった年である。当時少年であったよしをも、中国大陸の風俗や自然へと想像力を広げたのである。

「兵隊ごっこしましよ」「ねんねん揺籃」（昭12・10）
「ほーい」「春の満州里《まんちょうり》」（〃・11）
「坊やも兵隊」（〃・12）
「僕等のお正月」「君と僕」（昭13・1）
「夜業《よなべ》」「魚屋さん」「学校だよ」「僕等の進軍」（〃・2）
「山奥の破れ寺」「シャボン玉とばそ」（〃・3）
「楽しいハイキング」「僕等の日の丸」（〃・4）
「呼んでるよ」「和尚さんの友達だァれ」（〃・5）
「学校へ行くんだよ」「かごめ鳥」「ビックリ箱」「ウンと来い」（〃・6）
「こぶ取りお山」（〃・7）
「蝉の子」「縄飛びの歌」（〃・8）

「兄さんは北支」「遠眼鏡」　（〃・9）
「旅のラクダ」「三軒お店」「隣りの小父ちゃん」　（〃・10）
「支那手品の子供」「芽が出た　ほい」「白衣の兵隊さん」　（〃・11）
「戦地の父ちゃんへ」「狸の駕籠屋さん」　（〃・12）
「仲よし小波」「ヒヨコのお散歩」　（昭14・1）
「南京の子供さん」「真ひる時」「謎かけ」「お里の婆ちゃまへ」　（〃・2）
「日本大好き」　（〃・3）
「僕の無敵艦隊」「麦笛吹かうと」「郵便ごっこ」「坊やのお見舞」　（〃・4）
「玩具の兵隊さん」「狐のお嫁入り」「父ちゃん戦地へ征ってから」　（〃・5）
「誰にやろ」「町へ行く馬車」　（〃・6）
「ピョンとはねピョン」「新兵さんと僕等」「我海軍を讃ふ」　（〃・7）
「くださいな」「動物の林間学校」「オメメ」　（〃・8）

右は、創刊後二年間「おてだま」に掲載した結城よしをの作品を抽出したものである。

創刊号に発表した作品の素朴な時代色は、題名からも推察できるように、結城よしをのひとつの特色である。中国大陸への侵攻を、実に純朴に自らの課題として取り上げている点がそうである。これは他の同人にもほぼ共通しているもので、一方的な情報の中で育てられてしまった、当時の少年世代の感情と意識のあり様を示しているといってもよいかもしれない。

「日本の子供さん　日の丸子供さん　僕等と仲よく　遊んでおくれ………」と歌い出される「日本大好き」は、鋭利、聡明な分析とは異なったベースから歌われた作品であり、結城よしをのこの種の作品の傾向を顕著に表しているといえるだろう。

しかし、当然のように、結城よしをの童謡の楽しさと充実はこれらにあるのではなく、まず幼い時代の体験を反映した童謡にあろう。

「妹と母さま　門のそば　行ってらっしゃい　ごあいさつ………」の「学校に行くんだよ」、「ほいほいほい　郵便　郵便………おやつのお知らせ　持って来た」の「郵便ごっこ」等は、幼い子どもの生活に寄りそい、平易な音楽性を重視しながら、子どものことばで創作したものである。リズムやリピート、擬音語、擬態語等の効果によって、結城よしをの童謡は、実に歌いやすく、口ずさみやすい調子を備えている。

ほーい　　結城よしを詞

ほーい
夕焼けが赤いぞ
かくれんぼよそうよ

ほーい
閑古鳥が鳴くぞ
泣かずに帰ろうよ

ほーい
灯がついたぞ
ころばず急がうよ

ほーい
夜鷹が鳴いたぞ
明るい月夜に

「ほーい」は、幼い子どものことばとはいえないものの、豊かな音楽性、そして構成の緊密さを持った作品である。加えて、自然にしみ出してくる風土的性格に魅力がある。結城よしを作品の楽しさのひとつとして、幼い時代の記憶と共に、この風土性を忘れることはできないだろう。
また、この特質が物語性と結びついて、「和尚さんの友達だァれ」や「こぶ取りお山」等の昔話風な童謡となる場合も多い。

童謡とは読んで字のごとく〈子供の謠〉である。子供自身が謠つたもの、またはおとなが子供になりきつて謠つたもの、それが童謡であると思う。………よく「我には童謡なんか作れない」という人がおるが、それは子供の心を理解しない人であつて、自分が子供になつて、あるいは幼いころを思い出すならば必ず作れるものと私は思つている。

温室や人の手によつて咲いた花より、野に山に自然に咲く花をより愛する。花の美しさ、やさしさに限りない愛撫を感ずる。………紅殻蜻蛉が飛んでいた。昔のままのいなかが懐かしかった。川辺にたたずんで三木露風氏の「赤とんぼ」を何度も歌つた。

（「童謡雑感」　日刊山形　昭12・12・2）

（「随想二編」　日刊山形　昭13・11・18）

右に引用した「童謡雑感」と「随想二編」に余すところなく述べられているが、子ども時代への追憶、幼い子どもの心理の洞察、そして自然との豊かな交感が、結城よしをのこの時代の童謡創作の方向であった。

「ナイショ話」

冒頭に記したように、結城よしをの代表的童謡は、何といっても「ナイショ話」である。山形市の中心部、最上義光築城の城跡に霞城公園があるが、その中に時雨音羽筆による、この童謡の記念碑が建てられている。「ナイショ話」は現在でも多くの童謡集に採録され、カセットテープ、CDに吹き込まれ、歌われる機会は多い。

ナイショ話　　結城よしを詞　山口保治曲

ナイショ　ナイショ

ナイショノ話ハ　アノネノネ
ニコニコ　ニッコリ　ネ、母チャン
お耳へコッソリ　アノネノネ
坊ヤノオネガイ　キイテヨネ

ナイショ　ナイショ
ナイショノオネガイ　アノネノネ
アシタノ日曜　ネ、母チャン
ホントニイイデショ　アノネノネ
坊ヤノオネガイ　キイテヨネ

ナイショ　ナイショ
ナイショノ話ハ　アノネノネ
オ耳へコッソリ　ネ、母チャン
知ッテイルノハ　アノネノネ
坊ヤト母チャン　二人ダケ

「ナイショ話」は昭和十四年六月に創作され、雑誌等に発表されることなく、直接作曲家山口保治に送られたようである。「かわいい魚屋さん」（山上武夫詞）、「ふたあつ」（まどみちを詞）、「ねこふんじゃった」

(丘灯至夫詞)等、よく親しまれた童謡の作曲家であった山口保治は、「おてだま」百号記念誌(昭33・3)で、結城よしをとの出会いと作曲について次のように記している。

結城よしを君と関係を持つようになったのは、昭和十年頃ではないかと思う。それ以来「おてだま」や外に原稿を送って呉れて毎月二三曲は作曲した様に覚えて居る。………「ないしょ話」は、原本に「昭和十四年六月六日夕方、晴・電車」と書いてあるから京橋の京華小学校に勤めていた頃、小石川林町の住居へ帰る市電の中で作曲したものらしい。………間もなく、当時のキングレコードのディレクター柳井堯夫氏が取上げて呉れたのが好運のつき始めとでも云うのでしょう。以来今日迄に五〇万枚以上売れている由。

愛唱される機会の多かった「ナイショ話」は、幼児期の記憶、幼児の心理に近づこうとすることば、そして、自然に口ずさみたくなるような音楽性を備えていた。結城よしを童謡の特質が、鮮やかに具体化されたものである。

同じ「おてだま」百号記念誌には、多くの童謡詩人や作曲家が、結城よしをに関する思い出や批評を寄稿している。レコード童謡の名曲を数多く残した海沼実は、「『ナイショ話』はさんぜんと輝いて、敗戦の焼土の中から芽をふき、花を咲かせたのだ」と、大戦後におけるこの童謡の流行ぶりを紹介している。ちょうど海沼実作曲の「あの子はたあれ」(細川雄太郎詞)、「お猿のかごや」(山上武夫詞)のように、昭和十年代に創作、レコード化されたものでありながら、大戦後になって多くの人々に愛好されるのである。

レコード童謡については、吹き込まれ、歌われることを目的とすることが一般的で、そのために詩としての芸術性が薄められるというマイナス面が指摘されている。確かにこの点を否定することはできない。「おてだま」の同人のひとりである鈴木喜平は「結城君の童謡芸術」（「おてだま」昭14・1）の中で、その芸術性、思想性の軽みを次のように指摘している。

> 僕の無理な注文かも判らないがその作品の上に一歩内面的な深みを加える事が出来れば一段と迫力を求める事が出来ると思ふ。――然しその一面音楽面との構成の上にはその希望は一寸無理のやうにも思はれる。唄はれる童謡は聴覚本位に創られるべきであらうから。

レコード化され、歌われる童謡創作へと深く傾斜していった、結城よしをに対する的確な批評というべきであろう。この種の批評は同人間に共通したものであったらしく、草苅亀一郎も「作品印象」（「おてだま」昭14・1）に「君は其の才にまかせて、童謡の本質、或は詩を無視した単に商品的な作品を時折発表されるのが君の為に惜しむ所である」と批判してもいる。

結城よしをは「おてだま」誌上での作品発表に加え、自作の童謡原稿を海沼実、山口保治、豊田義一、定方雄吉、平岡均之、山本芳樹等、作曲家の元へ活発に送っている。もちろん、これらの若い時代の作曲家たちも、作曲意欲を刺激してくれる詩を求めていた。作曲家にとっても、当時のレコード産業は、夢をかけるに足る新しい仕事場だったのである。

また、結城よしをは、レコード化に積極的だった加藤省吾の主宰する「詩と童謡」にも投稿し、そこで「里の秋」の斎藤信夫とも親交を持つことになるのである。つまり、レコード、ラジオ放送と、メディアの新しい動きに関心を深く持つ詩人や作曲家が、自然に肩を寄せ合うこととなったわけである。

結城よしをの詞で、レコード化された童謡は数多くあるが、代表作は次のようなものである。

山口保治曲　「みんなよい子で」　キングレコード
　　　　　　「おとなりどうし」　ポリドール
　　　　　　「峠の仔馬」　キングレコード
豊田義一曲　「峠」　テイチク
　　　　　　「うかれ和尚さん」　リーガル
定方雄吉曲　「ブランコ」　キングレコード
山本芳樹曲　「麦笛小笛」　コロンビア

ラジオの普及とレコード製作

レコードの童謡の時代といえば、おおまかに昭和十年代から二十年代を指すことが一般的である。レコードの大量生産化、ラジオの普及という科学技術の進歩と一般化という新しい時代への動きに始まり、後に、テレビの普及によって後退するわけであるが、「レコード童謡」とは、いわゆるレコード化した童謡を指すのではなく、歴史的な概念を持つ語と解釈されている。

明治二十八年（一八九五）にイタリアでマルコーニによって無線通信の実験が成功した後、大正九年（一九二〇）アメリカ・ピッツバーグに、世界初のラジオ放送局が作られたのである。日本では、大正十四年（一九二五）に放送が開始された。

放送受信契約の推移

年度別	西暦	増減数	現在数	普及率(%)
大正13	1924	5,455	5,455	0.1
14	1925	253,052	258,507	2.1
15	1926	102,559	361,066	3.0
昭和 2	1927	29,063	390,129	3.2
3	1928	174,474	564,603	4.7
4	1929	85,876	650,479	5.4
5	1930	128,469	778,948	6.1
6	1931	276,830	1,055,788	8.3
7	1932	363,944	1,419,722	11.1
8	1933	294,501	1,714,233	13.4
9	1934	264,873	1,979,096	15.5
10	1935	443,015	2,422,111	17.9
11	1936	482,712	2,904,823	21.4
12	1937	679,639	3,584,462	26.4
13	1938	581,267	4,165,729	29.4
14	1939	696,408	4,862,137	34.4
15	1940	805,894	5,668,031	39.2
16	1941	956,295	6,624,326	45.8
17	1942	426,695	7,051,021	48.7
18	1943	295,908	7,346,929	49.5
19	1944	126,759	7,473,688	50.4
20	1945	△1,745,612	5,728,076	39.2
21	1946	△22,608	5,705,468	38.6
22	1947	737,738	6,443,206	40.6
23	1948	1,419,419	7,592,625	47.2
24	1949	1,057,412	8,650,037	53.8
25	1950	542,897	9,192,934	55.4
26	1951	519,081	9,712,015	58.6
27	1952	827,578	10,539,593	63.6
28	1953	1,169,580	11,709,173	70.4
29	1954	796,197	12,505,370	75.2
30	1955	748,238	13,253,608	73.8

（△は減）　　「放送50年史　資料編」／日本放送協会

受信機生産量の推移　通産省

年	西暦	数量（千台）
昭和10	1935	151
11	1936	424
12	1937	413
13	1938	593
14	1939	704
15	1940	828
16	1941	876
17	1942	809
18	1943	707
19	1944	240
20	1945	69
21	1946	665
22	1947	733
23	1948	808
24	1949	609
25	1950	289
26	1951	496
27	1952	1,087
28	1953	1,407
29	1954	1,395
30	1955	1,789

主要品目の生産量—蓄音機—
「日本長期統計総監」／総務庁統計局監修

昭和	西暦	数量（個）
4	1929	130,982
5	1930	94,041
6	1931	129,879
7	1932	131,301
8	1933	203,520
9	1934	265,295
10	1935	179,834
11	1936	194,271
12	1937	271,460
13	1938	156,668
14	1939	75,432
15	1940	29,913
16	1941	13,605
17	1942	4,641
18	1943	—
19	1944	—
20	1945	935
21	1946	2,450
22	1947	103,333

レコード（SP）生産量の推移
レコード協会

昭和	西暦	数量（個）
5	1930	14,400
6	1931	16,895
7	1932	17,016
8	1933	24,675
9	1934	25,731
10	1935	28,927
11	1936	29,683
12	1937	26,409
13	1938	19,634
14	1939	24,385
15	1940	20,928
16	1941	19,714
17	1942	17,085
18〜20	'43〜'45	〈不明〉
21	1946	3,420
22	1947	8,847
23	1948	11,962
24	1949	16,860
25	1950	11,828
26	1951	14,904
27	1952	17,806
28	1953	19,357
29	1954	15,896
30	1955	12,781

前頁の資料のように、ラジオ普及台数にせよ、レコード生産量にせよ、また蓄音機の生産状況にせよ、太平洋戦争中はともかくとして、昭和十年代から二十年代は激増していく過程にある。この新しいメディアの中で、児童対象、家庭対象のレコード産業は盛んになり、ラジオ放送量も増加していったのである。

もちろん、レコード童謡の人気には、それを歌う魅力ある童謡歌手や、児童合唱団の存在が寄与していたことを忘れることはできないだろう。

結城よしをは、こういう文化的状況の中で、自作の詩をレコード化する夢を温めながら青春時代を過ごしていたのである。よしをはアコーディオンの演奏が巧みであり、秋久路夫という名で作曲もしていたということである。弟、結城ふじをの話では、よしをの音楽学習の場は不明であったが、この音楽的才能も加わって、時代の文化的背景の中で、一途に〈歌われる詩〉を志向していったのである。

『月と兵隊と童謡』

若くしてこの世を去った結城よしをは、生前、小冊子『ぶどうの実』を出版したが、没後、父の手によって三省堂から刊行された『月と兵隊と童謡』は、いわば集大成ともいえる童謡随筆集である。この詩文集は従軍記録の中に童謡創作がちりばめられているものであるが、無心に前線を移動しながらも、ふと童謡作りに心を奪われてしまう青年の思いが痛ましさを誘う一冊である。加えて、童謡集『野風呂』（あしかび書房）がある。

童謡誌「おてだま」は、弟の結城ふじを氏によって現在も刊行されている。

異郷での「あの子はたあれ」——細川雄太郎の童謡

近江の作詞家

童謡作詞家、細川雄太郎は大正三年（一九一四）十一月二十七日、滋賀県蒲生郡日野町に生まれた。この細川の業績を記念して、水口町へ向かう有料道路の入口に童謡碑が建てられている。

細川の童謡創作は昭和十年頃に始められ、いわゆる〈レコード童謡時代〉に、幾編かの後に著名となる作品が発表される。そして第二次大戦をはさんで童謡の創作にいそしみ、現在に至っている。

一般に、童謡詩人及び童謡についての考察となると、ごく有数の詩人とその作品に限られる。この細川にしても児童文学史ないしは童謡史に、その名あるいはいくつかの作品名のみを記述されるに過ぎない。

ここでは、昭和十年代に海沼実によって曲をつけられ、多くの子どもたちに愛唱された「あの子はたあれ」を中心に、細川の作品及び童謡観を検討することとする。

レコード童謡の評価

与田準一は「童謡の史的展望」（『児童文化』昭16・2）において、芸術童謡がしだいに低迷する状態を次のように批判している。

平俗童謡の場合はむしろ平俗の故に作曲は容易で（作曲という主人持ちの単なる歌詞）子供に特殊な関心のあるなしにかかわることなく、雑多な作曲家による職人的作曲に任せられた。極端な例では、ジャズ流行歌新作地方民謡附曲のテクニックをそのまま興味本位に童謡作曲に移植された……。

昭和四、五年頃よりこの状態は強まり、昭和十年代は、その顕著な現象が多く現れている。このレコード童謡時代の特質を、矢崎節夫は「幼年童謡の流れ」で、次のように明解に指摘している。

童謡からの詩精神の欠落の時期で、調子のよい言葉と歌謡調の曲、それに幼い童謡歌手の出現によって、一時代を築いた。

（『日本児童文芸』昭59・6）

つまり、北原白秋、西条八十、野口雨情に代表される芸術性豊かな大正期童謡、そして第二次大戦後から現在までの、子どもたちの論理に寄りそった、佐藤義美、まどみちお等の親しみある現代童謡の時期にはさまれた、いわば谷間の時期であったというわけである。

これについては、現代童謡の代表的詩人でもある阪田寛夫もまた、当時のジャーナリズム童謡にあった安易な童心主義や通俗性を次のように語ってもいる。

童謡だと言ふので甘くみて、文学のぶの字も心得ぬ猫も杓子も手にかけたがる所から何所の誰でもが作るやうなものや、二、三〇年の昔がかったものが大イバリ……

（『まどさん』昭60・11）

細川が童謡創作を志し、同人誌を通じて作品で発表し始めた時期は、のちに批判を浴びせられることとなる昭和十年前後から、戦中いわゆるレコード童謡時代のことであった。

近江商人の町

細川の生まれ育った日野町は、五箇庄、近江八幡と並んで、世に知られる近江商人の舞台であった。椀や薬の行商に始まった日野の商人たちであったが、相当の成功を収めた者も多く、江戸後期には、他郷で大規模に店をかまえる者も少なくなかった。これが近代にまで及び、日野町からその出身者の店に従事する人々も数多く出たのである。

細川の場合、父に次いで二代目として、群馬県桐生近くの藪塚にある味噌、醤油の醸造店で働くために故郷をはなれたのは、十六歳の時であった。

まだ少年であった細川は、故郷日野を思うことも多く、それが文学の世界への接近のきっかけになったということである。たまたま隣家に文学好きな青年教師がいて、小説や詩、童謡や音楽についての話を聞く機会に恵まれたのである。同人雑誌類もかなりあり、細川は胸をときめかせて見入ったという。

細川は、この青年教師から若い詩人や文学好きな若者を紹介されたりするうちに、しだいに詩、童謡の創作への意欲を強くしていくのである。そして、昼の仕事の後、寝る前のひと時を童謡作りに過ごすようになる。専門家による添削を受けたこともしばしばあったようだ。

このような状態の中で「あの子はたあれ」の作曲家、海沼実と出会うのである。海沼は明治42年（一九〇九）、中山晋平や草川信と同じく信州に生まれた。早熟な才能を持った海沼は、経済的な理由もあって、専門的な音楽教育を受けていない若い時代から児童の合唱指導等を手がけている。そして、昭和十年頃に、児童合唱団〈音羽ゆりかご会〉の前身にあたる東京護国寺の音楽教室で講師を勤めていた。細川が海沼との面識を得たのは、この頃であったと推定される。

昭和十二年、『泣く子はたあれ』（のち『あの子はたあれ』と改題）が誕生……。海沼実が新作童謡を発表し始めたのは、昭和十二年になってからである。といって、この頃はまだ、彼の作品がラジオから放送されたり、レコーディングされたといったわけではない。発表の場といえば、自分の会、つまり、年に一回の音羽ゆりかご会の発表会の席上でしか、その機会がなかった。

『みかんの花咲く丘』（東京書籍　昭59・10）の中で、恋塚稔はこのように記している。『みかんの花咲く丘』は、童謡歌手、川田正子を中心にした、小説風なスタイルの著述であるため、年代等については疑問の余地はあるが、細川作品と海沼との出会いの様子がしのばれる。

『あの子はたあれ』の誕生

昭和十年前後の細川の童謡創作には、海沼実だけでなく、詩人加藤省吾との出会いも重要な意味を持っている。

加藤はすでに詩人としての実績を持つ存在であったが、昭和十年に「童謡と唱歌」を主宰創刊した。不定期だが昭和十五年まで継続発行していた。

「本会ハ童心ニ即シタ児童芸術トシテノ童謡ノ創作作曲振付ノ研究ト其ノ実践ヲモッテ目的」としていたこの会は、〈童謡倶楽部〉と称して若い作詞家、作曲家、振付家を会員とし、協力者として弘田龍太郎、草川信という著名な作曲家が加わっていた。年度は明確ではないが、細川もまた会員となり、昭和十四年頃より童謡創作を発表している。

細川の「泣く子はだーれ」は、「童謡と唱歌」五巻二号（昭14・2）に発表された。

泣く子はだーれ　　細川雄太郎詞

泣く子はだーれ　誰れでしょね
なんなんなつめの　花の下
お人形さんと　あそんでる
可愛いいミーチャンぢゃないでしょか

泣く子はだーれ　誰れでしょね
こんこん小藪の　細い道
竹馬ごっこで　あそんでる
となりのユーチャンぢゃないでしょか

泣く子はだーれ　誰れでしょね
とんとん峠の　小鳩かと
お窓をあーけて　のぞいたら
お空にねむそな　昼の月

泣く子はだーれ　誰れでしょね
とろとろ日暮の　窓の下
おなかがすいたと　ないている
いつも来る猫　黒い猫

この「泣く子はだーれ」は、現在よく知られている「あの子はたあれ」の初出であるが、両者には、題、内容共に大分差がある。参考までに、『日本童謡集』（岩波文庫）の「あの子はたあれ」を引用する。

あの子はたあれ　細川雄太郎詞　海沼実曲

あの子はたあれ　たれでしょね
なんなんなつめの　花の下
お人形さんと　あそんでる
かわいい美代ちゃんじゃ　ないでしょか

あの子はたあれ　たれでしょね
こんこん小やぶの　細道を
竹馬ごっこで　あそんでる
となりのけんちゃんじゃ　ないでしょか

あの子はたあれ　たれでしょね
とんとん峠の　坂みちを
ひとりで　てくてく　あるいてる
お寺の小僧さんじゃ　ないでしょか

あの子はたあれ　たれでしょね
お窓にうつった　影法師
おそとはいつか　日がくれて
お空にお月さんの　笑い顔

彼は歌詞を書き入れた五線譜を風呂敷に包んで、レコード会社回りを始めたのだ。当時、五社といって、レコード会社は都内に五つあった。コロンビア、ビクター、キング、ポリドール、テイチクがそれである。……レコーディングされればどこでもいいわけだ。海沼実は、朝から晩まで、こうしたレコード会社回りを始める。そして、その努力が実ったというべきか、また彼の作品が認められたというべきか。昭和十五年になると、海沼作品がぽつぽつとではあるが、レコーディング、商品化されるようになる。『お猿のかごや』（ビクター）『泣く子はたあれ』（キングレコード）『またあしたね』（ポリドール）などがそれである。

恋塚は細川の詩のレコード化について『みかんの花咲く丘』でこう記している。歌われる童謡作りを目的とした加藤の「童謡と唱歌」、海沼はこの種の雑誌から作曲意欲をそそる詩を探し、可能性ある作品に曲をつけると、ここに記されているようにレコード会社へ持ち込んでいく。

芸術的衝動とは違った次元の欲望をも含んで、実に精力的な営為であった。細川にとっては、この個性的で当世風なふたりと出会ったことで、創作した童謡がレコード化され、ラジオや蓄音機の普及の中で華やかに歌われるという展開を見たのである。ふたりのうち、どちらかがいなかっとしたら、その後の方向はまた違ったものとなっていたであろう。

ところで、初出「泣く子はたあれ」からの改変は、細川の回顧によれば、作曲者海沼とキングレコードの担当者との話し合いの中で、歌いやすさを主旨として行われたということである。もちろん、細川の承諾もあってのことである。

ところが、このレコード化にかかわる改変によって、かえってセンチメンタリズムが払拭され、作者の個人的な体験が普遍化されるというプラス面を持つに至っている。

作者の名である〈ユーチャン〉そして今でも作者の自宅前にある〈なつめ〉等、この作品には故郷を遠く離れた作者のノスタルジーが生のまま表出されていたのである。

「ちんから峠」のリズム

「あの子はたあれ」に加えて、細川にとっての代表的作品といえば「ちんから峠」であろう。この作品も「童謡と唱歌」五巻三号（昭14・4）に発表されたものは「ちりから峠」という題で、詩句も少しばかり流布作品とは違っている。レコード化する折の、「あの子はたあれ」と同じタイプの改変であった。作曲は同じく海沼である。

ちりから峠　　細川雄太郎詞　海沼実曲

ちりから峠の　お馬はホイ
やさしいお目々で　ちりからしゃん
お鈴木を鳴らして　行きまする
春風そよ風　うれしいね

ちりから峠は　日和でホイ
ふもとの子供が　ちりからしゃん
輪まわしごっこで　あそんでる
小鳥もてふてふも　あそんでる

ちりから峠の　茶店にホイ
ぢいさんばあさん　ちりからしゃん
はちまきたすきで　おはたらき
どこかでお鐘が　なってゐる

ちりから峠の　お馬はホイ
町からかへりに　ちりからしゃん
おせなにおみやげ　花の束
お首をふりふり　かへってく

ちんから峠　細川雄太郎詞　海沼実曲

ちんからほい　ちんからほい
ちんから峠の　おうまはほい
やさしい　おめめで
ちんからほいほい　ちんからほい
おすずをならして　とおります
はるかぜそよかぜ　うれしいね

ちんからほい　ちんからほい
ちんから峠の　おひよりほい
ふもとの子供が
ちんからほいほい　ちんからほい
わまわしごっこで　あそんでる
小鳥もぴいちく　ないてます

ちんからほい　ちんからほい
ちんから峠の　おうまはほい
町から　お帰り
ちんからほいほい　ちんからほい
おせなにおみやげ　花のたば
おくびをふりふり　かえります

この両作品を比較しても、変えられた作の方が無駄なく整理されており、リズム感も充実している。海沼の実にテクニカルな改変といえようか。

阪田寛夫は、『童謡でてこい』（河出書房新社　昭和61・2）で、昭和十年代半ば頃の童謡について次のように述べている。

歌詞が戦争と関係なく、しかし「モダニズム」や「自由主義」のにおいもなく、従って戦争末期までは、ほそぼそと歌われていた当時の童謡のスタンダード・ナンバーには、わらべうたや五音唱歌の伝統的な音で作曲されたものが多い。「かもめの水兵さん」（昭12）、「赤い帽子白い帽子」（昭12）、「かわいいさかなやさん」（昭12）、「おさるのかごや」（昭13）、「仲よし小道」（昭14）、「ナイショ話」（昭14）、「あのこはたあれ」（昭14）、「リンゴのひとりごと」（昭15）、「船頭さん」（昭16）などが、戦争中に生まれたレコード童謡である。これらは戦後よみがえった。

戦後まもなしに、各レコード会社から専属の少女歌手による童謡が発売され、お河童頭の歌手たちが一世を風靡した……先ずリバイバルという形でブームが始まった。世の人々もそういうものに飢えていて、乾いた砂地にしみこむように受け入れられた。川田正子・孝子姉妹をはじめとする童謡歌手たちは、最初は必ずしも新曲を必要としなかった。

細川の両作品が発表された昭和十四年には、十三年秋に打ち出された内務省の児童図書浄化のための政策によって、不自然ではあったものの、俗悪性の強い児童読物や他の文化財はチェックを受けた。そのため、芸術性を保持する読物等の発表の場が確保され、文化的ニュアンスの漂う時でもあった。もちろん、この政策の方向は管理体制の強化であり、次に来る厳しい統制の前段階でもあった。

このような時に創作されレコード化された、細川と海沼のコンビによる作品は、詩精神の深まりはともかく、ほどよい健康色に彩られてはいたのである。

レコードと童謡豆歌手の商品化は、大正期童謡の亜流として、白秋、八十、雨情の代表作と混入しあい、大衆児童の間にひろがりました。小市民性と俗歌調の童謡が、言葉の主体性をすてて流行歌謡調の曲本位に制作されていった……

（岩波文庫『日本童謡集』解説）

このように与田準一が指摘しているが、細川の七五調、五七調の快適さ、オノマトペによる生理的快の刺激、そしてどれ一つとっても存分な実感的認識のできるボキャブラリー、さらに同情ないしは共感を引き起こす時代的、民族的感情等は、まさに多くの子どもたち及びその家族たちに受容される質を持っていたのである。

「童謡と唱歌」での活動

「各聯共にそつがない。作者の気持はうかがわれるが擬音でも大方に唄はれてゐる語句はあまり使はぬ方がよい」と、細川作品「ピンチク先生」（「童謡と唱歌」五巻四号　昭14・9）を評したのは、この雑誌の仲間である竹内淳であった。確かにこう評したのは、細川作品の批評としては適切であったといえる。

小鳥のお使ひ　ラッララ
春のお使ひ　ピッピピピ（「小鳥のお使ひ」）

ちんどん　ちんどん　ちんどんどん
お屋根のひさしに　チュンチュクチュン
工場のエントツ　モークモク（「お山のちんどん屋」）

ハイハイ郵便　スタコラサ
木の葉の御手紙　どつさりこ（仔リスの郵便屋さん）
お山のお寺で　ポンツクポン
木魚たたいて　ポンツクポン（「ポンツクポン」）

リンロン　リンロン　お出でです（「月夜のお馬車」）

このように、細川は擬音を巧みに使っているが、オリジナルなものではない。たとえば、「泣く子はだーれ」（「あの子はたあれ」）の〈なんなんなつめの　花の下〉にせよ、西条八十詩、中山晋平曲による「なんなん菜の花」の〈なんなん菜の花　咲く道を　なんなん七つの子が通る〉があるように、独自性という点では多少の問題はある。

また、「ちりから峠」（「ちんから峠」）の場合も、「童謡と唱歌」会員の小菅正治詞の「ちりから馬橇」には〈ちりからリンリン　ちりからリン〉とあり、細川の作品より以前に同種の技巧があったことが明らかである。

愛される作詞家

昭和十六年、細川は召集され釜山に着任し、そのまま終戦を迎えることとなる。そして、前に引用した阪田の文章にもあるように、戦前の自らの作品が思いがけず復活し、NHKの放送によって全国的に歌われることとなったのである。

細川は大戦後、郷里日野町に戻り、生活の糧を得るべく公務員になったわけだが、青年期の童謡創作が、このように時を超えて生き続けた状態を見るにつけ、ふたたびその営為をよみがえらそうと意欲を燃やすのである。一地方に居住しながら自らが雑誌を主宰し、歌われる童謡を求めて今日に至っている。雑誌「葉もれ陽」は、すでに三十数年の経歴を持っているわけである。

細川にとって、出身地がいわゆる近江商人のカテゴリーに入る日野商人の故郷であったこと、視聴覚機器の発展、つまり蓄音機、ラジオの普及の時であったこと、そして時代を先取りするような鋭敏な感性を備えた海沼や加藤と出会ったこと等が、その生涯を決定したといえるようである。

そしてまた、一つの作品が作詞家、作曲家、コーディネーターによって命を吹き込まれるという、実に現代的な文化財作りの様相を示したのである。今日では、絵本制作等でも、物語創作者、画家、編集者等でチームを作って、ひとつの世界を作りあげるということがあるが、その先駆けのような要素を持っていたのである。

第二次大戦前のレコード童謡時代の始まりは、決して高い文化的評価を受けることはないものの、テレビ及びオーディオ機器等の現代を彩る文化のあり様を、側面的にいち早くから実現したものである。

そして細川は、持てる才能を昭和十年代から大戦後への流れの中で発揮したわけで、そこに固有の先見性をも発見できるのである。

「お猿のかごや」——山上武夫の童謡

松代町での文学的出発

「お猿のかごや」「見てござる」（共に海沼実曲）の古典的童謡や、「うまれたきょうだい一一にん」（海沼実曲）の昭和四十四年度レコード大賞童謡賞受賞の童謡で知られる山上武夫であるが、生前に童謡集、詩集の上梓はない。

また、現在、山上のこれらの作品に触れようとすると、曲譜つきの童謡曲集や童謡カセットテープによらなければばならない。『日本童謡集』（岩波書店）、『日本童謡集』（社会思想社）等のポピュラーな、詞中心のアンソロジーにさえ、選択されることが少ないのである。

お猿のかごや　　山上武夫詞　海沼実曲

えっさ　えっさ　えっさほいさっさ
お猿のかごやだ　ほいさっさ
日暮の山道　細い道
小田原提灯　ぶらさげて
（ソレ）　やっとこどっこいほいさっさ

ほーい　ほいほい　ほいさっさ

見てござる　　山上武夫詞　海沼実曲

村のはずれの　お地蔵さんは
いつもにこにこ　見てござる
仲よしこよしのジャンケンポン
ホイ　石けりなわとび　かくれんぼ
元気にあそべと　見てござる
ソレ　見てござる

代表作二編の第一節である。それぞれ第四節、第三節まであるが、詩として独立した作品とは考えにくい。やはり、大衆的性格の濃い、曲をともなって歌われる詩としての主張を持った作品といえるだろう。文学的出発の頃はともかく、山上武夫は、曲をつけられて歌われることを目的とした詞を半世紀の間作り続けたのである。確固とした目的意識を持っていたといえようか。

山上武夫（本名）は大正六年（一九一七）二月八日、長野県松代町に生まれた。松代町といえば、千曲川と犀川の合流地点にある川中島古戦場に近く、山水に恵まれた場所である。

文学的活動は、松代商業高校（現、松代高校）在学中からで、中野町（現、中野市）で当時発行されていた新聞「北信新報」に詩を投稿したのが始まりであった。

当時、わが家の大切な得意先であった人が、中野町の「北信日報」（月六回発行）の記者をしていた。父は義理でこの新聞を購読していたようだが、四ページのうちの一ページほぼ全面を、読者の文芸欄に提供という、ユニークな編集方針を打ち出していた新聞であった。確か最終学年になってのころと思うが、私はこの「北信新報」をグループの者に示して、力試しに投稿しようではないかと誘った。

（「来し方の記」信濃毎日新聞／昭60・12・7—61・1・8　連載）

若い時代の交友の様子と気概のうかがえる文章である。当時の山上は、石川啄木、島崎藤村、そして北原白秋の歌や詩を愛好する文学青年であった。家業の書画骨董商を継ぐことを父親と約束しながらも、文学への夢をふくらませていたのである。

松代商業高校を卒業した山上は、この夢を実現するために上京するのである。昭和九年の春であった。しかし、東京に文学上の師や友人、そして作品発表の場を持たない山上であり、夢はなかなか現実の方向を見出せなかったようである。

郷　愁

音も無く忍び寄った黄昏の青い鬢に
ほのぼのとにほふ五月雨の侘しさ
駆け出した黒猫の影を追って

そっと開いてみた手のひらには
ちぢれた故郷の地図がいっぱいだった
ほろ苦い季節のパイプを噛み占めながら
ふと遠い日の想い出をくる私の胸に
虹の様にひろがる
赤い故郷の山肌
今日も又色褪せた追憶の旗をかかへて
懸命に故郷を呼ぶ私の蒼白い心よ
破れた手風琴をかき鳴らして逝った歳月の
彼方から
ああ私は今
砕け散った母の子守唄を
しみじみと拾い集めてある（北信新報　昭10・6・20）

上京一年後の、焦燥と悲哀に満ちた様子がうかがえる。しかし、作品のモティーフとは異なって、「北信新報」の詩の選者、中田小義の批評は「原田君の作品が断然群を抜いて珠玉の輝きを見せてくれた」と称賛しており、詩作への激励となったであろうことは推測できる。文中の「原田君」は、当時の山上のペンネームである。「原田文夫」の名で投稿していたのである。

とはいえ、一地方紙で入選し、評価されたくらいでは、東京で文学的生活の夢を実現するには至らなかった。

「北信新報」へは引き続き寄稿する一方、若者の文芸雑誌として名の高かった「若草」や、会員制の「モナミ」へも作品を送り、発表の場だけはどうやら広げていたが、それ以上の階段は、どうすれば昇れるのか、つかめないまま、低迷状態に置かれていた。

（「来し方の記」）

こう回顧するように、若々しい情熱と野心と、それを潰そうとする諦めの交錯する心境であった。その結果、松代を振り返ることも多く、しばしば帰郷していたようである。職業を持たず、自由な時間をひたすら詩作に費やすという山上の暮らしは、いわば生活者としての基盤を失っていたともいえるようである。しかし、この時期の煩悶は、その後の郷土色豊かな童謡詩人として生きた山上を考えると、大きな意味を持ったといえるだろう。東京での低迷が、生まれ育った故郷松代へ思いを向けさせ、子ども時代を追憶させたのである。

詩「郷愁」に〈故郷の地図〉〈故郷の山肌〉〈母の子守唄〉と故郷の自然と子ども時代へのノスタルジーが歌われたように、山上の一つの文学上の転期が予想された。故郷へ、子どもへという傾斜である。

義兄から恵まれた小遣いで、私は数冊の詩集を古書店で買った。その中の一冊に北原白秋門下の、玉置光三著「山のあなた」という童謡集があった。この童謡集が、私を童謡作詞へ転じさせる源となった……幼いころ私は、武井武雄画伯が責任者として発行していた「コドモノクニ」という絵雑誌を愛読していて、画伯の絵に強くひかれ、子どもながら大ファンになった。この時も、童謡集であることより先に、画伯の装丁挿画であることが目に入り、それだけで買う気になったもので、確か十銭という安さであったように思う。

（「来し方の記」）

詩作への燃えるような思い、それが低迷の中で形を変え、童謡創作にたどり着かせたのであった。

投稿そして入選

山上が童謡創作への意欲を固めつつあった時期は、大正期に成熟した童謡がしだいにマンネリズム化し、それを打開するために新たな方向をまさぐっていた時でもあった。

昭和五年「赤い鳥童謡集」が出たことと、北原白秋著の童謡集「月と胡桃」によって、文学童謡は一応終りを告げたと言っていい。一方には、文学的にレベルが高められていきながら、子供からはだんだん離れてしまい、作家達自身の末梢的な感覚情緒をそれなりの鋭敏さに働かすだけに止まり、趣味趣向化されて、子供とは縁の遠い、一種変奇な教養人のための狭小な存在になってしまった。その反対に、一方には、子供に即く、といふことが平俗平板な追従の傾きになり、はては極端に散文化してしまって、なかには刺激的な対話入り、文句入り童話まで出来た（レコード童謡）、その表現は全く平俗な言葉の られつに終り、（伝承童謡中の平俗性とは同日に論ぜられない程の）謠としての正しい意味の言語的甘美さも純化もなければ、従って真に生生した子供の生活感情の躍動もなくなった。

与田準一は、「童謡の史的展望」（『児童文化』上巻　西村書店　昭16・2）の中で、このように童謡の停滞ぶりを考察している。鋭い分析といえる。この与田に加えて巽聖歌、小林純一、サトウハチロー等の優れた児童文芸としての少年少女詩、童謡を創作する詩人たちもいたが、その周辺に、いわば亜流的な作風や、子どもへの迎合などが目立っていたのである。とりわけ、ラジオ、レコードの普及にともなって、それをねらいとする「レコード童謡」という新しい追求があり、従来の文芸的視点のみでは評しきれないものの、ひたすら平俗につきるものもあったのである。

与田は、続いて「音楽等に依存することなく、それ自身独立した児童文芸の最も中心的先進的な一表現形式として、又日本語の基本的純化に根ざして、幼児詩、少年少女詩の書かれていく方向が想定される」とし、純粋な言語芸術としての子どもの詩への期待を述べている。詩人としての、もっともな見解ではあった。

しかし、たとえば絵本のジャンルのように、二つあるいはそれ以上の領域が協力し合いながら独自のジャンルを形成するということも認めなければならないだろう。詩と曲によって、歌われる子どもの童謡が誕生する。北原白秋の詩であっても、山田耕筰等の作曲によって、より充実した歌われる童謡の世界を作り出していたわけである。だから、レコード童謡が、昭和十年前後に突然現れ、歌われる童謡を量産し始めたということではない。歌われる童謡の伝統は古い。ただ、芸術的、文芸的質で見劣りするものが輩出し始めたということで、与田の否定的な論理が先鋭的となったのである。

山上の詩から童謡への創作意欲の変化は、まさにこのように指摘される時代のことであった。

最初の応募作品の結果が発表される号は、今月の発売ではなかったか――、私は店内に入り、目指す号をみつけ、ページを繰った。ほんのわずかな期待はあったが、まさかという気持ちの方が強かった。……
…何と初応募のうちの一編「つららの兵隊」が、他の入選作三編と肩を並べていたのである。「子供のテキスト」は、毎月五編の童謡を選び、〈特選童謡〉と名づけ、最優秀作品には一ページを与えて発表、残りの四編は一ページに二編ずつ載せて発表していた。

（「来し方の記」）

「子供のテキスト」は「コドモのテキスト」のことで、日本放送協会の編集発行であった。この投稿童謡に入選した作品のうち、上位二編に、著名な作曲家によって曲をつけ、ラジオ番組「子供の時間」の歌のおけいこで歌われることになっていた。

山上が童謡創作に、さらに意欲を強くすることになったのは、初応募と同じ年「この道ほそ道」が二位に入選し、昭和十二年五月二十二日、草川信作曲でラジオで発表されたことによる。

この道ほそ道　　山上武夫詞　草川信曲

この道ほそ道たんぼ道
学校へ行くとき帰るとき
みんなで仲よくとほる道
コンコンなきなきとほる道

「この道ほそ道」の作曲家は草川信である。草川は山上と同郷で、長野市の出身であった。東京音楽学校（現、東京芸大）卒業後、大正期の「赤い鳥」の童話童謡運動に誘われて童謡作曲を手がけた。白秋「揺籠のうた」、百田宗治「どこかで春が」、中村雨紅の「夕焼小焼」等、数々の名作を発表している。

そして、「コドモのテキスト」では、創刊号以来、主要作曲家として公募の優秀童謡の作曲を依頼されていたのである。

山上は、この著名な、同郷の作曲家による作曲という好運に感激した。おもしろいことに、山上はこの草川との関係の中で、生涯の師となりパートナーともなる、作曲家海沼実と出会うのである。

海沼実との出会い

童謡詩人細川雄太郎の「あの子はたあれ」や斎藤信夫の「里の秋」等の作曲で知られる海沼は、山上と出会った頃、二十代後半の野心溢れる音楽指導者であった。

そして、海沼もまた、長野市出身であり、山上の松代町の生家近くに生まれ育ったのである。児童合唱団「音羽ゆりかご会」の若い指導者として活動していた海沼は、この合唱団で歌う童謡を熱心に探していた。

『みかんの花咲く丘』（前出）の中で恋塚稔は、次のように述べている。

この頃の海沼実は、既成の歌の指導が精いっぱいで、まだ自らの作品を手がけるまでには至っていない。だが、熱心な指導の賜物か、子供たちはめきめきと歌唱力を身につけていく。………深夜、先輩にあたる草川信の楽譜を写譜することから、彼の作曲の勉強も始められる。

海沼は、郷里松代町にいる頃から、草川を憧憬し、東京での草川の音楽活動に注目していた。そして、上京後は、草川は頼りとしつつ音楽的生活に入ったのである。

この海沼との出会いは、山上のその後の童謡創作の人生を決定するような大きな意味を持ったのである。著名な文学者や文化人等に知人のない山上が、同郷であったことが幸いして、高名な草川の知遇を得、さらにその関係の中で、いわば独力で作曲の道を切り開こうとしていた海沼と面識を得たのである。文学的世界で、自らの力を発揮し、仕事をしていくことを漠然と考えていた山上にとって、このふたりとの出会い、とりわけ海沼との出会いは、漠然としていた意識に明確な方向性を与えることとなった。

海沼とは、共感するところ大であったようである。独学独行の趣が濃く、野心の現実化にエネルギッシュに邁進する海沼に、山上は一つのモデルを見たようであった。

あなたは童謡の方にこそ才能があると思う。あなたはそれを認めまいと、横を向いている。数多くの応募作品の中から、続けざまに入選をしたその事実を、素直に振り返って考え直し、本腰を入れて童謡一筋に進むべきではないか。私はいま、草川先生を師に作曲の勉強中だが、いずれは童謡の作曲家として立つ決心でいる。同じ町で生まれたのだから、同じ道を肩を組みながら一緒に歩いていこうではないか。

………詩から童謡へ転ずることは堕落であり、邪道へ入り込むことではないか。私は動揺する心をおさえながら、「よく考えてみます」………。

（「来した方の記」）

海沼の勧めに、動揺しつつも、山上は童謡創作の道への決意を固めるのである。高校卒業後、四年目のことであった。

山上は、その決意を、まず一つの行為として具体化した。個人童謡誌「ゆずの木」の創刊である。昭和十三年五月のことであった。

創刊号巻頭には、「私のゆずの木」を発表している。「私のゆずの木　小さい木　それでもつけます　白い花……」、ゆずの木は山上の父親の愛した盆栽の柚子からのイメージであったというが、これは童謡創作の願いが深く込められた作品である。

山上は「ゆずの木」を童謡詩人、作曲家、レコード会社等に献呈した。そして、この創刊号に発表した「あいうえお里」と「坊やの三輪車」は、草川に作曲されてレコードとなり、ポリドール社から発表されたのである。初のレコードであった。おもしろいことに、この童謡の歌い手は、長野県出身の秋田喜美子であった。

山上はこの記念すべき昭和十三年を、童謡元年と名づけ、自らの出発の年としたのであった。

そして、この「ゆずの木」の昭和十三年十二月号に発表したのが、山上を、一躍社会的存在として認知させることになった「お猿のかごや」だったのである。

「お猿のかごや」が海沼先生によって作曲されたのは、作詞と同じ九月なのだが、このころになって先生はようやく、師の草川先生から作曲公表可のお墨付きを頂いたようである。それまでは、作曲のレッスン用にぜひほしいというお話があって、私は草川先生には内密で、前年の初対面以降作品を提供していたが、「お猿のかごや」もその中の一つで、完成とともに生原稿で差しあげており、「ゆずの木」へ発表したのは十二月であった。

（「来し方の記」）

ところで、現在流布している山上の代表作「お猿のかごや」は、冒頭部と末尾部の掛け合いが、創作時とは異なっていた。

エッサホイッサ　エッサホイッサ　（冒頭）
ホイホイホイホイホイサッサ　（末尾）

しかし、私の手元にある山上の、後に整理したノートでは、現在流布している通りである。「昭和十三年九月二十五日作」と日付がつけられているところを見ると、創作直後に海沼に渡した結果、作曲という観点から掛け合い部分が訂正され、山上がそれを了承したという推論が成り立つのである。細川雄太郎の「あの子はたあれ」にせよ、斎藤信夫の「里の秋」にせよ、海沼は作曲に際して原作を幾ばくか改めることを行っているが、作曲しやすいように、童謡として歌いやすいようにという見地に立っての改変であった。

海沼先生は、「お猿のかごや」を、二、三のレコード会社へ売れ込まれたらしい。その努力が実って、翌十四年の秋、V社でのレコード化が実現し、十五年の正月新譜として発売されたが、無名の作詞作曲では当然の、いわゆる〈ウラバン〉、B面の吹き込みであった。

（「来し方の記」）

このようにレコーディングの事情が記されているが、新進のふたりにとって胸躍る場面であったことであろう。文中のV社とはビクターのことである。B面の吹き込みであった「お猿のかごや」が、発売すると大変な人気で、たちまち売り切れということになる。山上、海沼にとって、喜悦すべき童謡への道であった。

なお、改変という点について触れると、レコーディングに際して、題名の「お猿のかごや」は「オ猿ノカゴヤ」（歌詞カード）と表記が変えられていた。

しっかりと手で握ることのできる成果を得た山上は、さらに意欲的に創作し、意欲的に動いた。しかし、一つの壁を越えることはできた後でありながら、壁はいっそう厚みを増していた。「屈辱を耐え忍び、断られても断られても笑顔で押しかける図太さがなければ売り込みというものは成功しない……同時にファイトは燃えた。私は言葉にも工夫を凝らし、作品も厳選をしては、負けるものかと売り込みを続けた」（「来し方の記」昭60・12・21）と述べているように、道は決して平坦ではなかったのである。

作品の売り込みなどと聞くと、世俗的な自己主張と見えてしまうが、いかに純粋な芸術的領域であっても、方法や程度は違っても似たようなことはあるといえるだろう。したがって、大衆的な芸能の世界故の営業的所作などとはいえないのである。

動乱下での活動

山上に「欲しがりません勝つまでは」（海沼実曲）という、第二次大戦下の標語をモティーフとした作品がある。「北に南に　次々と　あがる日の丸　かちどきに　負けず劣らず　進みます……」と、まさに第二次大戦に対する迎合、賛美の童謡である。その意味からすれば考察の必要無しということになるが、山上が「欲しがりません勝つまでは」を創作しようとした背景を、少しばかり検討しておきたい。

昭和十七年十一月十五日、大政翼賛会、朝日新聞社、読売新聞社、大阪毎日新聞社主催で、大東亜戦争一周年を機に「国民決意の標語募集」が行われた。

大東亜戦争一周年を迎へ、米英徹底撃滅を目ざして士気昂揚の一大国民運動が全国的に展開されるのを機会に、全国民の新たなる決意を強く愬へるため『国民決意の標語』を左の規定により募集することとした。戦争完遂の挙国的決意を力強く表現し、戦場精神昂揚と生産増強と戦争生活の実践躬行を促すべき寸鉄的標語を寄せられんことを切望する。

（朝日新聞　昭17・11・15）

この標語募集は五日後の十九日に締切られたが、その入選標語の中に、有名な「欲しがりません勝つまでは」があったのである。

発表は昭和十七年十一月二十七日、主催する新聞紙上で行われた。

○　さあ二年目も勝ち抜くぞ
○　たった今！　笑って散った友もある
○　頑張れ！　敵も必死だ
○　今日も決戦明日も決戦

これら十編が入選し、「欲しがりません勝つまでは」もその中にあった。そして、この作者が、唯一児童であることが話題を呼んだのである（実際には父親が作ったことが、後に判明する）。東京麻布の国民学校五年生の少女であった。五日間の募集で応募総数が三十二万余という数にのぼり、国民をまき込んだ戦争の凄まじさを物語っていた。

山上は、この少女の標語に「感動して、標語そのままをタイトルに据え、四節に組立てて一気に作詞化した」わけである。そして、すぐさま海沼に作曲を頼んだのであった。海沼も山上と等しく感銘した様子で作曲し、テイチクでレコード化することとなったのである。

この標語は、児童対象の雑誌等を通じて当時の子どもたちの生活に深く浸透していった。子どもたちは大戦の意味を、言われるがままに素直に受けとめ、残酷な時代をひたすら忍耐していくのである。

大戦を賛美、迎合する精神は当然肯定されるべきものではないが、それのみでひとりの詩人の仕事のすべてを否定することもできない。山上が敬愛し、出発点でもあった北原白秋でさえも、大戦中は無惨なものであった。詩集『満州地図』（フタバ書院成光館　昭17・9）『太陽と木銃』（フタバ書院成光館　昭18・5）等には、白秋晩年の論理の脆弱さに、痛ましささえ覚えさせるものがある。

頌　歌

開いた蘭花　満州国
兄よ弟よ　菊と蘭
光り輝く　大東亜

皇帝万歳　万々歳

（『満州地図』）

このような作品は、「日の丸万歳」「軍艦日向」等、かなり多い。詩と童謡のリーダーとして傑出した業績を残した白秋ではあるが、この時期は、実に素朴な感情の虜となっていたのである。そしてもちろん、これは山上にもすっぽり当てはまることであり、他の多くの作家、詩人だけでなく、多くの国民の感情でさえあったのである。

私の作詞した戦時下童謡も、幾つか電波に乗ってはいたが、その反面平時の童謡はほとんど歌われないで、勢い叙情的な新作童謡にペンが向けられず、何か寒々としたものを感じていた。

（「来し方の記」）

山上は、昭和十九年当時をこのように記している。大戦の重圧が一般市民の生活を根こそぎ覆すほどになってきたのである。

リバイバル童謡「ゆずの木」発行

山上は病弱ではなかったが、決して丈夫ではなかった。それが幸いしてか、一時教育召集ということで三ヵ月間釜山等にいたが、本格的な応召はなかった。昭和十九年の秋から故郷松代に帰り終戦を迎えるのである。

「見てござる」は終戦後の十月八日に書いている。〈戦後の子どもの心を明るくする童謡〉というテーマの、NHK委嘱作品である。初め思いついたタイトルは、「お国の夜明け」であった。生まれ変わった日本の姿と、子どもたちの希望を明るくうたいあげよう……突然、その暗い水の姿が、明るいのどかな田園風景に変わった。さわやかな秋風にゆれる稲穂、点在するかかし、そのたんぼに続く、幼いころの遊び場であった寺の境内、ぽつんと立っていた地蔵尊……。不意に「見てござる」というタイトルがひらめき、私は起き上がった。

（「来し方の記」）

山上の代表作「見てござる」はこうして誕生し、海沼が作曲し、童謡歌手川田孝子によって歌われたのである。荒廃した街に、童謡歌手の歌声が流れ、一時の慰めを人々に提供した。そして、昭和二十年を代表する人気童謡となったのである。

田園風景の中で、地蔵が子どもたちの遊びや村人の生活ぶりなどをすべて見つめているという歌詞は、大戦下から敗戦後にかけての人々の思いを代弁するところがあったようである。戦時下には総力戦を信じ、敗戦後には再生を素直に願うという、矛盾をはらみながらも、決していやらしい策謀など持たなかった人々の思いが語られていたのである。自らの問題として内省する深さに欠けているものの、弱々しいながら善良な心の動きが表されている。しかし、「地蔵」の大きさに自らの弱さを包み込んでもらえるという安堵は、いかにも痛々しいものである。

なにしろ山上は、この作より半年前に「一億特攻隊の歌」を作り、大政翼賛会と日本放送協会の軍歌募集に応募し、当選していたのである。「欲しがりません勝つまでは」と共に時代への強い影響力のある作品であった。その半年後、敗戦をはさんでいるとはいえ、平和の歌を歌うということは、実に複雑な思いを喚起させる。そして、これは、パートナー海沼実についてもいえることであり、「里の秋」の詩人斎藤信夫にもいえることである。

私は戦後しばらくして、レコード会社のC社と印税契約をした。………作詞料以外に、売れた枚数に応じて印税が支払われる。私の場合は、「見てござる」のヒットが、この印税契約を生んでくれたようである。

（「来し方の記」）

大戦後の山上の創作活動は順調であった。物資の欠乏した焼跡で、せめて心の豊かさをというわけで、一種の童謡ブームが起こるのである。加藤省吾詞・海沼曲の「みかんの花咲く丘」、斎藤信夫詞・海沼曲の戦中のリバイバル「里の秋」等がその代表的な作品であり、歌手は川田正子、川田孝子という姉妹であった。川田姉妹は、当時の人気児童タレントである。

山上の創作活動は意欲的に順調に進められていく。「見てござる」や「お猿のかごや」のように、いわば一世を風靡する作品は多くなかったものの、着実に成果を発表していったのである。昭和四十四年度の、第十一回日本レコード大賞童謡賞を受賞した「うまれたきょうだい一一にん」（海沼曲　コロンビア）もその一つであった。経済的にも順調であった。

しかし、昭和二十八年二月、NHKのテレビ放送が開始される頃から、視覚的文化へと文化全体が激しく揺り動かされていた。そして、その頃から、レコードとラジオ放送を中心とした童謡の世界にも翳りが生じていたのである。

山上の順調な時代も、そう長くは続かなかったようである。加えて、生涯の師、併せてパートナーであった海沼が昭和四十六年六月十三日に没したのである。この別離は、代表作といわれるすべてが海沼の作曲である山上にとって、沈痛な出来事であった。

童謡の時代が転期を迎えている時、そして、童謡の一時代をいわばリーダーとして生きた作曲家を失った時、山上もまた、新たな局面に立たされたといえるであろう。

すべてがむなしく感じられ、私は間もなく関係団体から身をひいた。……新しい年とかわった昭和四十七年、私はようやく平静を取り戻し、再出発に神経を向けた。

(「来し方の記」)

大戦中に中断していた個人童謡誌「ゆずの木」を、同人誌の体裁にかえて復刊するのである。会員を募集し、会員の発表誌としたのである。

この「ゆずの木」は、山上が昭和六十二年(一九八七)十一月二日に亡くなった後、第六十九・七十合併号(昭63・5)まで継続発行されたものである。山上の、いわば晩年の数少ない発表舞台となったのである。

昭和五十年代後半になると、新たな童謡の復興運動が起こり、一種の古典的童謡のリバイバルが話題となった。その中で、山上も、過去の時代の人気作詞家としての講演活動等が増えていたようである。この現代の童謡運動は、過去の栄光を思い出すことを目的としているのではなく、現代の子どもたちの愛することのできる素晴らしい童謡のオリジナルな創作にあったのである。が、庶民的感情としては、過去の著名な童謡もまた、忘れ去ることができなかったのである。山上の晩年は、栄光ある童謡詩人としての、名誉ある活動が中心であった。

山上の童謡創作活動の最後の作品は、「ゆずの木」（昭63・5）に掲載されている「思い出の子守唄」「コスモス咲く道」「拍手をしよう」「四つの雨降り」であった。

思い出の子守唄　　山上武夫詞

お母さん　遠いむかしの子守唄
わたしと歌って　くれますか
春は桜の　散る夕べ　夏は萌黄の　蚊帳の中
聞いて眠った　幼いころへ
そっと戻して　くれますか
……………………
お母さん　遠いむかしの　子守唄
歌って下さい　もう一度

遺作である「思い出の子守唄」の第一節と終結部である。童謡に、ほぼ生涯をかけた詩人の思いが満ちている。故郷を愛し、子どもの時代に思いをはせ続けた詩人の、最後の偽りのない情感であったのであろう。

一見矛盾するように見える戦中、戦後の山上の作詞活動であったが、故郷と子ども時代を憧憬する立場にとっては、何の不自然さもなかったのであろう。

昭和三十年代の山上の童謡に「すすきの丘」という作品があるが、山上の人生そのものを象徴しているような一編である。

「今来た道さえ　かくれて見えず　すすき　すすき………」と、千曲川の堤を歌っているが、決してそれだけではない。常に豊かな風土性を持ち込んだ作品を書き続けた山上にとって、故郷の風土は、何ものにも代えがたい貴重なものであった。青年期、上京して煩悶する中で甦ってきたのが故郷であったし、敗戦後に民主主義を歌おうとした中で自然に意識されたのが故郷の風土であった。いわば、〈国破れて山河あり〉ということである。人間のさまざまな営為をのみ込んで、尚悠々と存在する自然こそ、山上の拠り所であったのであろう。自らの戦中、戦後の生き方をも受け止めてくれるのは、故郷の自然だったのである。そして、自然に抱かれた自らを泡沫とでも位置づける山上の謙虚さだったのである。伝統的な「もののあわれ」にも通ずる美意識、人間観、自然観であったといえようか。

しかし、現在の「自然」を考える時には、それを作り変え破壊する人間の営みを思わずにはいられない。それだけ、現代の人間社会は、自然に畏敬の念を持つとか、自然の懐に抱かれるとかという情感とは遠いところで営まれているのである。

とすれば、やはり山上は、現代を生きる童謡詩人としてのカテゴリーから外れる存在であったといえようか。

現在、山上武夫の業績を顕彰して「お猿のかごや」の碑が、松代町の生家近くの寺に建てられている。そして、そこには、海沼実の楽譜と共に、山上の元の歌詞が刻み込まれているのである。

「里の秋」に寄せて——斎藤信夫の童謡

昭和十年代の童謡

「里の秋」「蛙の笛」「夢のお馬車」(共に海沼実曲)「春になったら」(中田喜直曲) 等の童謡で知られる童謡詩人斎藤信夫は、昭和六十二(一九七八) 年九月二十日、七十六歳の生涯を閉じた。

斎藤のこれらの作品は音楽の教科書に採用される機会が多かった。また、童謡曲集には現在でも、このほかの作品も含んで、かなりの数が掲載されている。しかし、詩集ないし童謡集に採録されているものは、しごく限られている。サトウハチロー編の『日本童謡集』(社会思想社) に「春になったら」、寺山修司編の『日本童謡集』(光文社) に「蛙の笛」「里の秋」が収録されているのがめぼしいところである。

歌われ、記憶されているわりには言葉の芸術としての詩の領域では、注目されることが少なかったのである。また、作者である斎藤の名も、おのずと親しみのあるものとはなっていない。

斎藤が童謡創作を試み始めた昭和十年代から、その代表作が次々と発表されだした第二次大戦後の童謡界は、童謡歌手に歌われ、ラジオによって広範囲に親しまれるという、いわば現代へとつながるマスメディア児童文化到来の時代であった。

ところで、北原白秋、西条八十、野口雨情等の築いた大正期の芸術童謡に続く昭和期について、木俣修は次のように批評している。

一方においては、レコードあるいはラジオなどのマスコミによる低俗な童謡の横行というような事態の発生したことも否定することはできない。商業主義の児童芸術雑誌は常にない興亡を示したが、同人誌風のものが多数刊行されて、白秋・八十・雨情らの門人たちを主とし若い童謡詩人が輩出して、童謡界は一時隆盛を示した。その活動の目ざましかった人には、与田準一・巽聖歌・佐藤義美……小林純一・まどみちお・槙本楠郎などで枚挙にいとまがない。これらの作者の中には、その師匠格の作物に見られなかった新風を示したもの、師を越えた高い詩境を示したものも見られたが、第二次世界大戦という世紀の大事変の渦中に日本が長期にわたって没入し、その挙句に敗戦の日を迎えるに至って、時代思潮の大変革、生活環境の大転換に会い、童謡運動は昔日の面目を保つことのできない状態になった。

（日本児童文学学会編『日本児童文学概論』東京書籍）

ここに記される童謡詩人は、昭和初めから現代にかけての時代を代表する文学者たちである。それらの童謡詩人ですら、決して安穏な時を過ごしたわけではないことを、この木俣の文章は如実に表している。とすれば、斎藤のようなオーソドックスな童謡史には登場することのない童謡詩人たちの仕事は、まさに埒外のものとして語られることのないまま、記述されることのないまま、現在に至っているといえるわけである。多くの子どもたちの口に歌われる童謡ではあったものの、純粋芸術としての童謡という視点からは、評価の対象として俎上にのせられることはなかったのである。

確かに、昭和十年代から第二次世界大戦後に、斎藤作品と同じように愛唱された流行童謡は、細川雄太郎の「あの子はたあれ」にしても、加藤省吾の「みかんの花咲く丘」にしても、山上武夫の「見てござる」にしても、多くの子どもたちに親しまれながら、ほとんど研究批評の対象として語られることはなかったのである。というよりは、いわば黙視に近いもので、誠実な評価を受けたとはいえないようである。

加えておもしろいことに、斎藤の代表作、そしてここに例として挙げた細川、加藤、山上の作品の作曲者が、多く海沼実であったことである。

海沼といえば、昭和十年代から二十年代にかけて、大衆的な曲作りに卓抜した才能を発揮した作曲家であった。自ら発掘、育成した少女童謡歌手に、前述の童謡詩人の作品に曲をつけて歌わせ、まさに時代の寵児といった活躍を見せたのである。今流にいえば一時代を画したタレントだろうか。

個性的で独自な作曲法等の学習を経て、海沼実は意欲に満ちて昭和期の童謡界に登場した。もちろん、推挙を受けるような好状況はなく、まったく独自に活動を展開したのである。ただし、子どもの文化の流れや時代の潮流に対する感性は抜群で、それを武器に童謡歌手の発掘とレコード化という、当時の純粋な文学者や作曲家とはやや違った目的に向かって、激しく情熱を燃やしたのであった。そして、その眼力によって見出され指導を受けた川田正子、川田孝子という少女童謡歌手は、海沼の才能と野心の表現の、みごとな媒体となったのである。

この海沼は、大正期に山田耕筰等の大作曲家によって市民権を得た、児童対象の詩に対する芸術性豊かな曲作りの視座からいえば、まったく位置を獲得することのできない作曲家であった。そして、活躍した時代においての定かではない位置は、現在でも同じことで、いわば傍流の大衆的作曲家として研究批評の対象とはなっていないのである。

故郷成東町

細川、加藤、そして山上がそうであるように、斎藤もまた、この海沼との出会いによって、自らの詩が予期せぬ航路にのり、子どもたちや一般の人々の愛唱するところとなり、それがきっかけともなって生涯の方向をも決定づけられたのであった。

斎藤と海沼との最初の出会いは明確ではないが、恋塚稔の発言によると、「昭和十二年に護国寺でたった一人会った」(『みかんの花咲く丘』)というわけで、斎藤が二十代半ばの頃であったようではある。

二十一日の夜、ふと閃いた。そうだ慰問文形式がいい。場所は東北地方の片田舎。親子三人の平和な家庭に召集令状が来て、父は今戦地。ほだ火の燃えるいろり端では、小学四年か五年の男の子が鉛筆をなめなめ、戦地の父へ慰問文を書いている。一節二節は家庭の現況。三節で父親の武運長久を祈り、四節で僕の決意を述べ終った時、はじめて頬につめたいものの流れているのに気づく。私は男の子になりきっていたのである。タイトルが後になったが、満天の星が月夜のように明るかったので「星月夜」とし、他の作品と合わせて十篇ぐらいを印刷して、急いで作曲家に送ったが………。

「里の秋」誕生四十周年記念出版として刊行された童謡詩集『里の秋』(昭61・3　里の秋出版後援会発行)に収録されている童謡「星月夜」(昭16・3作　後に「里の秋」と改作改題)に付けられた解説で、斎藤はこのように回想している。

情熱的に生きる街の音楽家と、師範学校出身の青年教師との一つの触れ合いの場がここにあったようである。現実には、この「星月夜」が海沼によって作曲され、世に送り出されるのは第二次大戦後のことであった。

なお、つけ加えるなら、この作品の誕生した昭和十六年は妻好枝との結婚の直後であった。種々の感慨の中にあったと予想できる。

斎藤は明治四十四年（一九一一）三月四日、千葉県山武郡南郷村（現在成東町）五木田に、農家の四人兄弟の長男として生まれた。父親は三樹、母親はきよ。

南郷小学校、成東中学校を経て、千葉県師範学校に入学した。昭和六年、卒業後は郷里の緑海村の小学校、そして千葉市内の院内小学校などの教師として児童の指導にあたったのである。斎藤の童謡との濃いかかわりは、その院内小学校時代に生じたということである。市原三郎という同僚教師の童謡創作に大いに刺激されたのだった。

もっとも斎藤の郷里成東といえば、歌人の伊藤左千夫の出身地であり、文学の香気を子ども時代から受けつつ育っていたことも事実である。文学好きな青年教師が、同僚の市原に自作のレコードを聴かされたりしたことで、その思いが現実化していったのだろう。こうして斎藤は童謡創作に熱中していく。

作品第一号は、昭和七年五月十七日に書いた。当時、千葉市院内小学校に勤務中、七年先輩の故市原三郎先生に借家に誘われ、先生自作のレコードを聴かされて刺激され、羨望と軽い敵意をいだいたその夜、下宿で彼も人なり我も人なりと、一気呵成に仕上げたのがそれである。二十二歳の青年教師時代がなつかしい。

前出の童謡詩集『里の秋』中の一文である。この第一作として書かれた作品は民謡風のもので、斎藤の創作ノートによれば第五作目に「童謡」とことば書きされている。昭和七年に書き始められた創作ノートは生涯書きためられていき、斎藤の童謡創作の丁寧な姿勢がしのばれるところでもある。

その後斎藤は、千葉郡の二宮小学校、山武郡の源小学校、東金市の豊成小学校、船橋市の葛飾小学校と、千葉県内の小学校を二、三年の間隔で転勤したが、その間の昭和十年から一年間は、千葉県師範学校専攻科で学んでもいる。

ところで「教職のかたわら、詩作にふけるようになる。いわゆる内職である。当然、学校では「責務を全うしていない」という風評が立ち、昭和十年、彼は当時勤務していた源小学校の学校長のすすめで、実務（教職）を離れて、千葉師範の専攻科に進まされることになる。どうやらダメ教師のらく印が捺されていたようだ」と『みかんの花咲く丘』（前出）で恋塚は述べている。どの程度真実であるかわからないが、生前の斎藤からの聞き書きということなので、ある程度は事実といえるかもしれない。ただし、しだいに硬化しつつある時代であり、レコード目的の童謡創作に熱中する教師といえば、柔弱の印象が強かったのではあるまいか。教育者として能力を問題視されたというよりは、レコード童謡に対しての大衆的な軟弱芸能というような時代の見方が、それに情熱を傾ける斎藤の人生観を問題視させたと考えられる。

こうした周囲の雰囲気が、斎藤の童謡創作をさらに熱心にさせたのであろう。

敗戦間近の昭和二十年六月十五日、斎藤は内地召集となり、群馬県沼田市の部隊におもむく。そして二ヵ月後、八月十八日には召集解除となって成東町にもどってくる。

戦後の「里の秋」

戦争終結の年の十二月中旬、帰省中の私は、至急電報で東京の作曲家海沼実氏に呼ばれた。氏は、NHKから復員兵を迎える歌を依頼され、多くの原稿の中から「星月夜」を使うことに決めたこと。一番二番は、もとのままで、三番に迎える詩を付けてくれませんかという。難問であったが、どうにか二十四日の放送に間に合わせた。リハーサルと本番との休憩時に
「斎藤さん『星月夜』では童謡のタイトルとして硬いから、『里の秋』としましょうよ」
「じゃそうしましょう」と改題した。歌は当時小学校五年生の川田正子さん。放送直後の反響はもの凄かった……。

（童謡詩集『里の秋』）

斎藤の代表作ともいうべき「里の秋」は、このように、昭和十六年十二月に創作された「星月夜」から改変、改題されたのである。

星月夜　　斎藤信夫詞

しずかな　しずかな
里の秋
お背戸に　木の実の　落ちる夜は
ああ　母さんと　ただ二人

栗の実　煮てます　いろりばた
あかるい　あかるい　星の空
鳴き鳴き　夜鴨の　渡る夜は
ああ　父さんの　あの笑顔
栗の実　食べては　想い出す

きれいな　きれいな　椰子の実を
しっかり　護って　くださいな
ああ　父さんの　ご武運を
今夜も　ひとりで　祈ります

大きく　大きく　なったら
兵隊さんだよ　うれしいな
ねえ　母さんよ　僕だって
必ず　お国を　護ります

日本の真珠湾攻撃が十二月八日、この童謡が創作されたのが十二月二十一日であった。太平洋戦争への突入という噓しき昂揚のさ中、斎藤もまた素朴に戦争を肯定する若さの中にいたのであろうか。斎藤は「その日から連日、戦争童謡を作ったが、なかなか心に触れるものは生まれなくて苦悩した」（『里の秋』）という。その日とは、もちろん十二月八日のことである。今からとらえるなら何とも無惨ではある。とはいえ、この時期の詩人たちの仕事に限って振り返ってみて、北原白秋に童謡集『大東亜戦争少国民詩集』、高村光太郎に少年詩集『おじさんの詩』等、聖戦を歌うものは相当ある。

もともと純朴な風土を背景に素朴に叙情を歌いあげようとしていた斎藤であってみれば、大戦への論理を深めることは、この時期にあっていわば異質な問題ではなかったろうか。

この「星月夜」が、二番三番を捨てて次のように変えられるのである。

さよなら　さよなら　椰子の島
お船に　揺られて　帰られる
ああ　父さんよ　ご無事でと
今夜も　かあさんと　いのります

歌謡曲「岸壁の母」の児童版ともいうべき歌詞に変えられたのであった。改変に際しては、作曲者の海沼の考えも相当に反映したようである。恋塚によれば「海沼実という人は自ら作詞もしたし、人の原稿に勝手に手を入れるのを平気でする人」でもあったそうである。たとえば細川雄太郎の「あの子はたあれ」のレコード化にあたっても、海沼の考えが基調になって、細川の原作が変わっていったのである。作曲の方法上から、ことばを差し替えることはあったろうが、はるかにダイナミックに自己の感性や情緒を織り込むことも多かったようである。

敗戦後、斎藤は郷里の小学校に復職したが「何人かの人の忠告にもかかわらず、我意を通して教職を退いた」と千葉県山武郡教育研究会国語部会発行の斎藤信夫童謡作品集『青空を見つめて』（昭49・12）の解説に記している。「里の秋」のＮＨＫ放送、そしてコロンビアレコードからの発売の時期は、斎藤にとって実に悩み深い時でもあったのである。

好枝夫人の回顧によれば、大戦下の日本人としての心情、そして、大戦後の民主主義の時代とそれへの共感という落差の中で、激しい煩悶にさいなまれたという。戦中、戦後と教壇に立つことへの矛盾を強く感じ続けたという。

ところが、就職難の時代でもあった。思うような勤務先を得られないまま、それだけにレコード童謡創作に集中していったのである。復活した海沼との関係は「里の秋」を世に出したばかりではなく、いわば作家と童謡詩人ふたりの、新しい希望に満ちた方向をも切り開いたかのようであった。「予期せぬヒットで、斎藤信夫の童謡詩人としての人生が開けてくる。歌の世界に入ることによって一時の挫折から立ち直った彼は、再び教壇につくかたわら、海沼実と組んで、次々と心に残る童謡を発表していく。歌ったのは、もちろん川田正子である」（『みかんの花咲く丘』）と恋塚が書いているが、少女歌手川田正子に対して、斎藤はまた、家庭教師の役割も持っていた。つまり、作詞家、作曲家、少女歌手が仲のよいチームワークを作り上げていたのである。

このような状態から誕生した作品の一つに「蛙の笛」がある。斎藤自身は「里の秋」の改作の事情もあってか、最も愛していた作品であったようだ。「中天の金の月と、月影の揺れる田で吹く蛙の銀の笛との対象が具合よく、『ささ』という掛け声も適当なものと思います。童謡のスケールとしては、『里の秋』以上と思いますし、私としては一番快心の作と考えています」（童謡集『青空をみつめて』）。この作品は海沼実作曲、川田正子歌でNHKラジオで放送され、後にコロンビアレコードから発売された。

蛙の笛　斎藤信夫詞　海沼実曲

月夜の　たんぼで　コロロ　コロロ
コロロ　コロコロ　なる笛は
あれはね　あれはね
あれは蛙の　銀の笛
ささ　銀の笛

あの笛　聞いてりゃ　コロロ　コロロ
コロロ　コロコロ　眠くなる
あれはね　あれはね
あれは蛙の　子守歌
ささ　子守歌
蛙が　笛吹きゃ　コロロ　コロロ
コロロ　コロコロ　夜がふける
ごらんよ　ごらんよ

ごらんお月さんも　夢見てる
ささ　夢見てる

前に記したが、斎藤は実に几帳面に創作ノートを整理している。ノートによれば、この「蛙の笛」は作品番号三五六一であり、前の「里の秋」は三五三〇番である。平易な会話体、擬音語やリピートという平均的な技法、そして全体を支えるメルヘン風なモティーフ、そのどれをとっても親しく歌える歌としての目的が生きているといえようか。

また同時期の、「金のおくらに　銀の鈴　夢のお馬車が　シャンシャンと……」という「夢のお馬車」も、海沼曲、川田歌というわけで、NHKでラジオ放送され、のちにコロンビアレコードから発売されて、かなり普及した童謡であった。この作品は、昭和二十二年一月作、作品番号三七三〇である。「蛙の笛」と同じく、実にロマンチックなメルヘン風な作品である。童謡詩人加藤まさおの代表作「月の砂漠」（佐々木すぐる曲）を思わせる詩ではある。

よく海沼氏を訪ねた。ある日のこと「斎藤さん、いいところへ来てくれました。実は、この曲を会社に持っていったら、曲はいいが、この人の詩は駄目と断わられて来たところです。斎藤さん何とかしてくれませんか」と言う。私は楽譜は読めるので借りて帰って、一晩の中に「夢のおそり」と「夢のお馬車」の二つを仕上げて、翌日上京した。

（『青空をみつめて』）

二人の関係が、またとない関係であったことがしのばれるエピソードである。海沼は「夢のお馬車」をとり、常の如く川田正子歌で、NHKラジオで放送し、すぐさまコロンビアレコードでレコード化している。

このような大戦後の数年間は、斎藤にとって、めまぐるしい日々であった。そして、同時に、落ち着きある教育者生活へともどる機会をも与えられたようである。昭和二十二年には市川市の中学校に赴任し、続いて郷里の山武郡の大平中学校、成東町の平野丘中学校、東中学校という具合に、昭和四十二年の定年を迎えるまで、着実な教師生活を送ったのである。

自らの作品が世に迎えられるという、一つの夢の実現が、いうなれば地に足の着いていなかった、戦前の教師生活とは違った、地味な足取りをも獲得させたのではあるまいか。三十代後半という年齢による落ち着きともいえるし、家庭の経済を支えようとする責任感の表れともいえよう。

確かにNHKラジオ放送によって、自らの作品は普及したが、当時の蓄音機の普及を考えるならば、レコード化されたとはいっても、今日のような膨大な販売数は考えられない。また、たとえ何万枚という売れ行きがあったとしても、当時のレコード童謡の歌詞に対する支払いなど、今日とはまるで異質な様態であったわけである。

斎藤はこの間、個人誌「ひとりたび」、同人誌「花馬車」(昭29・3創刊　昭61・9終刊)、同人誌「三輪車」(昭30・2創刊　一四〇号にて終刊)を主宰発行してもいる。

その中の一誌「花馬車」の創刊号に、次のような創刊の「ごあいさつ」が掲載されていた。

長らくご無沙汰いたしましたが、皆さまお元気の事とお喜び申し上げます。今日種々ご高配頂きました個人誌「ひとりたび」を休刊して、新しく限定同人誌「花馬車」を発刊させる事にいたしました。……

…今後は童謡の本道を探求しつつ、新しい分野を開拓すべく一同協力して精進したく存じます。……

「花馬車」は〈こどもの歌謡誌〉と副題がつけられている。また、ほぼ同時期の「三輪車」は〈幼児童謡研究誌〉と枠づけされていた。

創刊の挨拶だけでは、その主旨を明快に受けとめるというわけにはいかないが、この号に発表された斎藤の「ドロップちゃん」及び「みなとのマリちゃん」を見ると、前出の斎藤の代表作ともいえる作品群に比すれば、歌える歌としての大衆性をさらに盛り込んだといってもよく、国民歌謡風な意図で時代に働きかけたと推測し得るのである。「みなとのマリちゃん」の「……出る船　来る船　どれ見ても　バイバイ　バイバイ　グッバイバイ」というように、オリジナリティや芸術性を主張するのでなく、調子の良さで、子どもや一般の人々の口にのぼることを目的とした意図が明らかである。

ところで、この種の同人誌を創刊し、長期間にわたって尽きることなく童謡を発表し続けた根拠は、おそらく第二次世界大戦後の児童文化運動、児童文学運動の盛り上がりと衰退という昭和二十年代から三十年代にかけての動きと無縁ではなかったのではないだろうか。

敗戦直後には、「赤とんぼ」「銀河」等、まるで大正時代の「赤い鳥」時代を思わせるような純粋な児童文芸雑誌群が登場し、民主主義という自由な時代に誠実に語りかけたものであった。文化人、知識人に圧倒的に支持された児童文化財ではあったが、その売れ行きは芳しくなく、昭和二十五年ともなると、良心的と評価されたこれらの雑誌群は一誌も残さず廃刊の憂き目を見たのである。理念のみでは、優れた児童文化財といえども、生きながらえていくことのできない難しさが知らされた出来事であった。

斎藤の童謡作品、海沼、川田とのチームによるレコードは、これら純粋な児童文化財とは、大衆性という点で一線を画していたことは事実である。しかし、低迷、通俗と一蹴される児童文化財では決してなかった。そして、前述したように、マスメディアを利用した大衆的な領域であったにせよ、純粋な児童文化財と同じように、やはり商業主義出版の前には無力だったのである。

ラジオ放送による普及はあっても、制作されたレコードを購入する家庭等はどの程度であったのであろうか。売れないものは作らないという商業主義の前に、知名度などふきとんでしまったのであろう。

なにしろ、この時代に「里の秋」「蛙の笛」等を家庭や子どもの心に送り込んでくれたのは、利潤追求とは懸隔のあるNHK放送や、音楽教科書とその熱心な指導者であったのだから。

このような状態の中で、斎藤にしても、創作、放送、レコード化という燃え上りが沈静した後は、静かに自らの表現を見つめなおし、次の機会を待つという立場に立たざるを得なかったのである。

大戦後の状況下で

現代の童謡界のリーダー的存在のひとりでもある阪田寛夫の、巌谷小波文芸賞を受賞したエッセイ『童謡でてこい』（河出書房新社　昭61・2）に、斎藤に触れた、次のような興味ある一節がある。

私自身も昭和二十一年初夏に博多港に引揚船で帰国したから、ひとごとではなく、「しずかな里の秋に、かあさんとただ二人栗の実を食べて父を思う」というこの唱歌風の詞曲が、既に日本を目のあたりにした引揚兵士の心にどんなやわらぎを与えたかを想像することができる。そしてこの時に、「里の秋」の代りにたとえば「この道はいつかきた道」という山田耕筰作曲の「この道」のレコードをかけたとしたら、果たして同じような瞬時の反応が得られたであろうか、とも考える。

現代童謡を代表する詩人の発言として、大変興味深い。客観的で正確な結論を述べるには、さらに調査もし、同時代の童謡詩人の仕事等を考察しなければならないが、次の点についてはいえるのではないだろうか。斎藤の大戦中の戦争童謡を一途に書くという論理性薄い、脆弱な姿勢、それでいて時代の一変した戦後での挫折感と屈折は、まさに戦中戦後を生きた日本人の、いわば「よくある姿」だったのである。だからこそ、戦中の詩に、あのような改変を加えたにせよ、多くの人に共感を寄せられる普遍性を獲得できたのであろう。阪田が引合いに出した白秋の「この道」には、時代を超える感性と情緒の響きが満ちているが、同じく故郷を背景に持ちつつ、「里の秋」には、白秋の一種の抽象性とは違って、時代を生きる日本人の現実生活が濃く投影されていたのである。

阪田は前の引用文に続けて、次のような問題提起も行っている。

もし、大多数の日本人の心の底に共鳴するのが、わらべうたと五音唱歌の詞曲の世界であることが明白なら、なぜ大正の中頃に、時流にさからって啓蒙するかたちで、「赤い鳥」を代表とする童謡運動が起こったか（当初わらべうたに帰れと説いた北原白秋も、曲としては近代派の山田耕筰以外の才能を認めない時期が続いた）。その童謡がいつのまにか新わらべうたと新五音唱歌に吸収還元された戦後のレコード童謡が時流にのると、またまたアンチテーゼのかたちで、「赤い鳥」の系譜をひく詩人たちが若い作曲家と組んで、近代的な童謡創作の運動を起こしたのはなぜだろうか。

ひとすじ縄ではいかない近代、現代の童謡思潮の変化である。詩、童謡という領域の中で、学問的評価をまったく受けることのなかった斎藤ではあったが、その生涯は童謡ひと筋に費やされたものといっても過言ではない。

主宰発行していた同人誌「花馬車」の、自ら編集した最終号（三八一号）には、童謡への熱い思いを消すことなく、病と必死で闘う姿を彷彿とさせるものがある。自らの死をも予感しつつ、それへの表現を童謡に求める姿は、いかにも童謡詩人らしい生きざまではある。しかし、同時に実に痛ましい思いにもそそられてしまうのである。「花は散るから」の「ちりや　ほこりに　まみれたら　造花の方が　まだ　増しよ」や、「ゆめのなかで」の「コリスと　あそんだよ　コジカと　あそんだよ」などの詩句にその人生の凝縮が思われるのである。

東京を中心とした、古典的な童謡を愛する人たちの会「小さなかけ橋」が、昭和六十一年六月二十日、浅草公会堂で開かれ、斎藤も、古い友人である細川雄太郎と共に参加した。海沼作曲の童謡が次々と合唱されたという。ところが、この時を機に病床につき、ガンセンター入院中に「花馬車」最終号を編集したということである。脳腫瘍を切除したものの、すでに転移があり、その一年後に死去したのであった。

現在、郷里成東町の成東城跡には「里の秋」の童謡碑が建立されている。

「みかんの花咲く丘」――加藤省吾の童謡

名作の誕生

加藤省吾の童謡創作活動は、昭和七年に始められており、いわゆるレコード童謡時代の幕開けの時にあたっている。そして、作曲され歌われることを意図して創作した加藤は、レコードの制作と販売によって企業的に自立し始めた音楽産業の発展と共に旺盛に活動し、いわばこの大衆的童謡時代の旗手ともなったのである。

もちろん、加藤をレコード童謡の作詞家として著名にしたのは、第二次大戦後の「みかんの花咲く丘」の発売によってである。

「みかんの花咲く丘」は、昭和二十一年九月に創作されている。加藤省吾童謡集『みかんの花咲く丘』(童謡集三部作の第一集　世界文庫　昭40・9)のこの詩には、次のような註がつけられている。

終戦の翌年即ち昭和二十一年九月に海沼実氏の家で創作した。当時わたしは今迄の童謡と違った、新しい形式のものを創りたいとの意欲に燃えていたし、時あたかも、敗戦に打ちひしがれていた時代だったので、なんかほのぼのとした明るい抒情的なものをと考えていた。それを盛り込んだのがこの詩である。海沼実氏作曲、川田正子、孝子姉妹の唄によって全国を風靡した。

この時代の流行童謡となると、作曲家海沼実の曲のものが圧倒的に多いが、「里の秋」（斎藤信夫詞）、「あの子はたあれ」（細川雄太郎詞）、「お猿のかごや」（山上武夫詞）と同じく、海沼によって作曲されたものであった。ヒットした作品だけに、加藤もこの「みかんの花咲く丘」についていくつかの文章を記しているが、自伝風随筆「『みかんの花咲く丘』わが人生」（芸術現代社　平成1・10）には、その創作、レコード化、そしてその流行という経緯が、詳述されている。

みかんの花咲く丘　　加藤省吾詞　海沼実曲

みかんの花が　咲いている、
思い出の道　丘の道。
はるかに見える　青い海、
お船がとおく　かすんでる。

黒い煙を　はきながら、
お船はどこへ　行くのでしょう。
波に揺られて　島のかげ、
汽笛がぼうと　鳴りました。

いつか来た丘　かあさんと、

一緒にながめた　あの島よ。
今日もひとりで　見ていると、
やさしいかあさん　思われる。

現在でも多くの人に暗誦されている歌詞である。海沼実の作曲となれば、歌いやすいようにということで歌詞を作り変えられることが多くあったが、この作品の場合は、まったく改変はされていない。ただし、創作時に加藤に対して海沼が題材を具体的に提供するということがあったようである。

「詩が一つほしいんですがねえ、なにか詩を持っていませんか………。」売り込みが目的で来たのなら勿論いろいろ作品を持って来ているのだが、何分にもこの日は雑誌の記事取りに来たのだから、作品など持っている筈がない。………「NHKからまあちゃん（川田正子さんのこと）が放送する海に因んだ歌の歌詩がなくて困ってるんです。………「どんな詩でしょうか。」突っ込んで、具体的な詩の内容をきいてみた。………「はい、原稿用紙」海沼先生がそっと原稿用紙をテーブルの上に出された。………「詩の内容ですが、先ず丘の上に立って、海を見て、その海に島を浮かべ、船を出して黒い煙りをはかせてほしいんです。」といわれた。

自伝『「みかんの花咲く丘」わが人生』にこのように詳しく描かれ、海沼の居宅で、わずかの時間に書き上げられたことが知られるのである。静岡県生まれの加藤にとって、海そして船というキーワードは、イメージを作りやすいものだったと予想される。そして、そこに、自らの幼少時の厳しい体験でもある両親との別れ、その後にくる故郷からの離別というモティーフを加えて完成させたわけであった。

海沼の曲を得て、この詩は、NHKのスタジオと静岡県伊東の国民学校（小学校）とをつないだラジオの二元放送として発表されたのである。

レコード化は、初めキングレコード（井口小夜子歌　昭22・7）からで、歌詞の第三節の「かあさん」が「ねえさん」に変えられて吹き込まれたという。これは、両親を失った子どもたちの多い時に、「かあさん」では印象が強烈すぎるからというレコード会社からの要望によってであった。

そして、流行をみた川田正子歌によるコロンビアレコードからの発表は、半年後の昭和二十三年一月であった。

遠い母への思いとノスタルジーを和らかな抒情で包んだこの詩が、敗戦直後の人々に迎え入れられていったのである。

童謡詩人であり評論家でもある阪田寛夫は、斎藤信夫の「里の秋」と共に、この「みかんの花咲く丘」を「レコード童謡時代の象徴的な曲」と『童謡でてこい』（河出書房新社　昭61・2）に記している。

海沼実とのコンビ

加藤は「みかんの花咲く丘」の後、海沼と数多くの童謡を作っている。「やぎの乳屋さん」（松永園子歌）、「おみせやごっこ」（川田孝子歌）をはじめ八十曲あまりをコロンビアレコードから発表しているのである。

これが、ふたりをコンビといういわれである。

しかし、この加藤と海沼のコンビは、細川雄太郎や斎藤信夫や山上武夫に比べれば新しいものであった。

コンビによる歌作り、レコード制作が実現したのは第二次大戦が終盤を迎える昭和二十年のことである。「忠霊塔の歌」（渡辺佐和子歌　テイチク　昭20・2）がそれであった。ただし、このレコードは、動乱の中、発表されることなく消えていったのである。

ふたりの出会いは、かえって細川、斎藤よりも早く、加藤が個人誌「童謡と唱歌」を発行していた頃であった。けれども、「『音羽ゆりかご会』は昭和九年頃の創立と聞いているが、毎年発表会を開いて、それ以来必ずご招待を頂いていた。だがなんとなく肌合いが違うというか、作品を送っても、私の詩には残念ながらなかなか作曲もして貰えなかった」（『みかんの花咲く丘』わが人生）と自ら書いているように、作曲家に対する思惑が実現するには時間がかかったのである。

加藤は大正三年（一九一四）七月三十日、静岡県富士郡大渕村穴ヶ原（現在富士市大渕）に生まれた。大渕村は駿河湾から十余キロ富士山に向かって上がった所で、見下ろすと田子の浦が遠望できたということである。そして、現在、代表作の一つである「かわいい魚屋さん」（山口保治作曲）の記念碑のある大渕第一小学校をはじめとして、家庭的事情のために、三島、富士宮、沼津の小学校を転々とする。ドラマティックな児童期を送ったのである。高等科二年を修了した頃から大衆歌謡の詞に強い関心を抱き、当時の流行歌「丘を越えて」（島田芳文詞　古賀政男曲）に魅せられて作詞家になろうと決意したのであった。そして、たまたま創作した「お春」という歌詞を野口雨情主宰の「民謡詩人」に投稿したところ入選したのであった。これが、作詞家への方向を決定づけたのである。

十九歳の折に埼玉県深谷の親族を頼って、夢の実現へと一歩を踏み出すのである。そして、親族が謄写版印刷業を営んでいたこともあって、自らの作品を印刷し、歌の関係者に送付することとなる。それが「童謡と唱歌」の前身であった。いわゆるガリ版印刷で、幾編かの詩作を発表したのである。

　大正期に全盛を誇った「赤い鳥」の童話童謡が後退のきざしを見せはじめた時期であり、加藤には子どもを対象とした詩の世界には興味がなかったが、偶然に前出の島田芳文（「丘を越えて」の作詞家）の勧めがあって、一編の童謡を創作してみたのである。加藤にとって最初の童謡、「かなかな蟬」の誕生であった。

かなかな蟬　　加藤省吾詞

かなかな蟬が　ないている
山の向うの　姉ちゃんを
思い出せって　言うのかな

夕焼け小焼けの　水車小舎
子守しながら　姉ちゃんも
思っているかな　僕のこと

今日も叱られ　背戸に出て
そっと眺める　西の空
僕も姉ちゃんも　親なし子

かなかな蟬が　ないている
とうきび畑の　きびのかげ
僕は一人で　泣いちゃった

（『「みかんの花咲く丘」わが人生』）

昭和七年五月に創られた処女童謡である。三木露風の「赤とんぼ」や清水かつらの「叱られて」をヒントに、実に素朴に庶民的に歌った作品である。加藤はこれを機会に童謡をも数多く作ることになる。そして、その発表の場が「童謡と唱歌」だったのである。「童謡と唱歌」は、初め個人誌であったが、昭和十四年に同人誌となり、細川や斎藤や山上等の同人を得ることとなる。

「童謡と唱歌」が、まだ個人誌であった昭和十二年（第三巻第三号　昭12・10）に「かわいい魚屋さん」は「可愛いい魚屋さん」として山口保治の曲が付けられて発表されていた。

可愛いい魚屋さん　　加藤省吾詞　山口保治曲

可愛いい可愛いい　魚屋さん
ままごとあそびの　魚屋さん
今日はお魚　いかがでしょ
お部屋ぢゃ子供の　お母ァさん
今日はまだまだ　いりませぬ

可愛いい可愛いい　魚屋さん
てんびんかついで　どっこいしょ
今日はよいよい　お天気で
こちらのお家ぢゃ　いかがでしょ
今日はそうねえ　よかったわ
可愛いい可愛いい　魚屋さん
ねじりの鉢巻　はっぴきて
今日はお魚　いかがでしょ
大鯛小だいに　たこにさば
おかんじょ上手に　いっちょにちょな

両親と幼くして離別し、転々と親族の間で養育されていた加藤にとって、この詩にあるようなほほえましい〈ごっこ〉遊びは、いつ存在したのであろうか。なかったものへの憧憬の屈折した表現ではなかったのであろうか。

作曲家山口保治は東京芸大出身で、弘田龍太郎に師事していた。加藤とはすでに成人向けの歌謡「びっくり音頭」、童謡「お伽のマーチ」でコンビを組んでいたわけだが、この作品の急激な人気によって、童謡作曲家としての地歩を築いたといってよいであろう。参考のために記しておくと、山口の代表的作品は「ナイショ話」（結城よしを詞）、「ふたあつ」（まどみちお詞）である。

「可愛いい魚屋さん」は、タイトル表記も漢字であり、第三節までしかなかったものである。それをレコードに吹き込む（ビクター）ということで、現在あるように第四節が付け加えられたのである。昭和十年代では、加藤の詩は山口曲によることが多いが、弘田龍太郎（「アジアの青空」等）、河村光陽（「ひなまつり」等）、下総皖一（「なの花小道」等）、平井康三郎（「荷足船」）、佐々木すぐる（「朝の出がけに」）と、作曲者の幅は広い。また、レコード会社も、キングレコード、ポリドール、テイチク等であった。

「童謡と唱歌」の発行

「童謡と唱歌」を出していた頃の加藤は、昭和十二年、音楽新聞社に入って芸能記者となり、昭和十六年には音楽之友社を堀内敬三等とおこし、「音楽文化新聞」の編集に従事するというわけで、大衆ジャーナルの渦中で生活していたのである。

その作品が芸術的香りの高いものであっても大衆性のないものは社会に於いて取り上げて呉れない。此の大衆性の有無がレコードとなるかならないかの界となる………なんとかしてよいものを作りヒットさせたいと心はあせれど中々出来そうもない。それからこれは私がたえず感じておる事ではあるが、童謡壇によき批評家をほしいと思ふ。

（「童謡と唱歌」昭14・2）

当時の加藤の童謡観である。詩へ関心を持ち始めた当初から、加藤はレコードに執着していた。そのために野口雨情主宰の「民謡詩人」、西条八十主宰の「蠟人形」等に投書しつつ機会を待っていたのである。多くの人々に親しまれるような歌作りこそが目標だったのである。この考えは第二次大戦後から現在に至るまで変わってはいない。

第二次大戦後の加藤は、一つの目標であった〈レコード会社専属〉を実現する。コロンビアそしてキングレコードの専属詩人となったわけである。そこで、その後の専属契約にもとづく四三〇あまりの作品が昭和二十四年から昭和四十六年までの間に創作されたのである。そして、その鮮やかな成果が、一つはテレビ時代初期のテレビ映画のいくつかの主題歌であり、もう一つが昭和三十四年度第一回レコード大賞童謡賞の受賞であった。

テレビ放送は昭和二十八年二月にNHKで始められ、八月には民間放送も開始されたわけだが、その後今日では、テレビ受信契約数の急激な増加に示される通り、圧倒的な人気メディアとなったのである。まさに視覚文化時代の寵児であった。

この時流に乗って、加藤はテレビ映画「隠密剣士」「三太物語」「怪傑ハリマオ」「笛吹童子」等の主題歌を創作する。それぞれ人気を獲得した番組だっただけに、その主題歌も口ずさまれるほどに記憶されたのである。

そして、音楽産業界が、優れた大衆的歌謡を顕彰し、併せてレコード業界のいっそうの繁栄を求めて設けられたレコード大賞童謡賞への入賞と、加藤の昭和三十年代は繁忙をきわめたのである。受賞歌は「やさしい和尚さん」（昭34・9　キングレコード）で、作曲は歌謡曲「さくら貝の歌」「あざみの歌」等で知られる八洲秀章であった。

やさしい和尚さん　　加藤省吾詞　八洲秀章曲

おしょうさん、おしょうさん、
やさしい、やさしい、おしょうさん。
ひらひらもみじが、ちってくる。
そうじゃよ、そうじゃよこの寺の、
名物もみぢじゃ、見てごらん

おしょうさん、おしょうさん、
それでもおそうじ、大変ね。
みんなでてつだい、いたしましょ。
そりゃそりゃごくろな、ことじゃがのう、
ひとうつてつだい　たのみましょう。

………

おしょうさん、おしょうさん、
お空は夕やけ　日がくれる。
お寺のもみじも　まっかかっ、

日ぐれのかねつき　するほどに
さあさおかえり　またあした。

独創性や感性のひらめきといった芸術的な要素は抑制され、誰でも楽しみ得るような大衆的な平易さに貫かれている。前に記したように、加藤の童謡創作のねらいは終止一貫大衆歌謡としての子どもの歌だったのである。

さらにこの時期の加藤には多くの作曲家と組んだ仕事がある。シンセサイザーによる作曲等で独自の境地を開いている富田勲の若い時代の「オカリナポルカ」（昭28・6　コロンビア）、「オカリナ吹いて」（昭31・3　コロンビア）、「みにくいあひるの子」（昭29・10　コロンビア）。富田と同じクラシック畑で、「あめふりくまのこ」（鶴見正夫詞）、「おはなしゆびさん」（香山美子詞）で著名な湯山昭との「梨の花咲く山」（昭33・9　キングレコード）、「山へ行こう」（昭35・8　キングレコード）等。そして、現代童謡のリーダーである「めだかの学校」（茶木滋詞）、「夏の思い出」（江間章子詞）の中田喜直との「僕くん」（昭34・4　キングレコード）、「朝霧は」（昭35・2　キングレコード）等である。

このように、レコード会社専属の作詞家ということで、さまざまな作曲家と、幅のある童謡作詞が実現できたのである。もちろん、背後には、支えとして音楽産業の隆盛という時代の流れがあったのである。

大衆性と芸術性

ところで、レコード童謡ということばは、商業主義臭を強くかかえている。ユーモア児童小説家であり、童謡詩人であったサトウハチローは、第二次大戦後「リンゴの唄」「長崎の鐘」という流行歌の作詞でも知られていたが、昭和二十七年以降、ほとんど流行歌謡を作らなくなった。これは、やはりレコード会社主導型の歌作りに対する詩人サトウの芸術的矜持の表明であった。そして、このことはレコード制作を目的とする童謡創作についても回避的姿勢をとらせることになったのである。

私はこの詩人に「ろばの会」の席上で初めて逢った。ろばの会とは、中田一次・中田喜直・磯部俶・大中恩・宇賀神光利氏ら五人の若手の作曲家による、童謡創作グループだ（彼らは童謡という言葉には古い商業主義の「レコード童謡」のにおいが強いからと、自分たちの書く新しい作品を意識的に「子供の歌」と呼び分けていた）。………その席に来合わせていた高名なこの詩人………体じゅうで童謡をいとしみ、尊び、たったひとりでその聖域を守り抜く気概があった。彼の口にかかると、他のたいていの童謡詩人は見こみがなかった。

阪田寛夫は『童謡でてこい』（前出）の中で、昭和二十九年頃の記憶としてこのように述べている。商業主義によるレコード制作、童謡作りがもてはやされる中で、芸術的良心による新しい童謡運動が起こり始めた時でもあり、サトウはその先鋒をきったともいえるのである。

芸術的良心や、対象となる児童の論理を内側に含んだ新しい子どもの歌として童謡は、当然その後から現代まで、誰しも肯定し、その豊かな開花を期待し続けているのである。

しかし、興味深いことに、その期待とはうらはらに、児童たちの、自らが親しめる歌への欲求は、ひとすじ縄ではいかなかったようである。

テレビに代表されるマスコミとの濃厚な接触の中で、児童たちの興味と欲求は若者向けの流行歌謡、ＣＭソング、アニメーション等のテーマ曲等に向かっていったのである。これらは、まさに商業主義の渦中で生産されたものである。現代的なリズム、自らの生活や感情に触れてくる歌詞等が、児童たちに強く訴えかけているのである。

こうして現在、マスコミによる子どもの歌や大衆的音楽は、児童の音楽生活の重要な位置を占めるに至っているのである。たとえマイナーな批評を受けることは多いにせよ、現実の展開は観念的な理想論にきつい打撃を与えてしまうことも多いのである。

確かに加藤の童謡は、北原白秋が先鞭をつけた芸術的童謡の脈絡からいえば、高く評価を受ける質を所有してはいなかった。代表作「みかんの花咲く丘」が、白秋の「からたちの花」の発想に呑み込まれてしまう通り、加藤の作品には、先行詩人の着想やことば、フレーズを想起されるものが相当多くある。もちろん、これについては加藤自身が語っていることであるが。

いずれにしても商業主義という語でひとくくりにして批判されてしまうとなれば、加藤の長い童謡創作活動も、実に哀切に満ちたものになってしまう。

そのすべてというわけにはいかないが、いくつかの作品は、時代の象徴といえるほどに愛され、視覚文化時代到来の中で先頭を切って、マスメディアでの子どもの歌を開拓したのである。これは、芸術的童謡としての評価ではなく、児童文化の一つの姿としての示唆を多く含んだものとして把握することができるのではないだろうか。

芸術性と大衆性（通俗性）、あるいは芸術的良心と商業主義といったシンプルな価値観で色分けすることは、潔しとはいえ、決して真実を抽出するとはいえないであろう。だからこそ、商業主義によって発展を見たといえるマスコミの歌や音楽を最も魅力的としている現代の児童たちの感性や欲求を否定し得ないのである。

詩人であり劇作家であった寺山修司は、独特な『日本童謡集』を編集した際に「一つの唄をうたおうと思う衝動は、いつも個人の思い出と、歴史とのあいだで揺れ動いている」と実感的な童謡観を述べていたが、商業主義を語るレベルとは違った、普遍性を求める考えとしてレコード童謡考察の参考になる発言でもあった。

ともあれ、加藤の童謡を記念する碑は前述した富士市の大渕第一小学校をはじめ、伊豆の伊東、兵庫県の龍野等で多くの愛好者に見守られているのである。

Ⅳ　現代の傑作童謡

現代の童謡の魅力は、何といっても楽しさにある。大正期童謡の黄金時代を経て、よりいっそう子どもたちの心、とりわけ幼児の心をとらえるような遊びに満ちた明るい童謡が追求されたのである。もちろん遊びに満ちた楽しさといっても、単なる迎合というような表面的な姿勢ではなく、芸術の本質、人生や社会の真実をもその底に蔵しながらの楽しみである。

ここでは一九五〇年から一九八〇年頃までに創作されたもので、今日でも大いに歌われ楽しまれているいくつかを選んでみた。

童謡は、詩の芸術味に加えて、作曲家の詩の解釈とその具体化がなければ、生きてこないものである。小学唱歌、白秋時代の童謡、そしてレコード童謡華やかな時代の童謡と、常に豊かな発想による優れたメロディーを持った作品こそが、時代を超えて歌い続けられてきたのである。

「小さい秋みつけた」とサトウハチロー

サトウハチロー（一九〇三―一九七三）は少年小説作家佐藤紅緑の長男として東京に生まれた。立教中学を中退するなど、いくつかの学校を転々とする。若くして西条八十に師事して「少年倶楽部」等に童謡や抒情詩を書き始める。少年詩集『僕等の詩集』（昭10）やユーモア少年小説『ユーモア艦隊』（昭9）等があるが、昭和十年代には「目ン無い千鳥」等の流行歌に筆をそめている。

大戦後は、改めて童謡復興の活動に入り、多くの童謡を創作する。「ちいさい秋みつけた」もその一つである。作曲は中田喜直であった。中田は同じサトウの「かわいいかくれんぼ」にも曲をつけている。「めだかの学校」（茶木滋詞）や「手をたたきましょう」（小林純一詞）も中田の作曲である。

ちいさい秋みつけた　　サトウハチロー詞　中田喜直曲

誰かさんが　誰かさんが　誰かさんが　みつけた
ちいさい秋　ちいさい秋　ちいさい秋　みつけた
めかくし鬼さん　手のなる方へ
すましたお耳に　かすかにしみた
よんでる口笛　もずの声

ちいさい秋　ちいさい秋　ちいさい秋　みつけた
誰かさんが　誰かさんが　誰かさんが　みつけた
ちいさい秋　ちいさい秋　ちいさい秋　みつけた
お部屋は北向き　くもりのガラス
うつろな目の色　とかしたミルク
わずかなすきから　秋の風
ちいさい秋　ちいさい秋　ちいさい秋　みつけた

誰かさんが　誰かさんが　誰かさんが　みつけた
ちいさい秋　ちいさい秋　ちいさい秋　みつけた
むかしの　むかしの　風見の鳥の
ぼやけたとさかに　はぜの葉ひとつ
はぜの葉あかくて　入日色
ちいさい秋　ちいさい秋　ちいさい秋　みつけた

この作品は、昭和三十年あるいは昭和三十二年に創作されたといわれており、創作時期を特定することはできない。

「ちいさい秋」とは繊細であると同時に、実に明快なことばである。聴覚、触覚、視覚と、鋭い感性で自然の営為をとらえきっているといえるだろう。

中田喜直の美しいメロディーをともなって、日本の自然の四季の側面が感受される作品である。

「ぞうさん」「やぎさんゆうびん」とまどみちお

まどみちお（一九〇九—）は山口県徳山市の生まれである。昭和十年頃台湾総督府に勤務しながら、童謡を「コドモノクニ」等に投稿する。太平洋戦争は応召。終戦後は幼児雑誌の編集者としての生活を送るが、昭和四十三年第一詩集『てんぷらぴりぴり』を出版し、注目をあびる。五十九歳のことであった。ただし「ぞうさん」及び「やぎさんゆうびん」の創作は昭和二十年代後半のことである。この二編は共に、大戦後から現在までの童謡中の傑作と評価されている。

ぞうさん　　まどみちお詞　團伊玖磨曲

ぞうさん
ぞうさん
おはなが　ながいのね
そうよ
かあさんも　ながいのよ

ぞうさん
ぞうさん

だれが　すきなの
あのね
かあさんが　すきなのよ

「ぞうさん　ぞうさん」と語りかける親しみのある「ぞうさん」の歌い出し、それに続く親子の深い愛情をしのばせるフレーズは、これ以上の表現はないといってよいほどに、単純さと愛の深さを語りかけてくれる。動物の中でも、とりわけ幼児に愛されている象を題材に、人が生きていく上で最も喜びを感じるものの一つである愛を形象してくれているのである。

やぎさんゆうびん　　まどみちお詞　團伊玖磨曲

しろやぎさんから
おてがみ　ついた
くろやぎさんたら
よまずに　たべた
しかたがないので
おてがみ　かいた
――さっきの　てがみの
ごようじ　なあに

くろやぎさんから
おてがみ　ついた
しろやぎさんたら
よまずに　たべた
しかたがないので
おてがみ　かいた
——さっきの　てがみの
　ごようじ　なあに

「よまずにたべた」と、紙を食べる山羊の習性を実に楽しく描いた作品が「やぎさんゆうびん」であった。「さっきのてがみのごようじなあに」には、ユーモアと愛情がみなぎっている。象にせよ、山羊にせよ、何といっても作者の優しさが溢れている。

共に作曲は團伊玖磨である。明朗、単純明快に歌われているが、この「ぞうさん」「やぎさんゆうびん」には、もちろん詩人まどみちおの深い人生観が横たわっている。阪田寛夫の『童謡でてこい』（河出書房新社　昭61・2）には、まどみちおの発言として次のように記されている。

つまり、あの歌は、動物が動物として生かされていることを喜んでいる歌なのです。「お鼻が長いのね」と悪口を言われた象の子が、「一番好きなお母さんも長いのよ」と誇りをもって答えたのは、象が象として生かされていることが、すばらしいと思っているからなのです、と。――

生命の尊さや生き方の自然さを、けれん味なく、天真爛漫に歌い出すまどみちおのことばは、何の抵抗もなく、幼児の世界のものとなっていくのである。みごとな資質の表れといってよいであろう。

画期的な名曲として、音楽の専門家が口をそろえてお褒めになる團さんのこの傑作は、特にどうということもない私の詞に対して、じつに勿体ない素敵な曲です。そのおかげでそのどうということのない詞までが、素敵に見えてくるみたいで、二十七年末にＮＨＫがこの歌を流し始めると、たちまち全国で歌われるようになってしまいました。

まどみちおは「おかげのおかげの『ぞうさん』」（「別冊太陽　童謡・唱歌・童画１００」）で、実におおらかに自作を振り返っている。まどみちおの目を通ると、どんな複雑で難しい問題でも、すっきりと本質を見せてくれることになるようである。

まさに、幼児の歌作りとしての美質を備えているわけである。

童謡集・詩集に『ぞうさん』（昭38）、『まめつぶのうた』（昭47）、『まどみちお詩集』（昭56）、『しゃっくりうた』（昭60）等がある。

「サッちゃん」と阪田寛夫

現代童謡の傑作の一つに「サッちゃん」を含めることに、おそらく誰も反対しないであろう。歌詞を書いたのは私の従兄に当る作曲家大中恩から頼まれたためだ。昭和三十四年十月に松田敏江（当時は松田トシと言っておられた）の「歌のおばさん十周年」記念音楽会が催された。この時「ろばの会」という当時の若手の意欲的な作曲家グループ五名が、それぞれ二曲ずつ新作童謡を松田氏に献呈した。「サッちゃん」は、「ろばの会」の一員である大中恩が彼女に贈った曲の一つだった。

このように、作詞の阪田寛夫（一九二五―）は自著『童謡でてこい』（前出）に、発表前後のいきさつについて述べている。

サッちゃん　　阪田寛夫詞　大中恩曲

サッちゃんはね
サチコっていうんだ
ほんとはね
だけどちっちゃいから

じぶんのこと
サッちゃんて呼ぶんだよ
おかしいな　サッちゃん

サッちゃんはね
バナナが大好き
ほんとだよ
だけどちっちゃいから
バナナをはんぶんしかたべられないの
かわいそうね　サッちゃん

サッちゃんがね
とおくへ行っちゃうって
ほんとかな
だけどちっちゃいから
ぼくのこと
わすれてしまうだろ
さびしいな　サッちゃん

『一九九一年生まれの名前ベスト一〇〇』(明治生命)を見ると、女児の名前は美咲、愛、美穂、彩、麻衣、彩香、舞、愛美、早紀、千尋というのが一位から十位ということになる。このところ〈子〉のつく名前の復活が語られてはいるが、現実にはこのような傾向なのである。「サッちゃん」のサチコは、どちらかというと流行とはだいぶ違っている。通称「サッちゃん」というわけだが、この調査から見れば、サオリ、サツキ、サトミ、サユリ等が「サッちゃん」ということになる。

時を超えて生き続けているこの童謡「サッちゃん」は、名前の親しみ以上に、幼児に対する本質的なあたたかい思いが込められているからであろう。それが「サッちゃん」と、「ちっちゃい」と、「いっちゃう」という「ちゃ」の音によって、見事に具体化しているのである。

鶴見正夫は『童謡のある風景』(小学館)の中で「寛夫の童謡の底にあるものは、この処女童謡『サッちゃん』に見られる〈おかしくて哀しく〉、だからこそこちらの胸に伝わってくる〈やさしさ〉ではないのだろうか。どうじに私は、人間のどうにもならない根源的な深淵に、知的な鋭さをひめて、静かな目をそそぎつづける寛夫童謡のひとつの風景をも、この『サッちゃん』に垣間見るのである。」と考察を加えている。

阪田寛夫は大正十四年(一九二五)十月、大阪市住吉区天王寺町(現、阿倍野区松崎町)に生まれた。クリスチャンの両親のもとに育つが、青春時代は国家主義の真っ只中にあり、人に語ることのできぬ悩みともなったようである。小学生時代から宝塚のレビューに親しみ、後の音楽趣味の萌芽を感じとることができる。高校生時代が太平洋戦争下にあり、戦後東京大学美学科に入学する。専攻は音楽美学であった。卒業後、朝日放送に入社し、プロデューサーとして新しい「子どもうた」作りに携わる。作詞家、作曲家に新しい歌を依頼するのが主たる仕事であった。

この阪田が「サッちゃん」を発表して作詞家の仲間入りをしたのである。また、少しずつ書き続けていた小説への意欲も高まり、昭和三十八年には放送局を退社し、文筆家としての道を進むこととなった。小説、エッセイ、放送劇、童謡創作を次々と発表していくのである。昭和五十年には小説「土の器」で第七十二回の芥川賞を受賞している。

阪田の童謡といえば、「サッちゃん」のほかに「どうしておなかがへるのかな」の「おなかのへる歌」（大中恩曲）、さらに、教科書掲載で知られるようになった詩「夕日がせなかをおしてくる」がある。

夕日がせなかをおしてくる
まっかなうでておしてくる
歩くぼくらのうしろから
でっかい声でよびかける
さよなら　さよなら
さよなら　きみたち
………

優れた詩魂と豊富で平易なボキャブラリーとがみごとに融和して、普遍性濃い作品を作り出しているのである。

童謡集には『サッちゃん』（昭51）がある。

現代の幼児の愛唱歌

昭和三十五（一九六〇）年前後に発表され、多くの子どもたちに愛された童謡を挙げてみると、「いぬのおまわりさん」（佐藤義美）、「おつかいありさん」（関根榮一）、「おはなしゆびさん」（香山美子）は必ず入ってくる。

「いぬのおまわりさん」は大中恩の作曲で昭和三十五年に「チャイルドブック」に発表されたものである。「まいごの　まいごの　こねこちゃん　あなたの　おうちは　どこですか……」と歌い出され、それに続く「……きいても　わからない」というフレーズが可愛らしさを盛り上げている。作詞の佐藤義美（一九〇五―一九六八）は幼年文学と詩を数多く残しているが、この作品は多くの子どもたちに愛唱された代表的作品といえるだろう。「赤い鳥」や「コドモノクニ」に童謡を書いていたが、その活動は大戦後に開花したようである。童話集に『あるいたゆきだるま』（昭28）、全集に『佐藤義美全集』（昭49）がある。

この「いぬのおまわりさん」は、ごく日常的な擬音語を使い、直截、平明に、幼児にうったえる世界を実現させたものである。「バスのうた」も大中恩の曲で、かなり普及したものである。

「おつかいありさん」は作詞者関根榮一（一九二六―）の処女作であった。私鉄に勤務しながら、友人の勧めで描いた作品がＮＨＫから放送されて知られるようになったものである。作曲は幸運にも團伊玖磨であり、実に楽しい曲がつけられたのである。

おつかいありさん　　関根榮一詞　團伊玖磨曲

あんまりいそいで　こっつんこ
ありさんとありさんと　こっつんこ
あっちいって　ちょん　ちょん
こっちきて　ちょん

あいたたごめんよ　そのひょうし
わすれたわすれた　おつかいを
あっちいって　ちょん　ちょん
こっちきて　ちょん

創作時を正確に述べることはできないが、昭和二十年代半ばといわれている。小さなありの動きを、ユーモラスに描いた作品であった。これが入選し、作曲を誰に頼むかということになって團伊玖磨ということになったわけである。

「おはなしゆびさん」は指遊びの歌であった。湯山昭が作曲し、昭和三十七年にテレビ放送されたものである。

作詞の香山美子（一九二八―）は、ＮＨＫのラジオ・テレビの幼児番組台本執筆や童謡創作を行い、幼児の論理に即した明るくユーモラスな世界を創り出していた。

おはなしゆびさん　　香山美子詞　湯山昭曲

このゆび　パパ
ふとっちょ　パパ
やあ　やあ　やあ　やあ　やあ
ワハハハハハハ
おはなしする

パパ、ママ、にいさん、ねえさん、あかちゃんと家族の姿を鮮やかに描き出している。現在の家庭は核家族で、両親とひとりの子どもというのが一般的である。このようなあたたかな雰囲気も遠くなった。ところで、この歌の歌い手である〈ぼく〉や〈わたし〉の指はどれだろうか。種々に考えられそうなところがある。

香山には児童文学『あり子の記』（昭37）、『ふりむけば風のなかに』（昭50）等の秀作がある。

童謡と碑

上野駅、しのばず口を出て、池へ向かって三分ほど歩くと、弁天堂に出る。そのほとりに、童謡詩人西条八十の代表作「かなりや」の童謡碑が建てられている。

うたをわすれた　かなりやは
ざうげのふねに　ぎんのかい
つきよのうみに　うかべれば
わすれたうたを　おもいだす

知名度の高い場所であり、相当混雑する所だが、この童謡碑のあることを知っている人は案外少ないようである。

八十がこの近くに下宿していたという関係で、不忍池、弁天堂のたもとに建立されたものであった。とりわけ春の桜、晩春から初夏の蓮の時期には、人々の雑踏をひっそりと見つめているというたたずまいである。

都内を少し歩くだけで、このような童謡碑にいくつか出会うものである。

池袋から東武東上線に乗り、成増駅で降りると、その駅前に瀟洒な時計台を発見する。大正から昭和にかけての童謡詩人清水かつらの童謡「叱られて」「靴が鳴る」の記念碑である。定刻にこの童謡のメロディーが流れ、ひと時この古典的な詩人の思いが街を包み込むというわけだ。清水かつらの誕生の地がこの近くということで、モダンな洗面所に沿って建てられている。しかし、その壁面に記された、童謡の由来等を読む人は多くはないようである。

また、著名な目黒不動尊は、東急電鉄目蒲線の不動前にあるが、ここにもなつかしい童謡の記念碑がある。「十五夜お月さん」（野口雨情詞）の作曲家本居長世の記念碑である。

全国に目を向ければ、童謡詩人、作曲家の記念館や記念碑は、思わぬ所にあるものである。たとえていうなら、松島海岸を歩くうちに、ふと「どんぐりころころ」（青木存義詞）の碑が目にとまるというようなことである。

作曲家成田為三の浜辺の歌音楽館（秋田県森音町）、野口雨情記念館（茨城県北茨城市）、詩人・画家・小説家加藤まさをの月の砂漠記念館（千葉県御宿町）、蕗谷虹児記念館（新潟県新発田市）、浅原鏡村のてるてるぼうずの館（長野県池田町）、中山晋平記念館（長野県中野市）、北原白秋生家や資料館（福岡県柳川市）等、数々の施設が誕生している。


もちろん、童謡といえば、誰もが北原白秋の数々の童謡を思い起こすことだろう。北原白秋は、主として作曲家山田耕筰と組んで、美しい童謡を創造した。「からたちの花」「待ちぼうけ」「この道」等の名作を私たちに送ってくれた詩人であった。この白秋のすばらしい業績を顕彰して、郷里福岡の柳川には、その生家と資料館がのこされている。

この白秋の偉大な活動があったことで、児童を対象とする童謡の世界の魅力に気づいた人が、たくさん現れてくる。ここに取りあげた童謡詩人たちも、いろいろの意味で白秋の直接間接の影響を受けつつ童謡に近づいた詩人たちであったといえようか。

白秋以降の詩人たちは、ラジオの普及とレコード産業の発達の時期にあたり、どちらかというと、鑑賞されるる詩よりも歌われる詩を求めていったのである。

もちろん、唱歌にしても白秋の童謡にしても、最も愛される立場におかれた作品というのは、美しいメロディーのつけられたものであった。したがって、これらの詩人が、歌われる童謡への強い憧憬を持ったとしてもしごく当然であったであろう。しかし、昭和十年前後から二十年代の詩人たちの作品は、時にはレコード童謡とその大衆性が批判的に語られることも少なくないようである。確かに、ことばのみでは自立しえないと思える作品もあるが、感性豊かな作曲家によるメロディーをつけられて、その世界は豊かに増幅しているのである。

そして、長く歌われ続け、いつの間にか私たちの文化の側面をも形成していることに気づかされるのである。

しかし、Ⅳ章の現代の詩人たちの場合、芸術味と楽しさとが混然一体となっているところに特徴がある。幼い子どもたちに歌われる童謡を目的として、幼児の論理と興味とに即して築きあげた世界となっている。明るくユーモアに満ちた童謡は、また品性をも備えていたのである。けれども、まだまだ楽しい童謡詩人の登場は少ないし、その発表の場も乏しいようである。そこで、日本童謡協会などが中心となって、その盛り上がりを演出している。

そのアピールの一つとして、七月一日を童謡の日とし、各地で童謡に関するイベントが行われるようになっている。「赤とんぼ」（三木露風詞）の故郷である兵庫県の龍野市はこの白秋の柳川と並んで、その先端的な場といえるだろう。

ところで、この龍野の赤とんぼ公園には童謡広場が設置されている。「ちいさい秋みつけた」（サトウハチロー詞)、「里の秋」(斎藤信夫詞)、「七つの子」(野口雨情詞)、「みかんの花咲く丘」(加藤省吾詞)の童謡碑が建てられている。碑の前に立つとセンサーが反応し、それぞれのメロディーが流れてくるというしかけである。

それぞれの童謡の詩人あるいは作曲家は何らかの意味で龍野と縁を持っているといえそうだが、本当のところはその故郷ではない。そんな意味もあって、この広場に立つと、いろいろの感慨が浮かんでくることであろう。

岡田純也年譜抄

1939（昭14）年	12月12日、旧満州奉天市に生まれ、次いで大連市で乳幼児期を過ごす。
1945（昭20）年	10月、引き揚げ。埼玉県上尾市、大宮市、浦和市、東京都内で少年期をおくる。
1957（昭32）年	大宮市立北小学・北中学校を経て、埼玉県立浦和高校卒業。
1966（昭41）年	立教大学日本文学科・同大学院（修士課程）修了。福田清人氏に師事。9月、『佐藤春夫　人と作品』（清水書院）出版。
1967（昭42）年	京都女子大学児童学科助手就任。5月、『宮沢賢治　人と作品』（清水書院）出版。 宇治市に居住。
1969（昭44）年	3月、立教大学大学院（博士課程）退学。京都市北区大徳寺辺に居住。
1970（昭45）年	5月、『近代日本児童文学史』（大阪教育図書）出版。共編『仏教童話日本編』（法蔵館）出版。
1971（昭46）年	京都女子大学児童学科助教授。この頃より平成5年にかけて、京都教育大学、奈良教育大学、香川大学、帝塚山短大、滋賀県立短大、兵庫県立短大、滋賀女子短大、立命館大学、大阪樟蔭女子大学、親和女子大学、薫英短大等に出講。5月、編著『先生のとっておきの話・京都編』（全2巻ポプラ社）刊。
1973（昭48）年	5月、共著『子ども読者の見た近代日本児童文学史』（明治書院）刊。
1974（昭49）年	12月、『児童文学と読者』（大阪教育図書）出版。
1976（昭51）年	8月、『子どもの文学の流れ』『児童文学の人物像』（共にいずみ書房）出版。大津市に居住。
1977（昭52）年	10月、編著『日本児童文学大系』（全29巻ほるぷ出版）出版。
1979（昭54）年	12月、紙芝居共著『子どもと歯』（全5巻出町書房）制作。
1981（昭56）年	6月、『絵本の窓辺』（高文堂）出版
1983（昭58）年	3月、編著『滋賀の民話』（偕成社）刊。4月、編著『国語漢字辞典』（中央出版）5月、『児童文学への誘い』（創世記）刊。
1984（昭59）年	5月、絵本『こどものひろば』（全20巻中央出版）出版。
1986（昭61）年	4月、編著『一年中のうた』（東京音楽書院）刊。8月、子どもの文化教育研究所理事に就任。
1988（昭63）年	京都女子大学教授。
1992（平4）年	5月『子どもの本の歴史』、6月『子どものあそびと絵本』、9月『子どもの本の魅力』（共に中央出版）出版。10月、日本こどもの本学会副会長。
1993（平5）年	4月、京都女子学園理事・評議員。京都女子大学教務部長兼務。京都女子大学大学院教授。6月、博士取得（米国）。10月、『心の故郷子どもの歌』（ＫＴＣ中央出版）出版。
1996（平8）年	9月、京都女子大学図書館長兼務。
1998（平10）年	4月、京都女子大学附属小学校校長兼務。共著『劇遊び脚本集』（ひかりのくに）刊。
2000（平12）年	7月、衛星放送グロースカイネット番組審議会委員。
2001（平13）年	日本児童文芸家協会監事。
2003（平15）年	4月、湯布院こども童話館（やわらぎの郷）館長　7月、浜田ひろすけ童話賞選考委員長。
2004（平16）年	7月、読売ファミリー童話大賞選考委員長。11月、日本童詩句文学協会参与。12月、童話『サギソウのような女の子』（ＫＴＣ中央出版）出版。

本巻には『子どものあそびと絵本』（1992年6月KTC中央出版刊）、『心の故郷　子どもの歌』（1993年10月1日KTC中央出版刊）と雑誌などに発表したものを収録しました。

岡田純也著作選集三　絵本、童謡、幼児教育

2005年4月11日　　初版第1刷発行

著　者　岡田純也
発行人　前田哲次
発行所　KTC中央出版
〒107－0062
東京都港区南青山6－1－6　パレス青山201
TEL.　03-3406-4565
印　刷　凸版印刷株式会社

 ISBN4－87758－341－6　C1395　JASRAC 出 0503612－501
Printed in Japan　※落丁・乱丁はお取り替えいたします。